国家社会科学基金重大委托项目
"蒙古族源与元朝帝陵综合研究"
（批准号 12@ZH014）
学 术 成 果

张久和　刘国祥　主编

中国古代北方民族史

突　厥　卷

包文胜　著

科学出版社

北　京

内 容 简 介

本书主要论述了兴衰于6世纪中叶至8世纪中叶，位于中国北方的突厥民族历史文化，尤其对突厥的族名、族属来源、汗国内讧、西突厥汗国的形成、圣地"于都斤"、社会结构、官职、分封制、可汗继承制、风俗习惯、语言文字以及与周边地区之间的关系等学界较为关注的问题做了重点考述，并就一些问题提出了个人见解。

本书适合于从事历史学、考古学、民族学等方面的专家、学者以及对北方民族史感兴趣者参考阅读。

图书在版编目（CIP）数据

中国古代北方民族史. 突厥卷 / 张久和，刘国祥主编；包文胜著.
—北京：科学出版社，2021.8
ISBN 978-7-03-069010-4

Ⅰ.①中… Ⅱ.①张… ②刘… ③包… Ⅲ.①突厥－民族历史 Ⅳ.① K289

中国版本图书馆 CIP 数据核字（2021）第 104871 号

责任编辑：孙 莉 雷 英 郝莎莎 董 苗 / 责任校对：王晓茜
责任印制：赵 博 / 封面设计：张 放

科 学 出 版 社 出版
北京东黄城根北街 16 号
邮政编码：100717
http://www.sciencep.com

三河市春园印刷有限公司印刷
科学出版社发行 各地新华书店经销

*

2021 年 8 月第 一 版　　开本：720×1000　1/16
2025 年 3 月第六次印刷　印张：16 1/2
字数：332 000
定价：128.00 元
（如有印装质量问题，我社负责调换）

国家社会科学基金重大委托项目"蒙古族源与元朝帝陵综合研究"（批准号12@ZH014）学术成果编辑委员会

总 顾 问：陈奎元
学术顾问（以姓氏笔画为序）：
　　陈高华　徐光冀　曹永年

主　　编：王　巍　孟松林
副 主 编：刘国祥　白劲松

编　　委（以姓氏笔画为序）：
　　王大方　王志浩　乌　兰　邓　聪　田广林
　　史家珍　白丽民　朱　泓　乔　吉　刘正寅
　　齐木德道尔吉　齐东方　安泳锝　孙英民
　　李玉君　李存信　李延祥　何天明　汪立珍
　　沈睿文　张久和　陈永志　陈星灿　林梅村
　　杭　侃　周　慧　周力平　宝音德力根　赵志军
　　袁　靖　夏正楷　倪润安　高洪才　曹建恩
　　常　海　梁　云　朝　克　塔　拉　魏　坚

《中国古代北方民族史》编辑委员会

编辑单位

中国社会科学院考古研究所
中国社会科学院蒙古族源研究中心
内蒙古自治区文物局
内蒙古大学历史与旅游文化学院
内蒙古自治区社会科学院历史研究所
呼伦贝尔博物院
呼伦贝尔学院民族历史文化研究院

编辑委员会

主　　编：张久和　刘国祥
副 主 编：何天明　白劲松
编　　委（以姓氏笔画为序）：
　　　　王　洁　王丽娟　王海城　田广林　丛德新
　　　　包文胜　冯　科　闫向东　孙英民　李春林
　　　　吴　飞　沈睿文　张文平　陈永志　陈星灿
　　　　胡玉春　袁　刚　倪润安　徐昭峰　殷焕良
　　　　曹建恩　崔剑锋　梁　云　魏　坚

《中国古代北方民族史》工作组

组　　　长：刘国祥　白劲松
副 组 长：孙　莉　陈桂婷　王　珏　冯　科
成　　　员（以姓氏笔画为序）：

　　　　　　于伯乐　于昊申　王　苹　王石雨　王东风
　　　　　　田彦国　白志强　邝漫华　任　翔　刘玉莹
　　　　　　刘旭东　刘江涛　孙　冰　宋岩金　张　宇
　　　　　　张克成　林　睿　哈　达　姜天华　栗媛秋
　　　　　　曹　磊　康准永　雷　英　燕云辉

作者简介

包文胜，男，蒙古族，毕业于内蒙古大学。历史学博士。兰州大学敦煌学研究所博士后。内蒙古大学蒙古历史学系研究员。博士研究生导师。内蒙古自治区"新世纪321人才工程"一层次人选。主要从事北方民族史、民族古文字文献整理研究。发表学术论文近20篇，参与撰写《内蒙古通史》等著作3部。主持完成国家社会科学基金项目"古突厥文文献译注研究"、教育部人文社会科学一般项目"突厥卢尼文碑铭蒙古文译注"、中国博士后科学基金资助项目"突厥卢尼文碑铭与突厥汗国历史研究"。现主持国家社会科学基金"冷门'绝学'和国别史等研究专项"重大专项资助项目"草原丝路上的突厥卢尼文、回鹘文碑铭、历史文书调查与再研究"。

北方民族史是中国历史的有机组成部分

——《中国古代北方民族史》(代序)

张久和 刘国祥

《中国古代北方民族史》(十卷本)经过策划、组织、研究和编辑工作，即将付梓。这是倡导者、组织者、研究者和编辑者诸同仁共同努力的结晶。面对多年来北方民族史领域丰富的学术成果，选择十个民族、按照大体一致的体例进行进一步的系统研究，力求在学术上有所推进，这对每一位研究者都具有很强的挑战性。今天，我们怀着惴惴之心把十部书稿呈送于学界，以求在学术难点、值得深度研讨的问题等方面引发更为深入的思考，探求更为全面、更为系统的学术研究途径，以期共同推进中国古代北方民族史的研究。

长期以来，前辈学者对中国古代北方民族史的研究取得了丰硕成果。中国国内，马长寿先生《乌桓与鲜卑》、林幹先生《匈奴通史》、田余庆先生《拓跋史探》、周伟洲先生《敕勒与柔然》、段连勤先生《丁零、高车与铁勒》、薛宗正先生《突厥史》等论著，基本都是以族别史体例研究北方民族史的力作，解决了许多悬而未决的问题，探寻出一些值得借鉴的研究方法，启迪着学者们的思路。1977年由内蒙古自治区蒙古语文历史研究所历史研究室、内蒙古大学蒙古史研究室编写出版的《中国古代北方各族简史》，2003年林幹先生的《中国古代北方民族通史》，在北方民族的通史性成果方面具有开创性。其他国家和地区的学者也向学界奉献了学术亮点独特的论著。法国汉学家德吉涅《匈奴、突厥、蒙古及其他西方鞑靼人通史》、英国学者巴克尔《鞑靼千年史》、法国史家勒内·格鲁塞《草原帝国》等著作，均涉及多个欧亚草原游牧民族的历史。

近些年来，随着改革开放各项文化事业的蓬勃发展，各族人民日益增长的物质文化、精神文化需求不断提高，对历史的关注度不断强化，北方民族史研究也越来越受到重视，促进了相关研究向前发展。学术成果的积累，科研团队的形成，研究出版经费的保障，为全面系统地研究中国古代北方民族史，编纂和出版北方民族史著作带来了机遇，提供了条件和保证。这部十卷本的《中国古代北方民族史》就是我们的一个初步尝试，付梓之际，诚待学界赐正，并期待对学术发展、社会文化进步有所裨益。

一

中国古代北方民族在广义上是对历史上曾经活动在中国古代北方地区的各个民族的总称；学界也有从狭义上专指以蒙古高原及周边地区为主要活动地域、以游牧业为主要生产生活方式、操阿尔泰语系诸语言的各民族的看法。国内学界一般将其简称为"北方民族"；国外研究者基于不同的认识，称其为"马背民族""骑马民族"等。从狭义上讲，中国古代北方民族的历史，既包括蒙古族兴起以前的诸北方游牧民族史，又包括古代蒙古史。由于蒙古族兴起后，经过多个世纪的漫长岁月，已经由一个古代民族逐渐发展为现代民族，而且，早期蒙古史一般又与元史、北元—明代蒙古史、清代蒙古史及近现代蒙古史形成了比较完整的研究体系。因此，学界一般就将中国古代北方民族史的研究对象集中在公元前3世纪至公元13世纪活动在蒙古高原及周邻地区的各个民族，并形成了以族别史为特征又大体可以按照时间顺序研究的北方民族史研究体系。这些古代民族主要涉及匈奴、东胡、乌桓、鲜卑、柔然、敕勒—高车、铁勒、突厥、薛延陀、回鹘（回纥）、黠戛斯、契丹、库莫奚、室韦—达怛等各个游牧民族的历史。至今，学界针对这些民族的研究，已经涉及族源、政治、经济、风俗习惯、文化传承等各个方面，成果颇丰，学术争议点亦较多。而经过对各个民族历史的专题研究，努力寻求中国古代北方民族整体发展的历史规律仍然是有待突破的重点与难点。

中国历代汉文典籍中有关北方民族的历史记载是从事研究的基本史料。《史记》《汉书》《后汉书》《三国志》《晋书》《魏书》《北齐书》《周书》《隋书》《北史》《旧唐书》《新唐书》《旧五代史》《新五代史》《辽史》等纪传体史书，《资治通鉴》《续资治通鉴长编》等编年体史书，《通典》《通志》《文献通考》等典志体史书，《唐会要》《五代会要》等会要体史书，《元和郡县图志》《太平寰宇记》等地理总志以及《太平御览》《册府元龟》等大型类书以及其他体裁的古籍，均保留着与北方民族历史有关的史料。不过，由于各类史籍的成书年代不同，后出史书往往与先成史书有着抄录关系，内容也存在程度不同的沿袭继承；而且，随着历史的发展和情况的变化，后出史书又常常收录了为先成史书所不载的资料，增加了某些新的内容，加大了辨别取舍的难度。另外，各代史家对北方民族资料掌握的多寡不同，取舍角度有别，记述方式有异，所记内容与实际情况可能有一定出入，或存在误记错记等情况，也必须因时、因地、因人，因事详加考辨，方可在不断的研讨中逐步接近真实。尤其值得注意的是，由于历代中原史家不同程度地受到时代、民族、地域、立场和思想文化等诸方面的局限，也在相关文献中反映出对北方民族的歧视和偏见。基于上述，尽可能全面、系统地占有研究北方民族历史的汉文文献史料，并且进行详细比对、辨析，探明史源关系，明确史料价值，摒弃各种偏见，坚持客观评判的标准，在研究北方民族历史工作中显得格外重要。除了汉文史料以外，粟特文、突厥文、回鹘文、契丹文、西夏文、蒙古文、波斯文等文字的文献，多为北方民族记载的其自身的历史活动，有其不同的视角、内容、观点和方法，虽因文字的掌握与识读存在较大的难度，但对于全面深入研究北方民族历史文化却具有独特珍贵价值。中国学界不乏倡导和践行利用多语种文字史料进行综合研究的专家学者。

中国古代历史文献，记载内地王朝史一般都较为系统和丰富，相比之下，同一部古籍中有关北方民族史的史料则显得零散和匮乏。仅以记录北方各民族历史内容最多、最系统、相对可靠的正史即"廿四史"为例，与北方民族有关的史料主要是列传中的各族专传和纪、传、志、表当中的散见史料，系统性与涵盖面均存在误漏，甚至难以成章，形成研究中的诸多难题。因此，除了稽考、辨析、使用文献史料作研究以外，利用考古资料进行北方民族史研究也是学界传统。百余年来，北方民族的物质文化遗存有多少不等的发现，相关资料和研究成果相继发表，程度不同地为研究者提供了难得的研究依据。匈奴遗存主要集中在外贝加尔、蒙古国和中国境内的北方草原地带，发表的考古资料与研究性成果较多。其中，蒙古国境内的诺彦乌拉、高勒毛都，中国境内的桃红巴拉、阿鲁柴登等匈奴墓葬，为研究匈奴历史文化提供了珍贵的实物资料。乌桓的考古学文化虽然没有确论，但学界对夏家店上层文化、井沟子墓地、平洋墓葬、西岔沟墓群的探讨，对探究乌桓史有着重要的参考价值。拓跋鲜卑早期遗存主要集中发现于中国内蒙古呼伦贝尔地区，嘎仙洞遗址，扎赉诺尔、完工、孟根楚鲁、拉布达林墓葬等资料，为研究早期拓跋鲜卑史提供了重要依据。柔然考古学文化虽尚未被正式识别出来，但高昌文书等出土文献与《茹茹造像碑题记》《魏开府仪同长广郡开国高公妻茹茹公主闾氏墓志》等碑刻墓志丰富了柔然史资料。重要的突厥卢尼文碑有《暾欲谷碑》《阙特勤碑》《毗伽可汗碑》，与回鹘有关的碑铭有《磨延啜碑》《铁尔痕碑》《九姓回鹘可汗碑》等，在叶尼塞河流域发现的碑刻资料则多与黠戛斯有关。突厥、回鹘、黠戛斯的碑铭资料为研究提供了新的视角和维度，是研究北方民族历史文化的珍贵史料。此外，中蒙联合考古队确定了蒙古国的四方形遗址为回鹘贵族墓地，从而填补了回鹘考古学文化领域的空白，为研究回鹘历史文化提供了宝贵的考古资料。契丹的考古遗存早期以平民墓葬为主，辽朝建立后的耶律羽之家族墓、陈国公主与驸马合葬墓、吐尔基山辽墓、萧贵妃墓等资料，对契丹早期历史文化的研究也有重要参考作用。库莫奚考古目前可以确定的是《大王记结亲事碑》《奚国质子热瓌墓志》等十余通属于奚人的碑刻材料，内容或为史书所未载，或可与文献史料相印证，具有珍贵的史料价值。室韦考古学文化的发现、识别和研究，对于探索蒙古族族源具有重要学术意义。西乌珠尔、谢尔塔拉、岗嘎等墓葬资料的研究与运用，无疑使室韦历史文化的研究内容变得更加充实可靠和丰富多彩，并为蒙古族发祥、兴起于呼伦贝尔提供了确凿证据。总之，与北方民族相关的考古资料，在很大程度上有效地起到了与文献交互印证、补充文献记载之不足、纠正文献记载之错谬的作用。因此，充分结合运用考古资料研究北方民族史，将考古学与历史学密切结合是十分必要的。

先秦时期，北方民族已见载于史册。荤粥、猃狁、诸戎狄与商、周及春秋时期北方诸侯国，东胡、匈奴、林胡、楼烦与战国时期北方的燕、赵、秦诸国均有和战关系，东胡、匈奴、丁零等北方诸民族之间亦关系密切。秦末汉初，匈奴势力强大，东破东胡，西击月氏，北服丁零，控制蒙古高原及其周边，第一次建立了统一中国古代北方地区的游牧政权，与中原政权共同缔造着祖国的历史。东胡被击溃后，溃散的部众分别据保乌桓山和鲜卑山，因山名族，称乌桓、鲜卑。两汉时期，乌桓先后三次南迁，逐步进入中原北部，与汉、鲜卑、匈奴等融合。东汉时期，匈奴衰弱，南匈奴南迁入塞，北匈奴连续遭逢东汉联军攻击，最后远走西域，留下了值得重视的历史文化。蒙古高原上的匈奴余部并入鲜卑，鲜卑由此渐盛，继匈奴之后控制大漠南北，建立了地分东中西三部的部落军事大联盟。联盟瓦解后，鲜卑逐渐分化形成慕容、宇文、段、拓跋、秃发、乞伏诸部。魏晋南北朝时期，各支鲜卑渐次南迁，逐鹿中原，加入到民族大迁徙大融合浪潮之中。慕容、宇文、段、拓跋等部相互征伐，宇文战败，从中分化出契丹、库莫奚二部。同期，鲜卑后裔室韦见于文献著录，与契丹、库莫奚地分南北，活动于东胡及其后裔曾经往来驻牧的地区。吐谷浑自慕容鲜卑分离，迁徙甘青地区，后建立吐谷浑政权，史事绵延，直至唐代。慕容建立前燕、后燕、西燕、南燕，拓跋建立代，秃发、乞伏建立南凉、西秦等区域性政权。匈奴后裔建立有汉、前赵、北凉、大夏等政权。南迁的丁零也建立了翟魏政权。丁零后裔亦以"敕勒""高车""铁勒"等名称为史书所记载，分布于漠南漠北。最终拓跋鲜卑建立的北魏统一中国古代北方地区，形成了南北朝对峙格局。同期，东胡苗裔柔然兴起于大漠南北，建立柔然汗国。南北朝末期，随着柔然的衰败，突厥兴起并灭亡柔然，成为蒙古高原霸主，建立突厥汗国，强盛一时。唐初，突厥汗国被唐灭掉，大量突厥民众曾进入内地。后来突厥贵族重新建立游牧政权，再度控制蒙古高原。隋唐时期，铁勒分化出许多大大小小的部落。其中，铁勒部落中的薛延陀、回鹘在反抗突厥统治的过程中逐步强大起来，薛延陀一度建立政权，称雄漠北，后被唐灭亡。回鹘灭掉东突厥后汗国，建立回鹘汗国，与唐朝关系密切，9世纪中期被黠戛斯击溃。隋唐时期，进入中原的鲜卑逐渐融合于汉族以及各族之中。契丹与奚在突厥、回鹘不断衰落的过程中日益强大起来。唐末，契丹最终兼并奚、室韦等周边各族，随后在五代政权的更迭中得到燕云十六州之地，建立了与北宋对峙的辽朝政权。与蒙古族源关系密切的室韦各部，在唐代又被诸突厥语族部落称为达怛，并为唐朝中原人接受。蒙古族的祖先部落"蒙兀室韦"首见《旧唐书》记载，"蒙兀"是"Mongghol"（蒙古）的最早汉字译写形式。蒙古族发祥于今内蒙古额尔古纳河下游东南。唐朝中期以后，室韦—达怛诸部乘回鹘汗国衰亡之机，陆续西迁蒙古高原核心地带，或南迁至中原北部边塞。不难看出，在数千年的历史长河中，在中国古代北方地区，各个民族名号不断更换，政权轮番交替，与中原的往来绵延不绝、从未间断。辽金时期，与蒙古族有渊源关系的各部逐步壮大。至13世纪前后，在语言、地域、文化和经济生活上具有共同性的蒙古高原诸部具备了形成新的古代民族共同体的条件。1206年，铁木真统一蒙古高原诸部，在继承众多北方民族长期分化和融合历史的基础上，以室韦—达怛部落为核心和主要成分，吸收契丹等蒙古语族和回鹘等突厥语族部落，建立了大蒙古国（Yeke Mongghol Ulus）。至此，蒙古高原上大大小小的部落和民族兴衰演替的历史始告结束，各有名号的部落、民族统一在了"蒙古"名下[①]，古代蒙古民族共同体初步形成。蒙古族成为北方民族历史文化的集大成者，掀开了中国历史的新篇章。

北方民族以畜牧、狩猎为生业，"游牧"是其经济形态，"行国"是其政治表征。游牧经济比较脆弱，更多地依赖于自然环境和气候条件，迫切需要农副产品作为生产、生活的补充；农耕经济以定居为主，也十分需要游牧经济产品。游牧与农耕经济之间的差异性、互补性，导致双方谁也离不开谁，形成了互相依存、互相促进的格局。和平时期，官方、民间贸易交换频繁，各取所需；对峙争锋阶段，双方的战争也往往是经济因素在起着诱因和主导作用。许多时候，北方游牧民族及其政权更看重经济利益，更多地从经济角度出发制定策略，采取政治、军事行动；中原农耕民族及其政权包括入主中原的北族政权则常以中心、正统自居，更看重政治名分。经济发展的内在动力，使繁衍生息于蒙古高原及其周边地区的北方民族，掀起了一波又一波的向中原地区的南迁、南进运动，先后建立了统治区域大小不等的政权，与中原农耕民族发生了密切的政治、经济、社会和文化联系。匈奴、柔然、突厥、回鹘、契丹、蒙古等

---

① 亦邻真：《中国北方民族与蒙古族族源》，《内蒙古大学学报》1979年第3、4期。

建立的政权，打通了欧亚大陆草原世界，使得各民族之间的经济文化交流更为频繁，更为广泛，其历史不但是中国历史的有机组成部分，并且也成为亚洲史、欧洲史的研究内容。鲜卑、契丹、蒙古等民族更是建立了囊括中国古代北方地区和中原地区的政权，或统治中国古代北方，或实现了全国大一统，直接把游牧和农耕两种文化融汇在一起，你中有我，我中有你，互相认同，在深刻地改变和创造中国历史的同时，也在潜移默化地改变和重塑着自己。

史实证明，在中国历史上的各个时期，都有北方民族程度不同地参与到创造中国多元历史文化的进程之中，印证了中国的历史是由各民族共同创造的发展规律。

二

中国古代北方民族史历来备受国内外学术界的重视，论著颇丰。但是，由于研究者所处时代不同，立场、价值观、研究方法等有别，加之资料匮乏，今天看来，有些成果多带有时代的烙印，存在争议而尚未解决甚至难以解决的问题较多，在一些具体问题上形成了许多不同的观点，也构建了某些不同的话语体系。近代以来，由于中国陷入半封建半殖民地社会深渊，国家影响力大幅度降低，历史学研究的环境、条件、人才等均遭受到严重的桎梏与影响，在北方民族史研究领域的话语权逐步弱化。与此形成鲜明对比的是，19世纪末以来，西方和日本学界对于中国古代北方民族史的研究日趋深入，其理论方法和研究成果迭出，形成了多种话语体系并存的局面。在试图阐释中国古代北方民族历史进程的时候，对国外学界的相关说法予以关注和述评，明确我们的初步认识和看法，是十分必要的。

（一）西方汉学与"内亚史观"

19世纪末20世纪初，传统汉学在西方逐渐转化为一门独立学科。法国学者沙畹（Édouard Émmannuel Chavannes）将汉文文献与西方实证主义史学相结合，使汉学逐渐发展成为现代化的专门学科。伯希和（Paul Eugène Pelliot）结合文献学与历史比较语言学，发展了历史语言学考证法，沿用了欧洲早期汉学家惯用的"高地亚洲"（la Haute Asie）概念，并将地中海、印度与中国中原地区之间七八百万平方千米的广阔"弓形"地域统称为"中央亚细亚"（Central Asia），认为"中央亚细亚"既是地中海世界、印度与中国中原地区之间的地理屏障，又是这三个文明中心之间的联系纽带，彼此之间联系与影响的程度虽因历史变迁有所差异，但从未间断①。

塞诺（Denis Sinor）在"高地亚洲"概念基础上提出了大体相同于中央欧亚（Central Eurasian）的"内亚"（Inner Asia）理论，他将中央欧亚视为一个不同于周边文明板块的独立的文明区域，其中又可以根据自然环境、经济生活和语言文化的差异，划分出若干的亚文化类型。游牧生产生活方式是这些类型中最为成功的一种②，而不同的亚文化类型在历史进程中逐渐向趋同性发展。中央欧亚在大多数历史时期都是挑战欧亚各大文明的"蛮族"的活动舞台，"传统文明的承载者与来自内亚的蛮族之间的冲突对抗与交流互动，构成了理解人类历史发展的一条基本主线"③。

美国学者傅礼初（Joseph F. Fletcher）是内亚史观的代表人物之一。语言上的优势使他能够打破汉学、阿尔泰学与伊斯兰学之间的藩篱，站在"全史"（Integrative history）的角度来审视内亚在世界历史中的地位和作用，进而总结内亚游牧帝国演变转型的规律性问题。而对20世纪中后期现代社会学、政治学、人类学等社会科学理论的吸收，则进一步促使其从宏观上思考欧亚大陆各地区历史发展的趋同性与合流性问题。他认为，历史现象中存在"关联性"（interconnections）与"延续性"（continuities）现象，而要认识这两种现象，就必须先要对不同地域之间的社会、经济、文化等领域的平行性现象进行研究，考察其内在联系，

---

① 〔法〕伯希和：《高地亚洲》，耿世民译，《民族史译文集》第6辑，中国社会科学院民族研究所，1978年，第1—3页。
② 〔美〕丹尼斯·塞诺：《论中央欧亚》，《丹尼斯·塞诺内亚研究文选》，中华书局，2006年，第5页。
③ 钟焓：《重释内亚史——以研究方法论的检视为中心》，社会科学文献出版社，2017年，第3页。

归纳出欧亚大陆人类社会的整体发展趋势①。

拉铁摩尔（Owen Lattimore）也是20世纪美国著名的内亚史学者，在塞诺提出"内亚"理论之前，拉铁摩尔已在对中国北方田野调查与文献研究的基础上形成了"中国边疆理论"。拉氏关注的"内亚"仅限于当时中国境内的蒙古、东北、新疆、西藏四个地区，并没有后来塞诺所认为的那样广阔。他将中国的这四个边疆地区视作各自具有独立地理环境、社会、经济和政治特征的有机整体，建立了一套历史学与历史地理学、社会生态学相结合的理论体系，用以探究每个边疆地区内部的机制特性，进而考察每个地区与中原地区的关系特征②。拉氏认为，特定的地理环境决定了每一边疆地区的经济形态，进而在经济形态上产生出不同的社会与政治形态。

"内亚史观"从北方民族和内陆边疆的视角来审视欧亚大陆历史的变迁与发展，对于习惯了从中原王朝视角看待内陆边疆与北方民族的中国传统史学来说具有启发和借鉴意义，从方法上讲，有助于推动北方民族史研究的发展。但"内亚史观"片面强调内陆亚洲在地理环境、经济生活、政治传统、文化习俗等方面的独特性、差异性和连续性，罔顾中国古代北方地区与中原地区、北方游牧民族与中原农耕民族之间长期密切的政治、经济、文化联系，淡化双方的共同性和相互影响、互相依存、彼此交融的历史事实，忽视北方游牧民族对中原地区的向心力与相互认同的历史事实，刻意构建"内陆亚洲"文化本位和独立的"内亚体系""内亚传统"，一定程度上存在解构中华民族多元一体民族观和统一多民族国家观的意图。对此，我们应当有清醒认识。在研究中，要把握中国古代北方民族史与所谓"内亚"民族史的本质区别、中国古代北方民族史与中华民族多元一体格局历史发展的内在有机联系和多民族共同创造中国历史的大原则。

---

① Joseph F. Fletcher. Integrative history: parallels and interconnections in the early modern period, 1500-1800 [《全史：论早期近代（1500—1800）的平行化与关联性》]. Studies on Chinese and Islamic Inner Asia. Variorum Ashgate Publishing Limited, 1995, pp.1-35.

② 〔美〕拉铁摩尔著，唐晓峰译：《中国的亚洲内陆边疆》，江苏人民出版社，2010年，《译者的话》第2页。

（二）日本的"东洋史学"

日本明治维新后，国力迅速增长，在"脱亚入欧"思潮影响下，开始向西方列强学习，走上了对外侵略扩张的道路。为了服务其政治需求，以中国、朝鲜等东亚或东北亚国家的历史、地理、文化等为主要研究对象的所谓"东洋史学"应需而兴，而且，与军事侵略目标相关联，提出了一系列论调，在北方民族史研究领域形成了殖民色彩浓郁的"东洋史学"话语体系。

白鸟库吉等人以兰克学派的实证主义为指导，在研究过程中注重文献考证与实地调查有机结合，形成了"东洋史学东京文献学派"，其学术成果在一定程度上促进了北方民族史研究的进一步深入。然而，为日本帝国主义殖民扩张服务的主要目的，却使其论著体现出了强烈的政治意图和鲜明的殖民主义色彩。

白鸟库吉等人着意构建了"满鲜史观"，提出了"间空地论"与"南北二元对抗论"。"满鲜史观"的本质即"满鲜一体论"。认为"满洲"与朝鲜半岛在历史上种族相同，文化习俗与宗教信仰相近，是一个不同于中国内地的独立的历史地理单位①。"间空地"系指三方势力处于均衡态时的缓冲地带，一旦这种均衡态被打破，"间空地"便会被实力相对强大的一方所占据②。在"满洲"和朝鲜半岛的历史上曾多次出现过"间空地"，而这些"间空地"实质上是"无主之地"，不属于中国和朝鲜任何一方③。可以看出，所谓的"间空地论"实际上是在为日本侵占中国东北和朝鲜半岛提供"历史依据"和"学理依据"。

"南北二元对抗论"的核心含义，则是人为地将中国古代北方游牧民族与中原汉族割裂开来。认为历史上的匈奴、夫余、肃慎、乌桓、鲜

---

① 〔日〕旗田巍：《満鮮史の虚像》，《日本人の朝鮮観》，勁草書房，1969年，第138頁；〔日〕稲葉君山：《満鮮不可分の史的考察》，《支那社会史研究》，大鐙閣，1922年，第299頁。
② 张文静：《〈满洲历史地理〉的学术特征及观点倾向》，《史学集刊》2015年第4期。
③ 〔日〕白鸟库吉：《白鳥庫吉全集》第十卷，岩波書店，1971年，第152、153頁；〔日〕白鳥庫吉監修，箭内亙、稲葉岩吉、松井等：《満洲歷史地理》第一卷，南満州鉄道株式会社，1913年，第44、45、81頁。

卑、室韦、柔然、突厥、契丹、蒙古都是与汉族敌对的"外族"或"外国",整个东亚大陆的历史就是以长城为界的中原汉族与北方民族对抗的历史①。这种论调将"汉地"等同于"中国",刻意突出南北民族间的对抗史,而对各族关系发展中在时间、空间占主要地位的封贡、和亲、互市等和平交流史视若不见。

日本的矢野仁一是"东洋史学京都学派"的代表性人物,主要致力于中国近现代史的研究,是日本中国近现代史研究的重要开创者。在为日本帝国主义侵华提供"理论依据"方面,矢野比白鸟等人更加积极,也走得更远。从20世纪20年代开始,他先后发表了《支那无国境论》《满蒙藏非支那本来领土论》《支那非国家论》《历史上满洲的支那主权无根据论》《日本在满蒙的正当地位》等一系列文章,公开鼓吹"满蒙非中国论""长城以北非中国论""中国非国论"等谬论。在矢野搭建的体系中,中国领土的形成是近代以来列强与清政府交涉的结果,古代中国并没有明确的领土和边境概念,中央政府实际能够控制的领土大多局限在长城以内。矢野的这套理论不仅为日本帝国主义侵华提供了"合理"依据,还妄图解构中国各族人民的国家认同,瓦解抗日斗志,进而达到分裂中国,各个击破的目的,可谓阴毒至极。

20世纪初期,日本史学界为了配合日本军国主义侵略扩张和殖民目的而形成的赤裸裸的话语表述,虽然已经随着时代变迁、社会进步而寿终正寝,但是其论调的变种仍不绝于世,应该引起学界的重视。

(三)泛突厥主义

19世纪后期,为反抗沙皇俄国的民族压迫并与"泛斯拉夫主义"运动相抗衡,"泛突厥主义"思潮在沙俄境内的突厥语族人群中兴起。克里米亚的鞑靼人伊斯梅尔·迦斯普林斯基(Ismail Gasprinskiy)将近代西方历史比较语言学概念中的"阿尔泰语系突厥语族"等同于"突厥民族",人为创造出了一个在现实世界中并不存在的民族,并试图将沙俄境内的突厥语族人群联合起来。泛突厥主义思潮兴起后,很快传入面临崩溃边

---

① 〔日〕白鸟库吉监修,箭内亘、稻叶岩吉、松井等:《满洲历史地理》第一卷,第32、189、199、219、220页。

缘的奥斯曼帝国。被称为"土耳其泛突厥主义之父"的兹亚·乔加勒普（Ziya Gokalp）设想将亚得里亚海至日本海这片广阔地域上的所有突厥语人群统一起来，建立一个"大图兰"国家，这便是所谓的"大图兰主义"。1923年，兹亚·乔加勒普的《突厥主义原理》问世，提出了"三步走实现突厥民族政治联合"的主张[①]。

泛突厥主义形成后不久，便与泛伊斯兰主义一道通过俄国鞑靼人和奥斯曼土耳其人传入中国新疆地区，催生出了新疆分裂主义。20世纪三四十年代，混乱的时局和外部势力的推波助澜使得泛突厥主义和分裂主义思想在新疆地区大行其道，不但产生了《东突厥斯坦历史》这种新疆分裂主义的代表作，还先后出现了"东突厥斯坦伊斯兰共和国""东突厥斯坦共和国"两个分裂政权。虽然最终都归于失败，但是却扩大了新疆分裂主义的影响。中华人民共和国成立后，泛突厥主义和新疆分裂主义一度得到有效遏制，几乎销声匿迹。但是改革开放后，随着对外联系和交往的日益增多，泛突厥主义和新疆分裂主义再度沉渣泛起，而且呈现出一些新的现象[②]。在"理论"层面，《匈奴简史》《维吾尔人》《维吾尔古代文学史》等一系列宣扬"维吾尔斯坦一贯独立论"的著作陆续出版。在实践层面，"东伊运""世维会"等恐怖组织先后组建，并在新疆等地制造了多起暴力恐怖事件，对中国国家安全和新疆各族人民的生命财产造成了严重危害。

历史上的"突厥"，主要是指6—8世纪活跃在中国古代北方地区的青突厥人，曾以蒙古高原为主要地域建立过东突厥汗国。但随着745年东突厥后汗国的灭亡，突厥人在之后的漫长岁月中逐渐与其他民族融合，"突厥"已经成为一个历史名词。9世纪以后，出现于欧洲、阿拉伯文献中的"Turk"（汉译为"突厥"）实际上泛指阿尔泰语系突厥语族游牧人，并无民族学上的确切含义[③]。泛突厥主义既无历史依据，又无现实基础，其人为制造的所谓"突厥民族"与中国古代北方地区的青突厥人没有任

---

① 张玉艳：《泛突厥主义在土耳其的由来与发展》，《国际政治研究》2019年第5期。
② 张玉艳：《新疆分裂主义中的突厥因素研究》，兰州大学博士学位论文，2015年，第225、226页。
③ 亦邻真：《成吉思汗与蒙古民族共同体的形成》，《内蒙古大学学报》1962年第1期。

何民族学上的联系和继承关系，维吾尔族祖先回鹘人与突厥人也没有直接历史源流关系。泛突厥主义完全是19世纪末以来俄罗斯、土耳其等国突厥语族人群中的所谓精英分子，基于唯心史观和历史虚无主义、民族沙文主义的痴心妄想，其"大图兰联邦"的诉求更与现代以主权国家为主体的国际社会格格不入，没有任何实现的可能性。泛突厥主义传入中国后，则演变为分裂主义分子用来谋求新疆独立的工具，并于20世纪90年代后呈现出日益极端化、恐怖主义化的特征。对于泛突厥主义及其各类衍生变种的巨大危害，我们务必要认识明确，高度警惕，并做好与其进行长期不懈斗争的准备。

（四）征服王朝论

1949年，美籍德裔学者魏特夫（Karl August Wittfogel）在与中国学者冯家昇合著的《中国辽代社会史（907—1125）》[History of Chinese Society, Liao（907-1125）]总述中提出了"征服王朝论"。魏氏将中国历史上的王朝，按照社会文化形态划分为"典型中国朝代"和"征服与渗透王朝"。其中，"典型中国朝代"包括秦、两汉、魏、两晋、南朝、隋、唐、两宋、明。十六国诸政权、北朝、辽、金、元、清则被定性为"征服与渗透王朝"。而"征服与渗透王朝"又可根据其对汉文化的态度归为两类，第一类是以十六国诸王朝、北魏为代表的"渗透王朝"，这类王朝在华北地区通过以半和平的渗透而建立政权①，它们对汉文化的态度倾向于吸收；第二类为辽、金、元、清四个"征服王朝"，这类王朝以征服部分或全部汉族居住地而建立政权，其对汉文化的态度倾向于抵制。在"征服王朝"内部，又因对汉文化抵制程度的强弱再细分为三个类别，其中辽、元为文化抵抗型，金为文化让步型，清则介于二者之间，为文化过渡型②。在论述这些文化关系时，魏氏引入了人类学中的涵化（Acculturation）概念，认为"征服与渗透王朝"与汉地之间

---

① 郑钦仁、李明仁译著：《征服王朝论文集》（修订版），稻乡出版社，2002年，第1页。
② 〔美〕魏特夫、冯家昇：《中国辽代社会史（907—1125）总述》，苏国良等译，《征服王朝论文集》（修订版），第51页。

的文化接触会在各种不同的情况中发生，且其接触的程度（Degree）和强度（Intensity）不相同，只要社会没有实现完全融合，文化差异就会一直存在①。

征服王朝论经由田村实造等人传入日本之后，在日本史学界引起巨大反响，成为日本北亚史学界的主要研究课题。根据研究领域和观点的不同，大致形成了三种不同的概念。第一种以田村实造、护雅夫、吉田顺一等为代表，他们大体上赞同魏氏的理论，认为金、清与辽、元并列，都是征服王朝，但要将征服王朝放在北亚世界历史发展的进程中加以讨论②。北亚世界从游牧社会向农牧社会的体制变化，是游牧社会、国家发展为征服王朝的决定性因素。整个北亚游牧民族史以辽为界，可以划分为游牧国家和征服王朝两个时期，征服王朝是游牧社会、国家发展的一个归结③。由于征服部族的北亚属性，征服王朝在政治、军事、经济、文化等方面均呈现出"二元制"的特性。第二种以村上正二为代表。他认为"具有强烈的游牧民的自觉意识（self-consciousness），在其意识之下征服、并统治农耕社会的游牧民王朝"④，才能称之为"征服王朝"。而北匈奴、柔然等纯粹的游牧国家以及南匈奴、北魏等渗透王朝都不能发展为征服王朝，只有继承了突厥帝国和回鹘帝国基于同一语言文化意识的强烈的民族文化意识和游牧都城文化传统的辽、蒙古帝国、元等才能发展为征服王朝⑤，金、清两个王朝则被排除于征服王朝之外。在征服王朝中，辽朝是二元社会，元朝是更多元的复合社会。第三种的代表人物为岛田正郎。岛田对魏特夫的征服王朝论进行了批判，他认为辽朝不建郊

---

① 〔美〕魏特夫、冯家昇：《中国辽代社会史（907—1125）总述》，苏国良等译，《征服王朝论文集》（修订版），第11页。
② 〔日〕田村实造：《中国征服王朝——总括》，李明仁译，《征服王朝论文集》（修订版），第74页。
③ 〔日〕护雅夫：《内陆亚世界的展开·总说》，郑钦仁译，《征服王朝论文集》（修订版），第169页。
④ 〔日〕村上正二：《征服王朝》，郑钦仁译，《征服王朝论文集》（修订版），第114页。
⑤ 〔日〕村上正二：《征服王朝》，郑钦仁译，《征服王朝论文集》（修订版），第120页。

丘，不行郊祀，转而将"祭山仪"[1]作为国家最重要仪式的做法，是故意对中国王朝政教传统的排斥，故而应当将辽朝置于中国王朝系列之外，视为胡族国家[2]。

魏特夫试图对中国古代史上的王朝类型提出一种"合理"的解释，但其对中国历代王朝的分类明显是基于中原汉族文化立场的，出发点就是狭隘的，有悖于历史和现实的证据事实。在具体划分过程中，片面地夸大了北方民族王朝"渗透"或"征服"的主导性，与其双向涵化的观点自相矛盾[3]。故其结论必然是不科学和不能成立的。在日本，征服王朝论则发展出了新的倾向，日本学者更注重从北亚史的视角观察研究征服王朝，并将征服王朝的出现看作是北亚游牧社会历史发展的必然结果。这实际上人为地割断了历史上北方游牧民族与中原汉族之间的密切互动与联系，夸大了游牧社会和游牧经济在历史变迁中的独立性，是对中国社会多元性和统一多民族国家的国家性质的否定。

（五）蒙古地区一贯独立论

"蒙古地区一贯独立论"是20世纪中后期以来在蒙古国兴起的一种有关北方民族的认识和定位的话语体系。该理论认为，蒙古地区从公元前3世纪匈奴兴起时开始，直到21世纪的今天，一贯是独立于中国之外的[4]。宣扬蒙古地区一贯独立论的主要著作有《关于匈奴的社会制度问题》《匈奴人的经济、社会、文化和族源》等。一些蒙古国学者为了证明"蒙古地区自古以来便是独立的"观点，错误地将匈奴作为蒙古族的族源，认为匈奴、鲜卑、柔然、蒙古等北方民族从种族到经济文化都是一脉相承的，独立地在蒙古高原先后发展起来的。基于此，他们认为，从匈奴单于国、鲜卑部落军事大联盟、柔然汗国到大蒙古国等北方民族政权都

---

[1] （元）脱脱等：《辽史》卷四十九《礼志一》，中华书局点校本，1974年，第834页。

[2] 〔日〕岛田正郎：《征服王朝乎？胡族国家乎？》，李明仁译，《征服王朝论文集》（修订版），第232—234页。

[3] 李志安：《民族融汇与中国历史发展第二条基本线索论纲》，《史学集刊》2019年第1期。

[4] 林幹：《中国古代北方民族史新论》，内蒙古人民出版社，2007年，第52页。

是一贯独立的①。

众所周知，蒙古地区在历史上一直是中国的一部分，不同历史时期在蒙古高原上活动的匈奴、鲜卑、柔然、突厥、回鹘、蒙古等都属于中国古代北方民族，这是基本的历史事实。1921年7月，外蒙古在苏俄的支持下事实独立；1946年1月，国民政府承认外蒙古独立，蒙古国从法理上获得了独立地位。可见，蒙古的独立是20世纪才发生的事情。不能因为现在的蒙古国是一个独立国家，就认为蒙古地区是一贯独立的，数千年来活动于蒙古高原的北方民族所建立的政权也是一贯独立的。我们采用谭其骧先生确定的以18世纪50年代至1840年期间的清朝版图为历史上的中国范围，出现在漠南漠北的蒙古族及历史上的北方各民族，都是中国古代北方民族，不能因为曾在今天蒙古国之内活动就不算历史上中国的民族。但我们也不反对蒙古国在写他的历史时把这些北方民族写成他的先民②。

（六）"新清史"与"大元史"

20世纪90年代以来，美国史学界兴起了反对"汉族中心论"、强调清朝统治与历代汉族王朝的区别为特征的"新清史"，其代表人物有路康乐（Edward Rhoads）、欧立德（Mark C. Elliott）、柯娇燕（Pamela K. Crossley）、罗友枝（Evelyn Rawski）等。欧立德曾对"新清史"的学术观点进行过总结，认为"新清史"最关键的学术主张有三条：一是清史研究必须重视清朝的"内亚维度"（Inner Asian Dimension），强调清朝统治的内亚性质③；二是清史研究必须利用满文、蒙古文、藏文、维吾尔文等非汉文资料，尤其是满文资料；三是清史研究必须要有全球视角，立足于全球史语境。从学术研究方法上来讲，"新清史"提倡的充分利用非汉文资料和全球视角是有利于清史研究发展的。但"新清史"片面强调清朝与蒙古、西藏、新疆等地区文化联系的重要性，有意或无意地忽视

---

① 林幹：《中国古代北方民族史新论》，第53页。
② 谭其骧：《历史上的中国和中国历代疆域》，《中国边疆史地研究》1991年第1期。
③ 沈卫荣：《大元史与新清史——以元代和清代西藏和藏传佛教研究为中心》，上海古籍出版社，2019年，第214页。

掩盖满族文化与汉地文化间的密切程度远超前者的历史事实①，从而构建清朝"内亚帝国"性质的做法，体现了西方学术界的意识形态偏见和西方的东方主义学术传统的话语霸权。与此同时，日本出现了力图将蒙古族建立的元朝从"古代中国王朝历史"的叙事框架中分离出来，转而把它置于全球史、欧亚史之中，从而形成一种比肩"新清史"的"大元史"叙事模式。元朝和清朝作为中国历史上的正统王朝，其政权和疆域以及多民族的历史文化是由蒙古族、满族、汉族和其他各族人民共同创造的，其统治中国的合法性也受到了当时和后世中国各族人民的普遍认可。因此，将元朝和清朝视为与中国王朝对立的"内亚帝国"缺乏充分的历史依据和法理依据。

通过梳理大略可知，关于19世纪末叶以来北方民族史领域的各种西方话语体系，要么是基于现代西方资产阶级立场和现代民族国家价值取向的认知偏差，要么是为帝国主义侵略中国或者分裂分子割裂中国提供的理论依据。虽然主观动机不同，但二者都是不符合历史事实的错误认识和观点。这些错误认识和观点，对中华民族多元一体的民族观和统一多民族国家的国家观形成了严峻挑战，对我国的民族团结和国家安全可能会产生负面影响，对部分研究北方民族史的学者的理论思维可能会带来一定偏差，对人民群众、高校学生学习和认识中国历史可能会形成一些误导，其危害性不可失防。因此，加强对中国古代北方民族史的全面系统性研究，构建客观科学的话语体系刻不容缓。

三

《中国古代北方民族史》（十卷本）研究的历史上的中国疆域范围和北方民族，按照1981年5月谭其骧先生在"中国民族关系史研究学术座谈会"上的讲话内容作为基本原则来把握②。即以几千年来历史发展所自然形成的中国为历史上的中国，以18世纪50年代至1840年这段时期的

---

① 李治安：《民族融汇与中国历史发展第二条基本线索论纲》，《史学集刊》2019年第1期。
② 谭其骧：《历史上的中国和中国历代疆域》，《中国边疆史地研究》1991年第1期。

清朝版图作为历史时期的中国范围。在这个范围内活动的匈奴、鲜卑、柔然、突厥、回鹘、契丹等民族，都是中国历史上的北方民族，这些民族建立的政权都是中国历史上的北方民族政权。

这次撰写的十个民族的历史，以中国历史上活动在蒙古高原及其周边地区的匈奴、乌桓、拓跋鲜卑、柔然、突厥、回鹘、黠戛斯、契丹、库莫奚、室韦为研究对象，以族别史体例为整体设计，每个民族自成一卷，史观、体例、内容安排等力求一致。各卷作者按照编写体例和要求，以唯物史观为指导，吸收借鉴前人研究成果，依据文献和考古资料，对诸民族的族名族源、历史变迁、政治制度、生产生活方式、文化习俗、民族关系、最后流向等尽可能作了较为全面的阐述，对一些具体问题作了较为深入的探讨，提出了自己的看法，对北方民族的历史作用、影响和贡献尽量作了客观的评价。各卷或多或少体现出以下特点：①既有相对一致的结构，又根据具体情况谋篇布局，尽可能完整地呈现各自的学术思路与逻辑特点；各族的历史内容既属于全书整体不可或缺的重要部分，又相对独立成书。②尽可能详细占有史料，注意充分辨析史料的史源关系，运用有价值史料进行研究。③各卷根据具体情况，充分结合运用考古资料，以达到用实物资料证史、补史、纠史的作用，突出历史学与考古学的综合研究。④运用古代民族文字史料，如突厥文、回鹘文、契丹文资料等进行研究。⑤利用汉语音韵学、民族史语文学方法进行研究，辨析相关说法。

《中国古代北方民族史》（十卷本）是作为国家社会科学基金重大委托项目"蒙古族源与元朝帝陵综合研究"子课题而开展研究、编写的一套书稿。选取的十个古代北方民族，既有内在的历史联系，又与古代蒙古族存在或近或远、或直接或间接的渊源关系。通过系统论述匈奴等十个北方民族的历史变迁，可以启发与蒙古族族源有关问题的思考，澄清一些错误认识。

长期以来，中外学界针对蒙古族族源开展了广泛研究，形成有匈奴、东胡、鲜卑、敕勒—高车、柔然、突厥、蒙汉同源、吐蕃、室韦、突厥、吐蕃混合、东夷等十余种观点。中国学界主流看法认为，蒙古族祖源东胡，鲜卑—室韦—蒙古有一脉相承的历史渊源。这一学术观点有着更为充分的历史文献学依据和考古学证据。《旧唐书·室韦传》记载有望建河

（即今额尔古纳河及黑龙江）"其河源出突厥东北界俱轮泊，屈曲东流"，"东经蒙兀室韦之北"。《史集》亦载，远古时期蒙古人居住在"额尔古涅·昆"一带。今内蒙古自治区额尔古纳河右岸是蒙古族发祥地。历史文献的相关记载和研究成果显示，室韦和鲜卑译名根据相同，与早期拓跋鲜卑活动地域相同、语言相通、有代表性风俗习惯相近等特征，可证室韦的主要部分应与早期拓跋鲜卑同源。室韦即南北朝时期入据中原的拓跋鲜卑统治者给予鲜卑后裔的新的汉字译写形式。内蒙古自治区呼伦贝尔市陈巴尔虎旗西乌珠尔墓地、海拉尔区谢尔塔拉墓地和陈巴尔虎旗岗嘎墓地，分别代表了7—8世纪、9—10世纪和8—10世纪的室韦遗存[1]。相关考古遗存的发掘和研究，也为蒙古族主体来源于室韦，以及呼伦贝尔是蒙古民族发源地提供了有力佐证。在呼伦贝尔地区系统开展田野考古调查和发掘工作，为蒙古族族源研究提供系列考古实证资料，同时开展历史学、考古学、民族学、人类学、民俗学、语言学等多学科综合研究，推出具有影响力的蒙古族族源研究领域的学术成果，确立内蒙古呼伦贝尔地区作为蒙古族发祥地的重要历史地位，有助于澄清学术界关于蒙古族族源研究的各种说法，推进相关学术研究的进展。

中国古代北方民族的历史绵延数千年，是中国历史的有机组成部分。中国历史不但包括汉族、北方民族建立的内地（中原）王朝史，也包括北方民族建立的政权史。在中国历史的不同时期，生活在不同地区、经济形态有别、风俗习惯有同有异的多民族之间的相互交往、彼此影响、吸收交融从来就没有停止过。北方民族与中原汉族建立起了密切的政治、经济、社会和文化联系，而建立在中原的北族王朝则无不以中原"正统"自居。北方民族史与内地王朝史有机的融合，不断地推动着中国历史的发展进程。中国古代各民族、各地区的历史共同构成了中国历史的有机整体。中华民族的悠久历史和灿烂文化，是包括北方民族在内的中国历史上各个民族交融共进共同创造的。北方民族是中华文明进程的重要参

---

[1] 中国社会科学院考古研究所、内蒙古自治区文物考古研究所、北京大学考古文博学院、呼伦贝尔民族博物院呼伦贝尔联合考古队：《内蒙古陈巴尔虎旗岗嘎墓地》，《考古》2015年第7期。

与者和推动者，对中国古代疆域、中西文化交流、中华民族多元一体格局的形成、中国历史文化的发展和进步做出了不可磨灭的贡献。近代以来，汉族和各少数民族的命运共同体更为牢固，共同建立了统一的多民族国家。研究中国古代北方民族史是北方民族历史与考古工作者义不容辞的责任。系统全面研究中国古代北方民族史，清晰梳理其来自哪里去向何方的历史变迁过程，深入探究其政治、经济、社会、文化的内涵及其发展规律，深刻阐释其与中国历史上汉族及其他民族建立的内地王朝政权的关系，充分认识其历史地位、作用与贡献，对深入学习和认识中国史，树立正确的历史观、民族观、国家观，维护民族团结、国家统一局面，铸牢中华民族共同体意识均具有重大的理论和现实意义。

前　言

作为中国古代北方民族之一，突厥在6世纪中叶兴起于准噶尔盆地一带，然后称霸亚欧草原近两个世纪，8世纪中叶开始衰落。生活在中古时期的突厥对北方游牧民族史、中国史、世界史都产生了重要的历史影响。突厥史是北方游牧民族史发展链条中的重要一环，它不仅集之前的蒙古高原历史文化之大成，再由自身经两世纪的持续发展，为未来形成更为灿烂的文化做了铺垫。突厥史也是中国史的重要组成部分。中原农耕文明与北方游牧文明相互交融发展是中国古代历史的一条主线。突厥汗国与中国古代北朝、隋、唐之间的互动加速了这一历程，促成了中华文明中举世闻名的"隋唐盛世"。突厥征服亚欧草原，以草原丝路衔接了东西方文明，让东西间的经济、文化交流变得更加畅通，加快了"世界史"进程的脚步。从这个层面看，突厥史研究对北方游牧民族史、中国史以及世界史的研究都具有重要的学术价值和现实意义。

本书内容共七章，亦可视为七个专题。其中，一部分内容已公开发表，一部分则收入学术会议论文集。内容多是笔者检史读书时的所思所想。众所周知，突厥史研究已是较为成熟的国际性课题，在这个领域要想有所突破是举步维艰的。基于当今开拓出的研究成果，我踵迹前贤，趑趄而进，不敢妄言已取得新的成就。若论本书研究与别人有何不同，或者有何突破，只能说是运用了民族文字史料、民族史语文学方法，尽可能地以游牧社会文化自身的规律去思考相关问题。这也只是一种尝试性的工作成果，因资料不足、功夫不到等原因，个中看法或许不一定成熟。

本书第一章重点介绍了突厥史的主要参考资料和前人研究成果。在突厥的汉籍史料整理研究方面，前人做得非常详细。故此从略，重点介绍了有关突厥的民族文字史料以及最近研究状况。突厥史的前人研究成果非常多，全面详细介绍难免篇幅冗繁，因而选择具有代表性的著作加以言简意赅地介绍、评述。第二章对突厥的族名及其来源问题提出了个人见解。突厥族名的内容是在拙文《读〈暾欲谷碑〉札记——türk sir 与"锻奴"》(《敦煌学辑刊》2012 年第 3 期)基础上增删改写的,其基本观点未变,即突厥的族名与突厥人擅长的冶铁技艺有关,但对论证细节作了不少改动。突厥的来源问题是学界悬而未决的学术难题。在此,通过辨析历史文献中的突厥起源传说,提炼出有价值的历史信息,梳理各传说之间的关联,最终得出了突厥的来源与塞种、月氏、乌孙及铁勒等部族密切相关,而且乌孙最有可能是其直系,但也经历了铁勒化历程等自圆其说的结论。第三章按历史年代叙述了突厥的历史,对前人有所忽略的细节作了重点论述。其中,突厥汗国的分裂与西突厥汗国的形成问题是作者经过长期思考的,并在学术会议上提交了相关论文。依据游牧社会与政权的自身发展规律认识突厥汗国发展史,揭示出突厥汗国内讧的本质,进而重新解读了西突厥汗国形成问题,初步得出了泥撅处罗可汗和启民可汗时汗国在客观上已完全分裂,其时形成了西突厥汗国的结论。第四章中论述、介绍了突厥的圣地"于都斤"、分封制、可汗继承制、官职等问题。圣地"于都斤"相关内容是依据拙文《古代突厥于都斤山考》(《蒙古史研究》第十辑,内蒙古大学出版社,2010 年)改写而成,增删修改内容很多,进一步论证了此地为突厥人存亡及政权所在的象征。编写分封制、可汗继承制、官职部分内容,先梳理相关史料,再做辨别分析,最后提出个人观点。突厥汗国的政治制度基本继承自前代亚欧草原上的游牧政权,并保留着自身原有的特色。突厥社会的基本组织是部落制,汗国统治模式为左右翼分封制,且是家族式统治。突厥大可汗的继承制并不明确,这是游牧部落联盟推举首领的传统与汗国建立后阿史那氏专政统治相互杂糅的结果。突厥官职继承前代政权者较多,也保留着自身原有的官号。突厥政治史研究是学界相对薄弱的环节,本书所得结论只是初步的认识,尚未形成定论,诸多疑问有待进一步深入研究。第五章和第六章是突厥经济、文化部分,主要是重新解读史料的感想和平时读书时的积累。突厥的经济文化既有草原游牧民族共有的特点,也保持了自己独有的特性。尤其对突厥发达的养马业、畅通的草原丝路贸易、特点鲜明的手工业、多样的宗教信仰、别具特色的习俗、地域特色的语言、创造自己的文字等个别问题有新的认识,与以往的普遍认知有所不同。第七章的内容是突厥同周边及属部之间关系,重点放在了突厥同属部及羁縻统治的部落内容上，比较详细地考述了突厥与铁勒、西域诸胡、东部诸族以及勿吉—靺鞨族名，而对突厥与中原政权之间关系等熟知的内容则叙述脉络，未做过多考述。经过研究认为，突厥与中原之间基于各自利益，时战时和；突厥直接统治铁勒诸部，征用其物，东征西讨，这也导致铁勒不时反抗，叛服不定；突厥羁縻统治西域诸胡，与其合作经商，收敛钱财；突厥掌控东部诸族，索取贵重的狩猎品，并牵制其他政权。

本书是在本人兰州大学敦煌学研究所博士后出站报告《突厥卢尼文碑铭译注与突厥语族部落历史研究》（2013年）和国家社科基金一般项目资助的《古突厥文文献译注研究》（批准号：10BTQ32）结项报告（2017年）基础上编写完成的。在这报告中编写突厥卢尼文碑铭译注时，先是参考了大量的前人研究成果（请见本书第一章第一节"突厥的资料"内容），之后核对校勘碑铭原文以及实地勘察，在此基础上进行碑文的拉丁文转写和汉文翻译。在此需要说明的是，本书正文中所引用的有关突厥卢尼文碑铭文献材料皆来自上述研究报告，为了避免篇幅过于冗长、繁琐以及整套丛书对体例的统一要求，本书除个别具体说明之处外，没有对所有引用的突厥卢尼文碑铭文献进行详细的注释。

在编写过程中，坚持尽可能不与前人研究重复的原则，借鉴前人成果，取长补短，详别人所未详。尽管如此，书中依然存在详略不当、章节失调等缺陷。在突厥史研究史料匮乏，相关历史文献所涉语言种类较多，前人研究比较成熟的情况下，本书对突厥史研究领域的个别学术难题提出了一些不成熟的观点，希望得到专家学者批评指正，使相关研究能在学术争鸣中得以更加深入。

目　　录

北方民族史是中国历史的有机组成部分
　——《中国古代北方民族史》(代序) ········· i
前言 ·· xxi

第一章　突厥的资料和研究状况 ··················· 1
　第一节　突厥的资料 ····························· 1
　第二节　突厥史的研究状况 ······················· 8

第二章　突厥的族名与来源 ······················ 14
　第一节　突厥的族名 ···························· 14
　第二节　突厥的起源传说与来源 ·················· 20
　　一、"海神传说" ······························ 22
　　二、"狼传说" ································ 24
　　三、"索国说" ································ 27
　　四、"平凉杂胡说" ···························· 31
　　五、突厥来源的分析 ·························· 33

第三章　突厥的历史 ···························· 36
　第一节　突厥第一汗国历史 ······················ 36
　　一、突厥汗国的建立与强盛 ···················· 36
　　二、突厥汗国的内讧与衰弱 ···················· 40
　　三、突厥汗国的复苏与灭亡 ···················· 45
　第二节　突厥第二汗国历史 ······················ 48
　　一、突厥汗国的复兴与巩固 ···················· 48
　　二、突厥第二汗国的强盛与拓疆 ················ 53
　　三、突厥第二汗国的内乱与灭亡 ················ 58

第三节　西突厥汗国历史 ································ 64
　　　一、"西突厥汗国"形成问题 ························· 64
　　　二、室点密继承"家产"及扩张势力 ················· 71
　　　三、木杆可汗系与西突厥汗国的形成 ················· 75
　　　四、室点密系夺位与西突厥汗国的兴衰 ··············· 79
　　　五、西突厥的后续发展 ····························· 83

第四章　突厥的政治制度 ···································· 86
　第一节　突厥祭祀圣地"于都斤" ························ 86
　　　一、"于都斤"对突厥汗国的意义 ··················· 86
　　　二、"于都斤"前人研究的评述 ····················· 87
　　　三、"于都斤"地望 ······························· 89
　　　四、"于都斤"释义 ······························· 94
　第二节　突厥的社会结构与官职 ·························· 95
　　　一、突厥的社会结构 ······························ 96
　　　二、突厥的官职 ·································· 99
　第三节　突厥的分封制 ································· 106
　　　一、土门系与室点密系各自为政 ····················· 107
　　　二、土门系政权的分封制 ·························· 110
　　　三、室点密系政权的分封制 ························ 115
　第四节　突厥的可汗继承制 ····························· 117
　　　一、土门系大可汗继承状况 ························ 117
　　　二、室点密系可汗继承状况 ························ 123
　　　三、突厥可汗继承制若干要点 ······················ 124

第五章　突厥的经济生活 ··································· 129
　第一节　突厥的游牧经济 ······························· 129
　第二节　突厥的饮食住行 ······························· 133
　第三节　突厥的丝绸贸易 ······························· 138

第六章　突厥的文化习俗 ··································· 143
　第一节　突厥的宗教信仰 ······························· 143
　第二节　突厥的发式服饰 ······························· 149
　第三节　突厥的婚丧习俗 ······························· 155

| 第四节　突厥的语言文字 | 161 |

第七章　突厥与周边及属部之间的关系 … 167
第一节　突厥与中原 … 167
一、突厥与西魏（北周）建立联盟及瓦解 … 167
二、突厥与隋朝的对峙及称臣 … 169
三、突厥与唐朝的互动及降服 … 171
第二节　突厥与铁勒诸部 … 176
一、铁勒诸部及突厥的征服 … 176
二、铁勒诸部反叛及建立政权 … 178
三、突厥再征服与铁勒再作乱 … 182
第三节　突厥与西域诸胡 … 184
一、突厥掌控天山南路"诸胡" … 185
二、突厥羁縻统治"昭武九姓" … 186
第四节　突厥与东部诸部 … 190
一、突厥反复出征契丹、库莫奚 … 190
二、突厥掌控室韦、靺鞨等诸部 … 192

参考书目 … 200
一、古籍 … 200
二、专著 … 202
三、译著 … 206
四、外文专著 … 208

索引 … 212
Abstract … 219
后记 … 221
总后记 … 223

第一章 突厥的资料和研究状况

突厥是中国古代北方民族之一，突厥史则是中国古代北方民族史的重要组成部分。6世纪中叶，突厥兴起于今新疆维吾尔自治区准噶尔盆地一带，随着实力的不断壮大，开始向外延伸扩张，建立政权，鼎盛时期曾掌控亚欧草原及周边地区。突厥政权从8世纪中叶开始衰落，统治地域被其他政权或部族不断占领，部众散落，渐渐淡出史册。研究突厥史的资料，汉文史料的记载为丰富，非汉文史料也不少。国内外学界研究突厥史的时间较长，且研究内容广泛，所获成果颇丰。

第一节 突厥的资料

有关突厥的汉文史料记载，相对其他文字文献而言较为丰富。"突厥"之名在汉文史册始见于542年。从此，与突厥有关的历史被当时或后世史家著录，其名不绝于史。在廿四史中，《周书》最早立《突厥传》，之后，《隋书》《北史》《旧唐书》《新唐书》相继设有专传。在其他类别的史籍中，《通典》《唐会要》《太平寰宇记》等史书也立有"突厥"专目，集中记载其史事。除了这些专传和专目之外，还有许多与突厥有关的内容散见于各类汉籍史书及碑志、文书等当中。

国内外学者从20世纪初就开始搜集有关突厥历史的汉文史料，至今可谓成果颇丰。法国汉学家沙畹（Edouard Chavannes）从"正史"中摘录了西突厥、"西域诸国"及相关人物的列传，从僧人行纪中搜集了有关西突厥的记载，又从《册府元龟》中摘录了有关西突厥的零散记载，并把这些材料汇集成书，于1903年出版[1]。我国学者冯承钧把沙畹的这部著

---

[1] Edouard Chavannes. Documents sur les Tou-kiue[Turcs] occidentaux. St. Petersburg, 1903.

作译为汉文,并以《西突厥史料》为名,商务印书馆于1932年出版,中华书局分别于1958年和2004年再版①。冯承钧的译本不是简单的翻译,而是对沙畹搜集的汉文史料进行了校勘,还以附注的形式提及疑误、纠正错误等,提升了沙畹书的学术价值。我国学者岑仲勉对沙畹书中所搜集的汉文史料进行补缺及考证,以《西突厥史料补阙及考证》为名,中华书局于1958年出版、2004年再版②,从而进一步完善了沙畹书的内容。刘茂才（Liu Mau-tsai）的《东突厥史料》一书,体例与沙畹书相似,其内容包括汉文史书中有关东突厥的专传和专目,以及相关部落的记载和散见史料等,于1958年出版③、1993年再版④。在各部辑录史料的著作中,值得注意的是岑仲勉的《突厥集史》,中华书局于1958年出版、2004年再版⑤。此书中搜集的汉文史料更全,为学界青睐,其内容包括散见史料编年辑考、突厥本传校注及突厥人物的列传碑志校注等。岑仲勉对所搜集的每条史料的年代、字句以及史料所记人名、部名、地名和相关史事等都进行了非常详细的校勘和辨析。可以认为,岑仲勉的这部著作奠定了学界研究突厥史的史料学基石,成为涉及该领域研究者必备的参考书。当然,从岑仲勉书出版至今已有半个多世纪,其间新发现的突厥史料数目可观,又发现了传统史籍的新版本,古籍整理工作有了新的进展,学者也不断运用新的科技手段进行分析、研究等,因此,有必要对其著作进行补充和修订。吴玉贵的《突厥第二汗国汉文史料编年辑考》一书,正是出于这一要求编纂而成⑥。这部著作几乎将有关突厥第二汗国的汉文史料搜集一空,并在体例上改变了以往的专传、专目与散见史料分开辑录的方法,而是把专传和专目内容拆开,与散见史料一起进行编年辑考。该部著作对每条史料进行了非常细致的校订,提出很多新观点,有非常高的学术价值。另一部搜集突厥史料的著作是薛宗正的《突厥稀见史料辑成——正史外突厥文献

---

① 〔法〕沙畹著,冯承钧译:《西突厥史料》,中华书局,2004年。
② 岑仲勉:《西突厥史料补阙及考证》,中华书局,2004年。
③ Liu Mau-tsai. Die chinesischen Nachrichten zur Geschichte der Ost-Türken(T'u-Küe). OTTO HARRASSOWITZ · WIESBADEN, 1958.
④ 〔德〕Liu Mau-tsai:《东突厥史料》(全二册),新文丰出版公司,1993年。
⑤ 岑仲勉:《突厥集史》(全二册),中华书局,2004年。
⑥ 吴玉贵:《突厥第二汗国汉文史料编年辑考》(全三册),中华书局,2009年。

集萃》①。这部著作将正史除外，以《册府元龟》为主，又以《唐会要》《通典》《全唐文》《文苑英华》《文馆词林》《大慈恩寺三藏法师传》等为辅，全面搜集了有关突厥的史料。这部著作的上编是史料系年，就是把每条史料按编年辑考；下编为文献集萃，把汉文史料所记有关突厥的内容分门别类的辑录，又搜集了非汉文如粟特文、突厥卢尼文、古藏文、古希腊文、波斯文、阿拉伯文等资料。纵观前人的史料搜集与整理工作，与突厥有关的汉文史料的挖掘已经很深入，校勘考订工作也做得非常详细。

突厥卢尼文碑铭是研究突厥历史文化的重要史料。突厥卢尼文是突厥民族自己创造的文字，学界因该文字的外形与古代北欧诸民族使用的卢尼文（Runic）相似而命名之②。突厥卢尼文碑铭是突厥人用自己的文字刻写自己的历史，所以史料价值很高。19世纪末期，突厥语言学家汤姆森（V. Thomsen）③和拉德洛夫（W. Radloff）④成功破译了突厥卢尼文，从而拓展了研究突厥历史的史料范围。与突厥历史有关的内容相对保存完整的突厥卢尼文碑有《暾欲谷碑》《阙特勤碑》《毗伽可汗碑》《翁金碑》《阙利啜碑》等⑤，以及最近新发现的《克尔克斯敖包碑》⑥。

《暾欲谷碑》⑦于1897年发现于蒙古国首都乌兰巴托市（Ulaɣan baɣatur）东南约60千米的巴音朝克图（Bayan čoɣtu）之地，有大小两块

---

① 薛宗正辑注：《突厥稀见史料辑成——正史外突厥文献集萃》，新疆人民出版社，2005年。
② 突厥卢尼文，学界又命名为鄂尔浑文、叶尼塞文、西伯利亚文、鄂尔浑—叶尼塞文、蓝突厥文、黠戛斯文等。突厥卢尼文除了突厥民族使用以外，回鹘、黠戛斯、葛逻禄等民族也曾使用。
③ Vilh Thomsen. Inscriptions de L'orkhon Déchiffrées. Helsingfors, 1896.
④ В В Радловычъ. Атласъ древностей монголыи, Санкт-петербургъ, 1892-1899. W Radloff. Die Alttürkischen Inschriften der Mongolei, St.-Petersburg, 1894-1899.
⑤ 有关古代突厥文的史料概况，见耿世民：《古代突厥文碑铭述略》，《考古学参考资料》1980年第3、4期；张铁山：《我国古代突厥文研究六十年概述》，《西域研究》2009年第3期。
⑥ Т Идэрхангай, Ц Баттулга, Б Баяр. Монгол Нутгаас Шинээр Илруулсэн Руни Бичгийн Дурсгалууд, Археологийн Судлал, vol. 36, pp. 231-232. Ц Баттулга. Хиргисийн Овооны Гэрэлт Хөшөөний Бичээс, Altaica, vol. 13, Улаанбаатар, 2017, pp. 62-78.（汉文《克尔克斯敖包碑》之名——作者译。"克尔克斯敖包"是地名）
⑦ 目前此碑仍在原处，其原处正在建博物馆。此碑的宽度、厚度并不规则。

石碑，记录着突厥汗国功勋大臣暾欲谷一生的伟业。大石碑高243厘米，四面刻字，共35行；小石碑高217厘米，四面刻字，共27行。《阙特勤碑》和《毗伽可汗碑》①于1889年发现于蒙古国后杭爱省（Aru qaŋүai aimaү）哈拉和林苏木（Qara qorin somu）赫硕柴德木（kŭšiye čaidam）之地的鄂尔浑河东岸，记载了阙特勤和毗伽可汗兄弟二人一生的功绩。两碑并立，间隔约1千米，皆为唐朝工匠雕刻，盘龙碑额和龟趺底座，碑高375厘米（《毗伽可汗碑》稍高些），宽122—132厘米（碑的上部窄，下部宽），厚44—46厘米。两碑的西面刻汉文，而南、东、北三面刻卢尼文②，两碑的三个棱角、龟趺以及西面的部分处也刻有卢尼文。《翁金碑》③于1891年发现于蒙古国前杭爱省（öbür qaŋүai aimaү）翁金河（Oŋүin үool）之旁，距《阙特勤碑》和《毗伽可汗碑》所在地赫硕柴德木南约160千米，发现时已断裂为几块。此碑内容是阿史那骨咄禄时期突厥汗国复兴的历史。不过，碑主是谁并不清楚，从碑文内容来看，其主人可能是骨咄禄之弟咄悉匐。该碑东面和南面刻写着卢尼文，共12行字；南面上方又有较短的7行字，记载着立碑和刻文者情况；碑前所立杀人石上又有1行字，记录了杀人石主人之名。《阙利啜碑》④于1912年发现于蒙古国中央省（Töb aimaү）德力格尔汗苏木（Delger qan somu）叶克赫硕图（Yeke kŭšiyetü）之地，其内容记载了阙利啜一生的功绩。此碑高190厘米，宽65厘米，厚20厘米，东、西、南三面刻卢尼文，共28行；还有横着写的1行字，内容为刻文者的状况，但未写其名。关于此碑主人阙利啜身世不是很清楚。从碑文所记内容来看，他生活于骨咄

---

① 《阙特勤碑》立于732年，《毗伽可汗碑》立于734年。两碑发现时，《阙特勤碑》破损较少，而《毗伽可汗碑》倒地，断裂为三部，破损严重。目前在原碑所在地已建博物馆，两碑已搬入其中，在原处立了复制碑。
② 《阙特勤碑》的汉文较为清楚，而《毗伽可汗碑》的汉文模糊不清。两碑的汉文内容由唐政府编撰，唐朝工匠刻写。两碑三面的突厥卢尼文：《阙特勤碑》共66行，内容由毗伽可汗编撰；《毗伽可汗碑》共71行，其一部分内容与《阙特勤碑》重复，一部分则是新内容，新内容的编撰者可能也是毗伽可汗。在石碑上刻写者是药利特勤。两碑卢尼文的重复内容：《阙特勤碑》南面1—11行与《毗伽可汗碑》北面1—8行，《阙特勤碑》东面1—30行与《毗伽可汗碑》东面3—23行。
③ 据说，此碑收藏于蒙古国前杭爱省博物馆。
④ 此碑目前仍在原处。

禄和默啜可汗时期，参加了很多建立汗国和向外征服的战争，应该是骨咄禄族人。《克尔克斯敖包碑》①于 2016 年 5 月由蒙古国特·伊德尔杭爱（Т. Идэрхангай）和策·巴图图拉嘎（Ц. Баттулга）在蒙古国巴彦洪格尔省（Bayan hoŋγur aimaγ）博查干苏木（Bočihan somu）西北 45—50 千米的拜达尔河（Baidar γool）西北岸发现。此碑为残碑，属于某碑的断裂部分，南、北、西三面刻卢尼文，共 8 行。此碑内容属于突厥第二汗国建立时期的历史，碑主为毗伽啜莫贺达干②，应属于骨咄禄家族人，但确切身份有待进一步研究。

关于以上介绍的碑铭，国内外很多学者均有释读研究，并出版其相关研究著作，如 Ramstedt G. J. ③、Gerard Clauson④、René Giraud⑤、С. Г. 克利亚什托尔内（Klyashtorny）⑥、Malov C. E.⑦、Hüseyin Namik Orkun⑧、Talat Tekin⑨、Л. Болд⑩、М. Шинэхүү⑪、Mehmet Ölmez⑫、Erhan

---

① 此碑目前仍在原处。
② 白玉冬、吐送江·依明：《蒙古国新发现毗伽啜莫贺达干碑文释读》，《敦煌学辑刊》2018 年第 4 期。
③ Ramstedt G J, Grannö J G und Pentti Aalto. Matelialien zu den alttürkischen Inschriften der Mongolei. Journal Dela Société Finno-ougrienne60-7, 1958.
④ Gerard Clauson. Edward Tryjarski: The Inscription at Ikhe Khushotu. Rocznik Orientalistyczny. TOM XXXIV, ZESZYT1, 1971.
⑤ René Giraud. L'inscription de Bain Tsokto, Édition critique, Iibrairie D'amerique et D'orient Adrien-Maisonneuve II. Rue Saint-Sulpice, Paris(VIe), 1961.〔法〕勒内·吉罗著，耿昇译：《东突厥汗国碑铭考释——骨咄禄、默啜和毗伽可汗执政年间（680—734 年）》，新疆社会科学院历史研究所，1984 年。
⑥ 〔苏联〕С. Г. 克利亚什托尔内著，李佩娟译：《古代突厥鲁尼文碑铭——中亚细亚史原始文献》，黑龙江教育出版社，1991 年。
⑦ Малов С Е. Памятники Древнетюркской Письменности. Издательство Академии Наук СССР. Москва-Ленинград, 1951.
⑧ Hüseyin Namik Orkun. Eski Türk Yazıtları. Türk Dil Kurumu Yayınları. Ankara, 2011.
⑨ Talat Tekin. A Grammar of Orkhon Turkic. Indiana University, 1968.
⑩ Л Болд. ВНМАУ-ын НутагДахь Хадны Бичээс. УлаанБаатар, 1990; Орхон Бичгийн Дурсгал(II). УлаанБаатар, 2006; Орхон Бичгийн Дурсгал(III). УлаанБаатар, 2010; Орхон Бичгийн Дурсгал(IV). УлаанБаатар, 2011.
⑪ М Шинэхүү. Тариатын Орхон Бичгийн Шинэ Дурсгал. Улаан-Баатар, 1975.
⑫ Mehmet Ölmez. Moğolistan'daki Eski Türk Yazıtları. Bilgesu. Ankara, 2015.

Aydın①、小野川秀美②、森安孝夫③、韩儒林④、岑仲勉⑤、耿世民⑥、芮传明⑦等。

除突厥民族以外，回鹘、黠戛斯等也有以卢尼文刻写的碑铭。与回鹘有关的碑铭有《磨延啜碑》《铁尔痕碑》《铁兹碑》《苏吉碑》等。在叶尼塞河流域发现的70余座墓碑则多与黠戛斯有关。此外，年代和内容不太清楚，且内容相对简单的小型题记刻文也不在少数。在蒙古国境内发现了百余处石崖或器物上刻写的突厥卢尼文⑧。最近，在蒙古国苏赫巴特尔省（Sükebaɣatur aimaɣ）董瑾席勒（Düŋgin širege）之地新发现了大型的带有突厥卢尼文墓碑的祭祀遗址，但刻文内容相对简单，重复刻写了两三句话。中亚草原地带也发现了几十处突厥卢尼文石崖刻文，内容较为简单。中国新疆维吾尔自治区交河洞壁、内蒙古自治区达茂旗查干敖包（čaɣan obuɣa）等地也发现了突厥卢尼文刻文。这些突厥卢尼文资料，也有多寡不同的与突厥历史文化相关的内容。

有关突厥史的粟特文史料不多，但很珍贵。粟特文是居于河中地区（即阿姆河和锡尔河之间）的粟特人使用的文字。突厥人曾借用粟特文。目前发现的以粟特文记载突厥历史的碑刻有《布古特碑》和《小洪纳海

---

① Erhan Aydın. Orhon Yazıtları(köl tegin, bilge kağan, tonyukuk, ongi, küli çor). Kömen Yayınları, 2015.
② 〔日〕小野川秀美：《突厥碑文訳註》，《満蒙史論叢》4，1943年，第249—425頁；《翁金碑文訳註》，《羽田博士頌寿記念東洋史論叢》，東洋史研究会，1950年，第431—447頁。
③ 〔日〕森安孝夫、〔蒙古〕オチル：《モンゴル国現存遺蹟・碑文調査研究報告》，中央ユーラシア学研究会，1999年。
④ 韩儒林根据德文汉译了《阙特勤碑》（1935年）、《毗伽可汗碑》（1936年）、《暾欲谷碑》（1936年）。林幹编：《突厥与回纥历史论文选集（1919—1981）》（上），中华书局，1987年。
⑤ 岑仲勉根据英文汉译了《暾欲谷纪功碑》《阙特勤碑》《毗伽可汗碑》。岑仲勉：《突厥集史》（下），第857—926页。
⑥ 耿世民：《古代突厥文碑铭研究》，中央民族大学出版社，2005年。
⑦ 芮传明：《古突厥碑铭研究》，上海古籍出版社，1998年。
⑧ Ц Баттулга. Монголын Руни Бичгийн Бага Дурсгалууд. УлаанБаатар, 2005. Ринчинхоролын Мөнхтулга. Түрэг, Монгол Судлалын өгүүллүүд-Эрдэм Шинжилгээний Бүтээлийн Түүвэр(2003-2018он). Улаанбаатар, 2018.

突厥石人》。《布古特碑》于1956年发现于蒙古国后杭爱省叶克塔米尔苏木（Yeke tamir somu）布古特（Buɣutu）之地，现已搬迁至后杭爱省博物馆，亦称扎雅班第达寺院（Jaya bandida süme）。据研究，立碑者为突厥汗国的第四位可汗他钵（亦作"佗钵"），其内容是他钵可汗之前的突厥汗国历史①。据前人研究，碑头雕刻着狼和小孩的形象（对此也有不同看法者），碑底座为龟趺。碑头雕像高74、底座龟趺高48厘米。刻写碑文部分高123、宽72、厚19.5厘米，正面和左右侧面刻写了粟特文，共28行，背面刻写婆罗米文24行。背面的婆罗米文刻写较浅，磨损严重，很难辨认，也有学者尝试释读②。《小洪纳海突厥石人》发现于新疆维吾尔自治区伊犁州昭苏县（又称 Moŋyol küriye）城东南5千米的草原上，在特克斯河之北。此石人地面以上高度为180、头部宽35、体宽50厘米左右，腰部以下两侧刻有粟特文，共9行。据研究者考证，石人的主人为木杆可汗之孙泥利可汗，立石人像者为泥利可汗之子泥撅处罗可汗。从能够释读的文字来看，石人粟特文主要记载了突厥木杆可汗、泥利可汗事迹和泥撅处罗可汗建造石人和陵园的情况③。这两个粟特文石刻资料，对突厥汗国的前期历史研究有着重要的价值。

有关突厥史的婆罗米文史料，目前也有所发现。前文提及的《布古特碑》背面刻写着婆罗米文。最近，语言学家破译了1976年发现于蒙古国布尔干省（Bolɣan aimaɣ）辉素陀罗盖（Küisü toloɣay）之地的婆罗米

---

① 〔日〕吉田豊、〔日〕森安孝夫：《ブグト碑文》，《モンゴル国現存遺蹟・碑文調査研究報告》，第121—125頁。

② Alexander Vovin. Groping in the Dark: the First Attempt to Interpret the Bugut Brāhmī Inscription. Journal Asiatique307.1(2019):121-134. Mehmet Ölmez. A Short History of the Bugut Inscription. Journal Asiatique307, 1(2019): 91-96.

③ 〔日〕吉田豊：《新疆維吾爾自治区新出ソグド語資料》，《内陸アジア言語の研究》VI（1990），（神戸市外国語大学外国語研究XXIII），1991年，第57—83頁；〔日〕吉田豊：《ソグド語資料から見たソグド人の活動》，《岩波講座・世界歴史11・中央ユーラシアの統合》，岩波書店，1997年，第227—248頁；〔日〕大澤孝：《新疆イリ河流域のソグド語銘文石人について——突厥初世の王統に関する一資料》，国立民族学博物館研究報告別冊（卷020），1999年，第327—378頁。

文《辉素陀罗盖碑》①。据初步研究，此碑文属于突厥汗国时期，大致时间为6世纪末7世纪初，记载了铁勒诸部与突厥汗国之间的历史。《辉素陀罗盖碑》的史料价值很高，但很多史实尚未揭开，有待深入研究。

第二节 突厥史的研究状况

有关突厥史的前人研究成果很多，仅专著就十几部，专题论文也覆盖了突厥历史的方方面面②。在此仅选取较为典型的代表性著作进行介绍。马长寿的《突厥人和突厥汗国》一书是较早研究突厥史的汉文专著，于1957年出版③、2006年再版④。这部著作内容包括突厥的起源、兴起以及突厥汗国的建立、分裂、衰亡和薛延陀汗国始末、突厥人南迁、突厥汗国复兴、突厥社会制度等多个方面。这部著作虽然篇幅不长，但对史事的论述简明扼要、言简意赅、观点新颖，是研究突厥史的奠基之作。林幹的《突厥史》一书，对突厥的族源、兴起及突厥汗国的兴衰、社会制度、与中原政权的关系、后突厥汗国历史、西突厥汗国历史、唐朝针对东西突厥设置的府州以及突厥的文化习俗等进行了叙述⑤。这是一部在充分吸收前人成果基础上，搜集史料较全、涉及内容较多、史事考证较

---

① Dieter Maue. The Khüis Tolgoi-signs and sounds. Journal Asiatique 2018, 306(2):129-139. Alexander Vovin. An Interpretation of the Khüis Tolgoi Inscription. Journal Asiatique 2018, 306(2):141-151. Mehmet Ölmez. The Khüis Tolgoi Inscription: On the discovery, the whereabouts, condition of the stones, and our expedition. Journal Asiatique 2018, 306(2): 287-289. Étienne de la Vaissière. The Historical context to the Khüis Tolgoi inscription. Journal Asiatique 2018, 306(2):153-157.
② 国内相关研究成果，见林幹：《近六十余年（1919—1984年）国内突厥史研究评述》，《民族研究》1985年第6期；韩香：《近年来新出版的三本突厥史专著评述》，《西域研究》1994年第2期；韩忠义：《北亚突厥百年研究（1900—2000年）》，《青海民族研究》2006年第1期；仁宝磊：《国内近三十年西突厥研究简述（1980—2010）》，《西域研究》2011年第4期；冯懿：《20世纪突厥史研究成就》，兰州大学硕士学位论文，2013年。有关突厥史的论文，参考林幹编：《突厥与回纥历史论文选集（1919—1981）》。
③ 马长寿：《突厥人和突厥汗国》，上海人民出版社，1957年。
④ 马长寿：《突厥人和突厥汗国》，广西师范大学出版社，2006年。
⑤ 林幹：《突厥史》，内蒙古人民出版社，1988年。

细的著作。后来，这部著作与回纥史内容合并，出版了修订版①。林恩显的《突厥研究》一书，选取十一个专题进行了详细深入的研究②。这部著作是作者多年讲学过程中对个别问题深入思考研究的结晶，学术积累丰厚，吸收国外前人研究成果较全，尤其是吸收了日本学界的最新观点。刘义棠的《突回研究》一书，对突厥可汗世系以及汉文"正史"的《突厥传》以注释体例进行研究，提出了很多新观点③。薛宗正的《突厥史》一书，对突厥的先世、突厥汗国的建立以及汗国内战、分裂，东突厥汗国、西突厥汗国、后突厥汗国的历史，唐朝征服东西突厥后设置府州与羁縻统治，以及突厥文化等多个方面进行了论述④。这部著作篇幅较长、字数较多，史料辨析充分，观点新颖、颇具新意。其作者针对学界有争议的问题，先总结前人观点，再对史料进行分析甄别，之后层次分明地说出自己的理由，最后总结内容并提出个人观点。这部著作虽说是通史体例，但在章节内容中专题考辨较多，学术性很强。刘锡淦的《突厥汗国史》一书较为简明地叙述了突厥的勃兴，突厥民族的形成与汗国的建立，突厥汗国的内政与外交，突厥汗国的分裂及其以后的发展，北突厥汗国的建立与灭亡，突厥的经济文化等内容⑤。陈恩的《突厥铁勒史探微》一书对与突厥有关的几个问题进行专题研究，其考释详细、论据充足、观点新颖，是一部学术含量较高的最新研究成果⑥。

国外研究突厥史的著作也很多，尤其日本的研究成果更多。日本较早研究突厥史的学者是護雅夫，他的《古代トルコ民族史研究》(《古代突厥民族史研究》——作者译)三卷本是多年专题研究的集成⑦。这部巨著所涵盖的内容较广，如第一卷包括突厥的国家与社会以及突厥官称、突厥碑文札记等，第二卷包括古代突厥民族史的诸问题（实际内容

---

① 林幹：《突厥与回纥史》，内蒙古人民出版社，2007年。
② 林恩显：《突厥研究》，台湾商务印书馆，1988年。
③ 刘义棠：《突回研究》，经世书局，1990年。
④ 薛宗正：《突厥史》，中国社会科学出版社，1992年。
⑤ 刘锡淦：《突厥汗国史》，新疆大学出版社，1996年。
⑥ 陈恩：《突厥铁勒史探微》，花木兰文化出版社，2017年。
⑦ 〔日〕護雅夫：《古代トルコ民族史研究》，（東京）山川出版社，第一卷1967年、第二卷1992年、第三卷1997年。

是有关突厥碑文、铜钱之札记等)、古代突厥民族的信仰、叶尼塞铭文札记以及相关著作的批评与介绍等，第三卷则不是以突厥史为专题，而是研究北亚游牧民族的历史和考释回鹘文文书。護雅夫的著作可谓代表着日本学界研究突厥史的水准。内田吟風的《北アジア史研究——鮮卑·柔然·突厥篇》(《北亚史研究——鲜卑·柔然·突厥篇》——作者译)一书中涉及了西突厥初期即室点密、达头、统叶护可汗时期的历史和葛逻禄初期历史内容[①]。内藤みどり的《西突厥史の研究》(《西突厥史研究》——作者译)一书是研究西突厥史的专著，内容包括西突厥碎叶城、"十姓论"，乙毗咄陆可汗与他的叶护们，灭亡后的西突厥，斛瑟罗与乌质勒等专题，作者还在附录中介绍了有关西突厥的欧洲史料，并对个别名称做了考释[②]。山田信夫的《北アジア遊牧民族史研究》(《北亚游牧民族史研究》——作者译)一书对突厥的族名、起源传说、部族发展史、圣地"于都斤山"等以专题形式研究，在论述游牧社会制度史时也涉及了一些有关突厥的内容[③]。森安孝夫的《丝路、游牧民与唐帝国》一书涉及了一些突厥史内容，如唐朝的建立与突厥的兴亡、突厥的复兴等[④]。韩国学者丁载勋的《突厥游牧帝国史(552—745年)》一书，以编年史体例编撰，分四个部分，即突厥建国前史——阿史那建国神话的历史化；突厥第一帝国——巨大游牧帝国的发展和限界(552—630)；唐朝的羁縻支配——唐朝的游牧世界秩序再编与突厥的对应(630—687)；突厥第二帝国——游牧世界的分节化与阿史那的浮沉(687—745)等[⑤]。

欧美学者在研究中，一般都把"突厥"概念用于广义，即泛指古代突厥语族部落，且视之为与亚欧草原上的其他游牧部落密不可分。所

---

① 〔日〕内田吟風：《北アジア史研究——鮮卑·柔然·突厥篇》，同朋舍出版部，1975年。
② 〔日〕内藤みどり：《西突厥史の研究》，(東京)早稲田大学出版部，1988年。
③ 〔日〕山田信夫：《北アジア遊牧民族史研究》，東京大学出版会，1989年。
④ 〔日〕森安孝夫著，张雅婷译：《丝路、游牧民与唐帝国：从中央欧亚出发，骑马游牧民眼中的拓跋国家》，八旗文化、远足文化事业股份有限公司，2018年。
⑤ 〔韩〕丁载勋：《突厥游牧帝国史(552—745年)》，四季节出版社，2016年。本书为韩文著作，康准永博士把书名、出版社以及目录等汉译，特此感谢。

以，他们一般在编纂草原游牧民族通史或突厥语族部落史时涉及相应的"突厥"内容，而很少把阿史那氏统治的突厥历史以单独的专著形式编写。例如，E. H. Parker（巴克尔）《鞑靼千年史》①、勒内·格鲁塞《草原帝国》②、Peter B. Golden 的 *An Introduction to the History of the Turkic Peoples*③（《突厥人的历史概论》——作者译）等著作都是亚欧草原游牧民族通史，其中一部分是阿史那氏统治的突厥史；瓦西里·弗拉基米罗维奇·巴托尔德《中亚历史——巴托尔德文集第 2 卷第 1 册第 1 部分》④、L. N. Gumilëv 的 *Eski Türkler*⑤（《古代突厥》——作者译）、丹尼斯·塞诺《丹尼斯·塞诺内亚研究文选》⑥、С. Г. Кляшторный 的 *Памятники Древнетюркской Письменности и Этнокультурная История Центральной Азии*⑦（《古突厥文碑铭与中亚民族文化史》——作者译）等著作则是古代突厥语族部落的历史，其中一部分是阿史那氏统治的突厥史。土耳其学者 Ahmet Tasagıl 的 *Gök Türkler*（《蓝突厥》——作者译）是一部叙述阿史那氏统治的突厥历史专著⑧。还有，欧美学者在编写中亚或内陆亚洲历史以及古代欧洲与中国的关系史时，涉及了一些相应的突厥史内容。

除了以上介绍的通史性著作之外，学者对突厥的关系史、社会制度、文化风俗等方面也有研究。吴玉贵的《突厥汗国与隋唐关系史研究》一书对汉文史料做了非常翔实的辨析，在此基础上论述了突厥汗国与隋唐

---

① 〔英〕巴克尔著，向达、黄静渊译：《鞑靼千年史》，商务印书馆，1937 年。此书山西人民出版社于 2015 年再版。
② 〔法〕勒内·格鲁塞著，蓝琪译，项英杰校：《草原帝国》，商务印书馆，1998 年。
③ Peter B Golden. An Introduction to the History of the Turkic Peoples Ethnogenesis and State-Formation in Medieval and Early Modern Eurasia and the Middle East. OTTO HARRASSOWITZ · WIESBADEN, 1992.
④ 〔苏联〕瓦西里·弗拉基米罗维奇·巴托尔德著，〔苏联〕В. А. 罗莫金、Б. Я. 斯塔维斯基整理，〔苏联〕Б. Г. 加富罗夫编，张丽译：《中亚历史——巴托尔德文集第 2 卷第 1 册第 1 部分》（全二册），兰州大学出版社，2013 年。
⑤ 〔苏联〕L N Gumilëv. Eski Türkler, Rusçadan Çeviren D. Ahsen Batur. Istanbul, 2011.
⑥ 〔美〕丹尼斯·塞诺，北京大学历史系民族史教研室译：《丹尼斯·塞诺内亚研究文选》，中华书局，2006 年。
⑦ С Г Кляшторный. Памятники Древнетюркской Письменности и Этнокультурная История Центральной Азии. Санкт-Петербург, 2006.
⑧ Ahmet Tasagıl. Gök Türkler. Ankara. Türk Tarih Kurumu, 2012.

之间的关系,是一部学术分量很重的著作①。朱振宏的《西突厥与隋朝关系史研究(581—617)》一书吸收前人研究成果较全,提及的观点新颖,尤其对"西突厥"概念诠释较为客观,将西突厥与隋朝之间的关系梳理得较为清晰,是一部难得的学术专著②。陈钦育的《北亚游牧民族与中原国家之关系研究——以突厥为例》一书主要叙述了突厥与中原政权之间的冲突、互动关系以及突厥入居中原情况等几个方面③。吴景山的《突厥社会性质研究》是考释突厥社会性质的专著④。蔡鸿生的《唐代九姓胡与突厥文化》⑤、刘永连的《突厥丧葬风俗研究》⑥、陈凌的《突厥汗国与欧亚文化交流的考古学研究》和《草原狼纛——突厥汗国的历史与文化》⑦等著作,以文献与考古结合的方法研究了突厥的文化风俗。路易·巴赞的《突厥历法研究》一书内容包括从史前时代直到近代的突厥语族的历法,是一部搜集前人研究成果全面、史料辨析透彻、论证翔实的世界名著⑧。此书后来以《古突厥社会的历史纪年》为名再版⑨。

纵观国内外对突厥历史与文化的研究,可以说相关成果丰硕,涉及内容广泛,研究水平很高。从整体而言,国内外的前人研究各有特点。国内以汉文史料为基础,对突厥的历史、政治以及关系史方面研究得较深;国外注重语言学材料,对突厥的社会文化方面研究得较多。这种研究特点主要是各自掌握的史料不同所致。相比较而言,国内对汉文史料的掌握相当扎实,而国外对突厥文碑文和考古材料掌握得较多。不过,

---

① 吴玉贵:《突厥汗国与隋唐关系史研究》,中国社会科学院出版社,1998年。此书商务印书馆于2017年再版。
② 朱振宏:《西突厥与隋朝关系史研究(581—617)》,稻乡出版社,2015年。
③ 陈钦育:《北亚游牧民族与中原国家之关系研究——以突厥为例》,花木兰文化出版社,2009年。
④ 吴景山:《突厥社会性质研究》,中央民族大学出版社,1994年。
⑤ 蔡鸿生:《唐代九姓胡与突厥文化》,中华书局,1998年。
⑥ 刘永连:《突厥丧葬风俗研究》,广西师范大学出版社,2012年。
⑦ 陈凌:《突厥汗国与欧亚文化交流的考古学研究》,上海古籍出版社,2013年;陈凌:《草原狼纛——突厥汗国的历史与文化》,商务印书馆,2015年。
⑧ 〔法〕路易·巴赞著,耿昇译:《突厥历法研究》,中华书局,1998年。
⑨ 〔法〕路易·巴赞著,耿昇译:《古突厥社会的历史纪年》,中国藏学出版社,2014年。

从最近出版的研究成果来看，无论是国内还是国外，都为弥补自己的短板而尽可能地互相学习和借鉴相关成果。换言之，国内学者利用突厥文碑文和考古材料的研究逐步增多，国外学者利用汉文史料和引用国内前人成果的研究也日渐增多。国内外学者互相学习与借鉴，以世界史的视角去研究突厥的历史与文化，才有可能跟历史原貌更近一步。

虽说突厥史研究已达到相当深的地步，但对突厥的族名、族源、突厥汗国的分裂、西突厥汗国的形成、可汗继承制、汗国分封制、官职等个别问题尚有争论，突厥的经济生活、文化风俗，以及突厥与周边及属部之间关系等方面也存在不同的理解。另外，学界仍存在对突厥历史中的某些内容解释不清楚甚至是误解的情况。之所以存在这些问题，关键在于如何解读相关史料和怎样理解游牧社会文化。如果能够相对准确理解史料记载和正确认识游牧社会特点，对以上所提诸问题会有新的看法和认识。研究游牧民族历史文化，应从游牧社会文化特点去思考问题。对待相关史料也应如此，要以游牧社会的思维去审视与批判相关记载，而不是用其他文化视角去解读相关史料。

本书在内容方面不追求面面俱到，而是突出重点，尤其对以上所提问题将尽可能的探究和论述。在研究方法方面，用传统史学研究方法，以及重点利用民族史语文学方法。以解读古突厥文记载为基础，把古突厥文文献与汉文及其他文献结合研究，也尽可能用一些考古材料。国内学者利用古突厥文文献方面相对少，国外学者虽然利用得多，但从历史学角度解读古突厥文文献，且与汉文史料结合研究的相对较少，由此对某些史事的解释有所偏颇或不符史实。此外，古突厥文文献虽说史料价值很高，但有些内容出于其本身的统治目的或炫耀自己的功绩等原因，难免存在一些夸张的成分，所以对其有些内容要谨慎对待，而不能盲目信从。

总而言之，目前突厥史研究领域较广，研究程度很深，但也不乏需要继续讨论的问题。深入商讨有争论的问题，得出一些相对合理的解释或更接近客观史实的见解，才有利于突厥史研究的进步与发展。

第二章　突厥的族名与来源

突厥的族名与来源问题至今悬而未决。经研究分析"突厥"之名有关的记载，突厥的族名与突厥人擅长的冶铁技艺有关。通过辨析不同版本的突厥起源传说发现，突厥的来源与塞种、月氏、乌孙及铁勒等部族、民族密切相关，其中最有可能是乌孙直系后裔，且也曾经历了铁勒化的历史过程。

第一节　突厥的族名

据突厥卢尼文碑铭记载，突厥人自称为 TWRK（𐰚𐰺𐰇𐱅）和 TWRᵘK（𐰚𐰆𐰺𐱅）。突厥语前列圆唇元音 W 读作 ö 和 ü，那 TWRK 和 TWRᵘK 的拼读法有多种，目前一般读作 türk 和 türük[①]。在汉文史籍中，把它们称为"突厥"。至于为何选"突厥"二字，伯希和解释为，"突厥"音译于 türk 之复数形式 türküt（türk+t），名词之后加 -t 音来表达复数是蒙古语族的语法现象。他又指出，在汉文史料中"突厥"之名出现时，突厥人臣服于柔然汗国，柔然人属于蒙古语族，因此 türk 的复数形式 türküt 称呼由柔然人传至中原，所以音译为"突厥"[②]。"突厥"音译于 türküt 符合实际，但 türküt 即带复数词缀 -t 的形式来源于柔然人则未必。

"突""厥"二字古音，《广韵》作陀骨切 *duət、居月切 *kĭwăt[③]。在唐代及其以后，汉字一般以 -t 音（或当时就读作 r）入声字对应阿尔泰语之音节末 -r 音。也就是说，入声字"突"（*duət）之 -t 音对应 tür- 之 -r 音。入声字"厥"（*kĭwăt）之 -t 音，对应 -küt 之 -t 音。这样，"突

---

① Talat Tekin. Orhon Türkçesi Grameri. Türk Dil Kurumu Yayınları, Ankara, 2016, p.312.
② 〔法〕伯希和著，冯承钧译：《汉译突厥名称之起源》，《西域南海史地考证译丛》第 1 卷 2 编，商务印书馆，1995 年，第 48—53 页。
③ 郭锡良编著：《汉字古音手册》（增订本），商务印书馆，2010 年。

厥"二字古音 *duət*kĭwăt 与 türküt 完全吻合。的确，蒙古语族部落称呼其他部族时，一般在族名之后加表示复数的词缀 -t/-d，如蒙古语 uyɣud（uyɣur+d 畏兀儿）、qitad（qitan+d 契丹）等。在突厥卢尼文碑铭中，突厥人自称为 türk、türük 或 kök türk，确实没有发现 türküt 形式，这说明 türküt 称呼不是突厥的自称。不过，在粟特文《布古特碑》中，把"突厥"称为 trüküt（türküt）。可见，在突厥汗国时期粟特人称呼突厥为带复数 -t 音形式的 türküt[①]。众所周知，粟特人以经商而闻名，他们在丝绸之路上经商的同时，为东西文化交流也做出了卓越贡献。粟特人也以外交使节的身份穿梭于各政权之间，传递着最新的情报。如此一来，将 türküt 一称（即 türk 之后加复数 t 的形式）传至中原的不只是柔然人，也完全有可能是粟特人。毋庸置疑，传至中原的是 türküt 形式，据此，汉译时选了"突厥"二字。

关于 türk 词义，国内外学界研究已久，归纳前人观点，较有影响力的有两种，即"力量、有力量、气力、有气力"（以下简称"力量说"）和"兜鍪、军帽、钢盔、头盔"（以下简称"兜鍪说"）[②]。力量说，德国学者穆勒（F. W. K. Müller）依据回鹘文文献中的 türk 一词提出；兜鍪说，西方学者施密特（J. Schmidt）等依据汉文史料记载提出。目前学界主要通行这两种说法，且从不同角度不断进行完善。其实，这两种说法是依据 türk 一词的引申之义得出的。从词源学角度思考，并结合"突厥"之名产生的历史环境，则会另有新意。

突厥语 türük（türk）的词根为动词 tür-，再接构成名词或形容词的词缀 -k 音。在突厥语中，动词词根上接 -q/-k 音而构成与这个动作有关的名词或形容词，如 yasaq（法令）< yas（整治）+q，bilik（智慧）< bil（知道）+k 等。突厥语动词 tür-，在《突厥语大辞典》中解释为："ol bitig türdi（卷起那本书）"，"bitig türüldi（卷起书了）"，"är öz bitigin türündi（那人自己卷起了书）"，"ol maŋa bitig türüšdi（他给我卷起了

---

① 〔日〕大澤孝：《ホル・アスガト碑銘再考》，《内陸アジア言語の研究》（XXV），2010 年，第 52 頁。
② 关于 türk 词义，林恩显的《突厥名称及其先世考》一文，较为全面地归纳了国内外诸说。林恩显：《突厥名称及其先世考》，《突厥研究》，第 30—50 页。

书)"①。《突厥语大辞典》又有 türgäk 一词，其义为"捆、束、扎"等②。可见，动词 tür- 有"卷、收"之义，表示某个动作的结束。那 türük 则是与此动作有关的名词或形容词。türk 一词，《突厥语大辞典》中解释：türk 用于"水果正要熟的季节"，如"türk üzüm ödi（熟葡萄的时节），türk quyaš ödi（正午时分），türk yigit（青春青年）"③。由此可知，türük 或 türk 一词由动词 tür- 派生的形容词是没有问题的，其义表示某个事物的成熟、达到顶点、黄金时期等，可以理解为最好、正中、顶尖、第一等。古突厥语专家克劳森（Clauson）也把 türk 解释为伟大的、成熟的、黄金时期等④。

在汉文史料中解释"突厥"词义为"兜鍪"。《周书·突厥传》记载："经数世，相与出穴，臣于茹茹，居金山之阳，为茹茹铁工。金山形似兜鍪，其俗谓兜鍪为'突厥'，遂因以为号焉。"⑤《隋书·突厥传》记载："后魏太武灭沮渠氏，阿史那以五百家奔茹茹，世居金山，工于铁作。金山状如兜鍪，俗呼兜鍪为'突厥'，因以为号。"⑥这两条史料对突厥迁至"金山"的过程记载有所不同，但对"突厥"之称来历的解释相同。据此则突厥之称源于"兜鍪"，突厥人臣服于柔然（茹茹）汗国成为"铁工"后，才形成此名。的确，"突厥"之名，在汉文史料中始见于西魏大统八年（542），在伊斯兰、拜占庭史料中出现于6世纪之后⑦，正值柔然汗国称霸蒙古高原时期。可见，汉文史料所记"突厥"之称是突厥人臣服于柔然汗国后才形成的说法不是没有依据。

---

① Mahmūd al-kāšγarī. Compendium of the Turkic dialects(Dīwān Luγāt at-Turk). Edited and Translated with Introduction and Indices by Robert Dankoff in collaboration with James Kelly. Cambridge: Harvard University Printing Office.1982-1985, Ⅰ. p.390; Ⅱ. p.27; Ⅱ. p. 36; Ⅱ. p. 12.
② Mahmūd al-kāšγarī. Compendium of the Turkic dialects(Dīwān Luγāt at-Turk), Ⅱ. p. 107.
③ Mahmūd al-kāšγarī. Compendium of the Turkic dialects(Dīwān Luγāt at-Turk), Ⅰ. p.275.
④ Sir Gerard Clauson. An Etymological Dictionary or Pre-Thirteenth-Century Turkish. Oxford At the Clarendon Press, 1972: 542, 543.
⑤ （唐）令狐德棻等：《周书》卷50《突厥传》，中华书局点校本，1971年，第907、908页。
⑥ （唐）魏徵、令狐德棻：《隋书》卷84《突厥传》，中华书局点校本，1973年，第1863页。
⑦ 林恩显：《突厥研究》，第32页。

"兜鍪"是指古代交战时保护头部的"盔",按现代解释是指钢盔、军帽、帽子等。有学者指出"兜鍪"之称来自北方民族,且勘同为哈萨克语 tomaq,又说 tomaq 与 türk 读音不同,因此"兜鍪"与"突厥"无关①。"兜鍪"与"突厥"的读音确实不尽相同,但词义不见得没有关系。突厥语 türk 一词确有"帽"之义②,可见,"突厥"一称与"兜鍪"或许有内在的联系。但需要说明的是,"兜鍪说"绝不是因"金山形"或"金山状"相似兜鍪而得。这是古代中原史家惯用的解读北方民族族名的方法,把固有的名称以某种意义去解释,如史料中的乌桓、鲜卑、贺兰、拓跋、宇文等名称的解释就是典型的例子。

　　据突厥卢尼文碑铭记载,突厥人自称 türk、kök türk 和 türk sir 等。突厥语 kök 即青、蓝之义,kök türk 可翻译为"青突厥"或"蓝突厥"。在6世纪的拜占庭史料中有 kök türklär 一称③,看来这是突厥人较早就有的称呼。萨满信奉天神 kök täŋri,所以 kök türk 这一称呼应与突厥人信奉萨满有关。

　　突厥也自称 türk sir,此称呼或许能解开"突厥"之称的真正含义。《暾欲谷碑》第一石西面第3行、第一石南面第4行、第二石北面第3和第4行中分别记有"türk sir bodun"。归纳前人对此称呼的解读,主要有 türk 和 sir 系指两个部名;türk sir 是指一个部名;sir 不是部名,而是表示"联合、原来、漂亮、好"等义的词等④。前文已指出,türk 一词本义为成熟、最好、正中、顶尖、第一等,引申义也可以指头部、帽子等。古蒙古语 türün 一词表示"头、初"等义⑤,现代蒙古语 türügü 也是头部、首领、顶尖等意思。türün、türügü 的词根 tür-,与突厥语 tür- 同源。可见,türk sir 之 türk 是形容词,而 sir 应该是名词,türk sir 是偏正结构的词组。

---

① 岑仲勉:《突厥与兜鍪》,《突厥集史》(下),第1044页。
② 刘义棠:《突回研究》,第3页。
③ 林恩显:《突厥研究》,第32页。
④ 包文胜:《读〈暾欲谷碑〉札记——türk sir 与"锻奴"》,《敦煌学辑刊》2012年第3期。
⑤ 斯钦朝克图编,仁亲戈瓦、苏跃拉图校订:《蒙古语词根词典》,内蒙古人民出版社,1988年,第1879页。

在图瓦语中，sir 是炼铁之义①。图瓦，史料中又作都波、都播、秃巴等。古代都波人活动于唐努乌梁海地区②。《唐会要·都播国》记载："其地北濒小海，西坚昆，南回纥。"③坚昆即黠戛斯（吉利吉思），居于叶尼塞河流域；回纥部居于贝加尔湖以南、色楞格河下流一带。都波"西坚昆，南回纥"，居于叶尼塞河上源、色楞格河以北地区。《新唐书·黠戛斯传》记载："东至木马突厥三部落，曰都播、弥列、哥俄支，其酋长皆为颉斤。"④"木马"是指打猎或平时出行时用的滑雪板。都波被称为"木马突厥"，在外界眼里他们与突厥相类。都波人有时也役属于黠戛斯。黠戛斯人和回鹘人属于突厥语族，居于其间的都波也应属于突厥语族。不过，都波人居住的贝加尔湖周围及以南地区，在古代是突厥语族和蒙古语族部落交汇杂居之地，其语言彼此会有影响。今俄罗斯和蒙古国境内的图瓦语中蒙古语、突厥语成分都有。由此看来，图瓦人的 sir 一词在古突厥语和古蒙古语中都有可能存在。

古蒙古语有 siri 一词。《元朝秘史》第 195 节记载：siremü-ber sirigdegsen，旁译作"教生铁炼来的"。siremü 旁译为"生铁"，sirigdegsen 旁译为"炼来的"，其词根皆为 sir-。动词词干 siri- 是指把生铁或小铁块儿熔化为块儿铁，或把金属炼成坚硬的块儿⑤，如 sirimui（生铁化成块儿）、sirigülümüi（使化铁成块儿）、sirimel temür（熟铁）等⑥。古蒙古语词尾 -r，在古突厥语中作 -z，如蒙古语 ükär（牛）、semir kend（撒马尔罕），在《突厥语大辞典》记 ükäz、semiz kend。《突厥语大辞典》解释

---

① B. 巴特尔夫、N. 娜仁萨初日拉：《图瓦人的 γal-un sirigäsü 习俗之传承》，《西北民族大学学报》（蒙古文版）2009 年第 2 期。
② 韩儒林：《唐代都波新探》，《穹庐集》，河北教育出版社，2000 年。
③ （宋）王溥：《唐会要》卷 100《都播国》，中华书局，1955 年，第 1784 页。
④ （宋）欧阳修、宋祁：《新唐书》卷 217 下《黠戛斯传》，中华书局点校本，1975 年，第 6148 页。中华书局点校本把"弥列哥、饿支"点校为"弥列、哥饿支"。对此，韩儒林先生利用丰富的古突厥文墓碑材料，指出"弥列哥、饿支"才是。南京大学元史研究室编：《唐努都波》，《韩儒林文集》，江苏古籍出版社，1985 年，第 558 页。
⑤ 斯钦朝克图编，仁亲戈瓦、苏跃拉图校订：《蒙古语词根词典》，第 1615 页。
⑥ 〔日〕栗林均：《蒙文総彙——モンゴル語ローマ字転写配列——東北アジア研究センター叢書，第 37 号》，東北大学東北アジア研究センター，2010 年，第 468 頁。

siz 词:"yaγ sizdi（油化了）, olmadin suw sizdi（水从瓶子里冒出来了）, kün sizdi（天变热了）。"① 在突厥语中也可以找到把炼铁说成 šir 的例子。《五体清文鉴》折锤类有"煅炼"一词，蒙古语称 ulaitqamoi（直译：烧红），维吾尔语称 širätädü（词根 šir-）②。可见，维吾尔语 širätädü 与蒙古语 ulaitqamoi 和 širimui 同义，即"煅炼""炼铁"之义。

游牧民族把动词 sir- 不仅用于炼铁，也用于其他制作手段相类的制作毡子、地毯等手工行业。《突厥语大辞典》亦有 siridi 词条："ol kiziz siridi：他制作了毡子。此存在于 türkmän 人的习俗，用于迁徙的帐篷帘及覆盖物。"③ 在蒙古语中把制作毡子、地毯等也称作 sirimui。由此推知，动词 sir- 是突厥、蒙古等游牧民族用于传统制作毡子的手工业，也用于冶铁业。

在史料中清楚地记载突厥人擅长冶铁。据前引《周书》《隋书》记载，突厥臣属于柔然汗国后成为"铁工"。于是，柔然人把突厥蔑称为"锻奴"。《周书·突厥传》记载："时铁勒将伐茹茹，土门率所部邀击，破之，尽降其众五万余落。恃其强盛，乃求婚于茹茹。茹茹主阿那瓌大怒，使人骂辱之曰：'尔是我锻奴，何敢发是言也？'土门亦怒，杀其使者。"④ 大约6世纪末，东罗马皇帝派蔡马库斯（Zemarchus）抵达西突厥，商讨有关两国丝绸贸易之事。蔡马库斯入境西突厥之后，"有突厥人携铁来求售，其意盖欲示其国有铁矿也。在彼国制铁极不易，售铁者，或欲夸示吾人，惟彼国为产铁国也"⑤。正因为在草原上炼铁不容易，所以突厥人才炫耀自己的铁产品。因此，突厥人以引以为豪的炼铁技艺作为自己族名是不足为怪的。

通过前面分析可知，在古突厥语中动词 sir- 有"炼铁""冶铁"之

---

① Mahmūd al-kāšγarī. Compendium of the Turkic dialects(Dīwān Luγāt at-Turk), II. p. 244.
② 《五体清文鉴》，民族出版社，1957年，第3601页。
③ Mahmūd al-kāšγarī. Compendium of the Turkic dialects(Dīwān Luγāt at-Turk), II. p. 285. Sir Gerard Clauson. An Etymological Dictionary or Pre-Thirteenth-Century Turkish, 1972, p. 845.
④ 《周书》卷50《突厥传》，第908页。
⑤ 张星烺编注，朱杰勤校订：《中西交通史料汇编》（第三册），中华书局，2003年，第1557页。

义，名词 sir 应指铁或某个金属物，也可能指铁匠。由此进一步推测，名词 sir 有可能是指金属物之精华"黄金"。这种可能性不是没有，如古突厥语 sarïy（黄）、土耳其语 sarı（黄、金币）、蒙古语 sira（黄）等，还有蒙古语 sijir（黄金）、契丹语 sijir（黄）等，这些词汇有可能与突厥语 sir 同源。

总结前文分析，可以得出这样的结论：türk sir 词组为偏正结构，türk 之义为成熟、最好、顶尖等，sir 之义为锻炼或铁、黄金、铁匠等，türk sir 是"熟铁""炼成的铁"或"最好的黄金""顶尖的黄金"或"顶尖锻造师""最好的铁匠"等义。可以认为，türk sir 之称与突厥人擅长的冶铁技艺直接有关。türk 一词亦可引申为"刚强""有力""伟大""头部""帽子""兜鍪"等义。汉文史料中把"突厥"之称解释为"兜鍪"，应是根据 türk 一词的引申义"兜鍪"和结合突厥人的兴起地"金山"而作出的新诠释。

第二节　突厥的起源传说与来源

突厥的来源与族属问题，学界研究已久，但仍是众说纷纭、各抒己见，至今没有达成基本的共识。归纳前人观点，主要有匈奴说、丁零说（即铁勒说）、乌孙说、塞种说及钦察说等。

突厥来源为匈奴说，主要依据《周书·突厥传》所记"突厥者，盖匈奴之别种"[1]。《北史》《通典》沿袭此说。汉文史料尤其是"正史"中的"别种"，往往与"别部"同义，不能成为同源的依据[2]。依据目前考古发掘，匈奴是蒙古利亚人种，而突厥远祖接近欧洲人种，他们不可能是同源[3]。突厥来源为铁勒说，主要依据突厥起源传说以及活动区域与铁勒相类或相同。铁勒即秦汉时期的丁零，因此突厥的远祖为丁零[4]。学者利用突厥卢尼文碑铭材料进一步补充论证此观点，从而更为具体地提出了

---

[1]　《周书》卷 50《突厥传》，第 907 页。
[2]　岑仲勉：《突厥集史》（下），第 962 页。
[3]　周连宽：《丁零的人种和语言及其漠北诸族的关系》，《中山大学学报》1957 年第 2 期。
[4]　王日蔚：《丁零民族考》，《史学集刊》1936 年 10 月。

突厥与居于贝加尔湖或叶尼塞河上游地区的丁零同源①。但对上述观点也有质疑者，如突厥与铁勒无论是居地、语言、经济等方面，在汉文史料中还是有区别，不可能是同一族源②。突厥来源为乌孙说，认为突厥的起源传说、活动区域及族名等与乌孙相似或相同③。突厥来源为塞种说，分析了汉文史料所记有关突厥起源的五种传说，指出这五种传说有先后顺序，故事相连，而传说故事的源头"西海"即咸海；又，突厥"先出索国"的"索"即"塞"，所以突厥是居于咸海北部的塞种④。也有学者经比较突厥起源传说与西方传说，得出了突厥先民应该与西方民族有所接触⑤。此观点虽然没有直接说明突厥族源，但对突厥族源为匈奴、丁零（铁勒）、乌孙等说法有所质疑，而更倾向于中亚塞种说。突厥族源与钦察有关说法，认为阿史德、舍利等突厥的重要组成氏族可能与钦察有关，进而提出了"鲜卑"之称与"舍利""薛延陀"名称有关的观点⑥。除此之外，也有提出突厥人是已知最早的说某种突厥语的民族，由不同部落组成的聚合体，其中很可能还包括说非突厥语的人⑦。

纵观前人研究，学者对突厥的来源持有各自不同的看法，主要原因为相关史料太少，且记载零散，内容相互抵牾。研究突厥来源的主要史料是起源传说和相关考古资料，除此之外，目前再没有更多的参考资料。然而，是否把突厥起源传说以信史来看待？其所述内容是否真实可靠？学界对此又有争论。可见，考证突厥来源并非易事，这也是前人持有不同观点的原因所在。当然，突厥起源传说与其他民族起源传说一样，传

---

① 马长寿：《突厥人与突厥汗国》，广西师范大学出版社，2006年，第5—10页；林幹：《突厥与回纥史》，内蒙古人民出版社，2007年；林恩显：《突厥名称及其先世考》，《突厥研究》，第30—50页。
② 段连勤：《铁勒与突厥的关系及铁勒是否可以被称作民族的问题》，《新疆社会科学》1986年第2期。
③ 钱伯泉：《突厥族名、族源传说和初期史实考》，《西北文史论丛》1984年第2期。
④ 薛宗正：《突厥史》，第39—55页。
⑤ 芮传明：《古突厥先祖传说考》，《西域研究》1994年第2期。
⑥ 陈恳：《阿史德、舍利、薛延陀与钦察关系小考》，《突厥铁勒史探微》，第13—24页。
⑦ 〔美〕丹尼斯·塞诺著，吴玉贵译，罗新校：《突厥的起源传说》，《丹尼斯·塞诺内亚研究文选》，第54—82页。

说故事本身荒诞不经，但其中的一些信息在与其他史料记载和考古材料印证之后，还是可信的。学界通过对突厥起源传说的本身不断分析研究，得出了很多新的见解，在个别问题上也已达成基本共识。但是，对于汉文史料所记传说的来源，以及各史册所记传说之间关系方面的研究还略显薄弱，因此，所得出的结论也有所不同。

在充分吸收前人研究成果的基础上，对史书所载各不同版本的传说逐一进行较为系统的对比研究，找出其不同记载的缘由，从而辨别真伪、去伪存真，这也许能为探讨突厥来源提供一点思路。

一、"海神传说"

在唐代的段成式（803？—863）撰写的《酉阳杂俎》中，收录了突厥最古老的起源传说（在此简称为"海神传说"）：

> 突厥之先曰射摩，舍利海有神，神在阿史德窟西。射摩有神异，海神女每日暮，以白鹿迎射摩入海，至明送出，经数十年。后部落将大猎，至夜中，海神谓射摩曰："明日猎时，尔上代所生之窟，当有金角白鹿出。尔若射中此鹿，毕形与吾来往，或射不中，即缘绝矣。"至明入围，果所生窟中有白鹿金角起，射摩遣其左右固其围，将跳出围，遂煞之。射摩怒，遂手斩阿㕆首领，仍誓之曰："自煞此之后，须以人祭天。"即取阿㕆部落子孙斩之以祭也。至今突厥以人祭纛，常取阿㕆部落用之。射摩即斩阿㕆，至暮还，海神女执射摩曰："尔手斩人，血气腥秽，因缘绝矣。"①

此传说中的具体故事情节，在正史中看不到，但在汉文碑刻文献中有所体现。《契苾明碑》记载："君讳明，字若水，本出武威姑臧人也，圣期爰始，赐贯神京，而香逐芝兰，辛随姜桂，今属洛州永昌县，以光盛业焉。原夫仙窟延祉，吞雹昭庆，因白鹿而上腾，事光图牒。"②

---

① （唐）段成式撰，许逸民、许桁点校：《酉阳杂俎》，中华书局，2018年，第108页。

② 岑仲勉：《突厥集史》（下），第801页。

又，《契苾嵩墓志》记载："公讳嵩，字义节。先祖、海女之子，出于漠北，住乌德建山焉。"① 契苾明是降唐的契苾部首领契苾何力之子，契苾嵩是契苾明之子。契苾部为铁勒部之一，居于漠北和西域地区，曾在7世纪初以准噶尔盆地为中心建立过政权。从契苾部有"海女""窟""白鹿"等传说来看，《酉阳杂俎》所记突厥"海神传说"当时确实流传。另外，《翁金碑》记载突厥的祖先为Yamï可汗，有学者认为此即"射摩"可汗②。《翁金碑》是用突厥卢尼文刻写，内容为突厥第二汗国复兴时期的历史。尽管也有学者疑问《翁金碑》所记Yamï可汗具体指谁③，但认为"射摩"的说法还是有说服力的。由此可信，突厥人认为"射摩"是自己的祖先。可以认为，"海神传说"是突厥古老起源传说之一，其与铁勒契苾部传说同源。

"海神传说"的故事看起来有些荒诞，但其中出现的阿史德、阿咏等是真实部名，所以有些信息应该可信。突厥先民在"舍利海"时与阿史德和阿咏部为邻或杂居，可能形成了部落联盟。这也与《隋书·突厥传》"其先国于西海之上"的记载吻合。由此看来，"海神传说"中的"舍利海"，可能就是《隋书·突厥传》所记"西海"。"西海"是个模糊的地理概念，可理解为西域地区的某个"海"（即湖）。根据汉文史料的相关记载，"西海"可能指今咸海。《隋书·曹国传》记载："国中有得悉神，自西海以东诸国并敬事之。"④ 曹国即昭武九姓之一，居于阿姆河和锡尔河之间的河中地区。可见，此"西海"应指今咸海。《周书·突厥传》描述突厥汗国疆域时说"西至西海"。突厥汗国的直接统治疆域西至咸海一带，可见"西海"是指咸海应该没有问题。在此进一步推测，"舍利海"之"舍利"或许是"锡尔河"之"锡尔"？音译丁同一词 Saɪ 或 Sɪɪ（其义珍珠或黄金）？即 türksir 之 sir？若此推论有可能，所谓的"舍利

---

① 岑仲勉：《突厥集史》（下），第825页。
② Takashi OSAWA. Revisiting the Ongi inscription of Mongolia from the Second Turkic Qaganate on the basis of the rubbings by G J Ramstedt, Suomalais-Ugrilaisen Seuran Aikakauskirja/Journal de la Société Finno-Ougrienne, 2011, 93, s. 176-177. 芮传明：《古突厥碑铭研究》，第297、298页。
③ 陈恳：《突厥铁勒史探微》，第112—115页。
④ 《隋书》卷83《曹国传》，第1855页。

海""西海"应指咸海,突厥先祖射摩与海神女的传说发生于今咸海或锡尔河流域一带,突厥先祖可能居于此地。

二、"狼传说"

在汉文正史中,最早记录突厥起源传说的是《周书》和《隋书》,且各记有两个传说,其中一传说重复①。首先,对比分析《周书》和《隋书》皆记载的狼哺育小孩的传说(在此简称"狼传说")。《周书·突厥传》记载(在此与《隋书》"狼传说"明显不同之处,下画直线标出):

> 突厥者,盖匈奴之别种,姓阿史那氏。别为部落。后为邻国所破,尽灭其族。有一儿,年且十岁,兵人见其小,不忍杀之,乃刖其足,弃草泽中。有牝狼以肉饲之,及长,与狼合,遂有孕焉。彼王闻此儿尚在,重遣杀之。使者见狼在侧,并欲杀狼。狼遂逃于高昌国之北山。山有洞穴,穴内有平壤茂草,周回数百里,四面俱山。狼匿其中,遂生十男。十男长大,外托妻孕,其后各有一姓,阿史那即一也。子孙蕃育,渐至数百家。经数世,相与出穴,臣于茹茹。居金山之阳,为茹茹铁工。金山形似兜鍪,其俗谓兜鍪为"突厥",遂因以为号焉②。

《隋书·突厥传》记载(在此与《周书》"狼传说"明显不同之处,下画波浪线标出):

> 或云其先国于西海之上,为邻国所灭,男女无少长尽杀之。至一儿,不忍杀,刖足断臂,弃于大泽中。有一牝狼,每啣肉至其所,此儿因食之,得以不死。其后遂与狼交,狼有孕焉。彼邻国者,复令人杀此儿,而狼在其侧。使者将杀之,其狼若为神所凭,欻然至于海东,止于山上。其山在高昌西北,下有洞穴,狼入其中,遇得平壤茂草,地方二百余里。其后狼生十

---

① 在正史中突厥起源传说有三种,记载于《周书·突厥传》和《隋书·突厥传》。《北史》《通典》等其他史书基本抄袭了《周书》《隋书》相关内容,未新增内容。所以,本书重点分析《周书·突厥传》和《隋书·突厥传》所记内容。

② 《周书》卷50《突厥传》,第907、908页。

男，其一姓阿史那氏，最贤，遂为君长，故牙门建狼头纛，示不忘本也。

有阿贤设者，率部落出于穴中，世臣茹茹。至大叶护，种类渐强①。

《周书》《隋书》是唐朝官修史书，几乎同时于贞观十年（636）成书。两部史书共记"狼传说"，说明此传说为当时人们比较普遍的认知。当然，"狼传说"在两部史书的行文中也非一致，《周书》作者觉得可信，故直言；但《隋书》作者却说"或云"，有一定的怀疑成分。实际上，突厥人自认为"狼传说"就是本民族的起源传说。蒙古国后杭爱省布古特之地发现了《布古特碑》②。该碑由粟特文写成，背面有少量的婆罗米文，碑底座为龟趺，碑额有学者认为是一头狼和小孩的雕像（碑额发现时一半已毁损）。经学者考证，立碑者为突厥他钵可汗后人，记录了他钵可汗之前的历史。这通碑是突厥人雕刻，碑额上如果是狼和小孩的雕像，那充分证明了在突厥人心目中"狼传说"才是他们的起源传说（图一、图二）。除此之外，《隋书·突厥传》记载"故牙门建狼头纛，示不忘本也"，以及从突厥以"狼纛""狼头纛"作为汗国的标志来看，突厥人有"狼传说"确信无疑。

虽说《周书》《隋书》都有"狼传说"，但个别细节有所区别，说明他们参考了不同版本的史源材料或史家曾有删减加工。两本书中最为不同之处就是突厥起源地和族属问题。《周书》中说突厥"盖匈奴之别种""别为部落"，而没有明确指出突厥起源地在何处；《隋书》则说"其先国于西海之上"，但没说突厥的族属。《周书》的"匈奴之别种"提法，汉文史料中常见，记述北方民族族属时一般会与匈奴相连，所以，这不能成为突厥与匈奴同源的依据。《周书》这一说法的来源难以考证，有无可信度无法判断，至少《隋书》作者看来《周书》的说法并不可靠。不过，"盖匈奴之别种"的提法却传递了一个历史信息，就是突厥先民可能

---

① 《隋书》卷84《突厥传》，第1863、1864页。
② 〔日〕吉田豊、〔日〕森安孝夫：《ブグト碑文》，《モンゴル国現存遺蹟・碑文調查研究報告》，第121—125頁。

图一 《布古特碑》(作者拍摄于 2014 年 8 月)①

图二 《布古特碑》局部(作者拍摄于 2014 年 8 月)

---

① 亦可参考 Battulga Tsend, Mönhtulga Rinçinhorol, Fatma Albayrak. Moğolistan'da Türk Ayak İzleri(Turkic Footprints in Mongolia). Mönhün Üseg, 2016, p38。

是匈奴属部。《隋书》所说"其先国于西海之上"①，结合前文分析考虑，此提法应来源于"海神传说"。唐代撰修正史者也听说过"海神传说"，但觉得过于"荒诞"，故《周书》未采纳，而《隋书》只摘录其有用的信息，如"其先国于西海之上""其狼若为神所凭，欻然至于海东，止于山上"等。

据《隋书》"狼传说"记载，狼逃至"海东"之山上，"其山在高昌西北，下有洞穴"。高昌，即今新疆维吾尔自治区吐鲁番市一带。《隋书》所记"高昌西北"，《周书》记为"高昌国之北山"。两者均指吐鲁番盆地之北的天山支脉，其最高峰为博格达山峰。狼的逃跑路线，或许给我们传递了突厥先民的迁徙状况，从原居地咸海附近迁徙至天山支脉博格达峰一带②。

突厥"狼传说"来源于乌孙传说③。对于乌孙起源于狼的传说，史书记载："臣居匈奴中，闻乌孙王号昆莫，昆莫之父，匈奴西边小国也。匈奴攻杀其父，而昆莫生弃于野。乌嗛肉蜚其上，狼往乳之。单于怪以为神，而收长之。"④乌孙被邻国击破、狼哺乳乌孙弃儿昆莫等"故事"，与突厥"狼传说"故事情节完全相同。所以，仅从传说故事本身而言，突厥"狼传说"来源于乌孙，其部族可能有某种渊源关系，也有同出一源的可能性。

三、"索国说"

《周书·突厥传》还记载了另一种传说（在此简称为"索国说"）：

> 或云突厥之先出于索国，在匈奴之北。其部落大人曰阿谤步，兄弟十七人。其一曰伊质泥师都，狼所生也。谤步等性并愚痴，国遂被灭。泥师都既别感异气，能征召风雨。娶二妻，云是夏神、冬神之女也。一孕而生四男。其一变为白鸿；其一国于

---

① 《北史·突厥传》的"狼传说"基本抄袭《周书》《隋书》内容拼凑而成，没有新内容。《北史》把"西海之上"改为"西海之右"，有何依据，不得而知。
② 乌古斯人的古老传说即《乌古斯可汗的传说》里就是苍狼引路，乌古斯军队跟随，遂出征世界各地。突厥"狼传说"或多或少提供了一些历史信息。
③ 韩儒林：《突厥蒙古之祖先传说》，《穹庐集》，第326—330页。
④ （汉）司马迁：《史记》卷123《大宛列传》，中华书局点校本，1959年，第3168页。

阿辅水、剑水之间，号为契骨；其一国于处折水；其一居践斯处折施山，即其大儿也。山上仍有阿谤步种类，并多寒露。大儿为出火温养之，咸得全济。遂共奉大儿为主，号为突厥，即讷都六设也。讷都六有十妻，所生子皆以母族为姓，阿史那是其小妻之子也。讷都六死，十母子内欲择立一人，乃相率于大树下，共为约曰，向树跳跃，能最高者，即推立之。阿史那子年幼而跳最高者，诸子遂奉以为主，号阿贤设。此说虽殊，然终狼种也①。

《周书》虽记此传说，却说"或云""此说虽殊"，说明也不太相信。《隋书·突厥传》中见不到这个传说的具体内容，但在该传中的"狼传说"之后记载了"有阿贤设者，率部落出于穴中，世臣茹茹"。"阿贤设"是《周书》"索国说"中人物，在《隋书·突厥传》中出现，说明《隋书·突厥传》作者也知道突厥有"索国说"。然而，在《隋书·突厥传》作者看来，"索国说"故事情节不可信，或者认为这并不属于真正意义上的突厥人传说，所以删减后只把"阿贤设"之名放在了"狼传说"之后。的确，"索国说"并不是突厥人独有，其在不同的部族中以不同的版本流传。

《酉阳杂俎》记载："北虏之先索国，有泥师都，二妻，生四子，一子化为鸿，遂委三子，谓曰：'尔可从古旂。'古旂，牛也。三子因随牛，牛所粪,悉成肉酪。"②从"索国""泥师都""二妻""生四子""鸿"等记载来看，此内容确实与《周书》所记"索国说"同源。但两本书所记版本不同，传说所属部族也不同。《周书》记载"突厥之先出于索国"，《酉阳杂俎》记载"北虏之先索国"。"北虏"中可以包括"突厥"，但"北虏"不等于"突厥"。按《周书》理解，此传说就属于突厥；但按《酉阳杂俎》理解，此传说并不一定就属于突厥，而是"北虏"。

《酉阳杂俎》虽然没有明确说此传说属于哪个部落，但从相关内容中可知应属于坚昆（黠戛斯）。《酉阳杂俎》记载"泥师都"的三子为牛种。《酉阳杂俎》紧接着"海神传说"之后说："坚昆部落，非狼种，其先所生之窟，在曲漫山北，自谓上代有神，与牸牛交于此窟。"③在这里说坚昆

---

① 《周书》卷50《突厥传》，第908页。
② （唐）段成式撰，许逸民、许桁点校：《酉阳杂俎》，第332页。
③ （唐）段成式撰，许逸民、许桁点校：《酉阳杂俎》，第109页。

"非狼种",而是上代与"牸牛交于此窟",说明坚昆是"牛种"。那么,《酉阳杂俎》所说"北虏"包括坚昆。其实,《周书》"索国说"记载"其一国于阿辅水、剑水之间,号为契骨",是重点也在于坚昆人。"契骨"即坚昆,"阿辅水"即今阿巴坎河,"剑水"即今叶尼塞河支流克穆齐克河(khemchik),对此学界已基本达成共识。可见,坚昆人可能也有不同版的"索国说"。"索国说"中与树有关的内容,即"乃相率于大树下,共为约曰,向树跳跃,能最高者,即推立之",这与后来的畏兀儿人的起源传说相似①。众所周知,畏兀儿即回纥原居地,在色楞格河下游、贝加尔湖之南,与坚昆部相邻。由此看来,"索国说"的故事本身包含了来源于坚昆、回纥等以山林为主的部落因素,而并不是单纯的草原部落传说。可能据此,《隋书·突厥传》作者觉得这不符合突厥人的狼传说,故未收录其具体故事情节。

《周书·突厥传》所记"索国说",对原版传说内容有加工的嫌疑,如把"北虏"说成"突厥",又把"伊质泥师都"说成"狼所生"等。这种把本不属于自己的传说经改编后据为己有的例子,在古代北方民族中普遍存在。突厥"索国说"可能原先不属于他们,但改编后成了他们的另一种起源传说。不过,这种改编并不是凭空捏造了毫无瓜葛的故事,而是相互有一定的接触和文化交流后才能形成。也就是说,突厥先民与坚昆、回纥等曾有过接触,也有过相互之间的文化交流。这也说明突厥先民与坚昆、回纥等有所联系,曾有文化交流关系。

《酉阳杂俎》记"北虏之先索国","北虏"包括突厥,也包括其他部族。这等于说,包括突厥在内的"北虏"出于"索国"。因此,考释"索国"是无法回避的问题。

学界普遍认为,"索国"难考。有学者认为,"索"与"塞"读音相同,从而提出"索国"即"塞种"的观点②。"索国"与"塞种"概念所包含的内容可能相同或相关。在此从不同视角试作探析。"索国"之称可能与该部族的发式有关。据汉文史料记载,魏晋南北朝时期的中原人一般把北方地区的游牧民族称之为"索虏""索头虏"等。"索虏者,以北人辫

---

① 韩儒林:《突厥蒙古之祖先传说》,《穹庐集》,第330—333页。
② 薛宗正:《突厥史》,第48—54页。

发,谓之索头也。"①据此可知,"索发"即辫发。不过,"索发"与普通辫发还是有所区别的。索发是指把头发编成很多绳索般的小辫,之后把小辫捆扎,形成椎头状,垂于后背。从日本滋贺县Miho博物馆藏粟特石棺屏风和在西安发现的粟特安伽墓石棺屏风雕刻图以及新疆维吾尔自治区小洪纳海石人像等中②,可以看出突厥人的"索发"形状。在历史上,拓跋鲜卑人留"索发",对此史料记载很清楚。此外,中亚地区的粟特人、塞种人也是这种发式。康国"其王索发,冠七宝金花"③。康国即今撒马尔罕,古代昭武九姓之一,属粟特人。由此可知,留"索发"的游牧民族至少有拓跋鲜卑人、粟特人、塞种人等,其居地包括蒙古高原和中亚地区。

那么,"北虏"或"突厥"之先"索国"到底指什么地区、什么部族?对此,应当注意《周书·突厥传》所记"突厥之先出于索国"之后一句,即"在匈奴之北"。"在匈奴之北"可理解为匈奴的北方或西北方,甚至也可以理解为匈奴的西方(北方游牧民族一般以东为正方即前方)。匈奴政权的直接统治区域以蒙古高原为中心,其北方丁零、西北方坚昆、西方乌孙和康居等部族居住。那么,"突厥之先出于索国,在匈奴之北"整句话的意思为,突厥先祖出于居住在匈奴之北、西北或西方的索发之人。由此看来,突厥人先祖与丁零、坚昆、乌孙和康居等都有可能有关,或许其中之一同源。

仔细推敲史书所载"狼传说"和"索国说"后发现,这两个传说正好互补。《周书》"狼传说"中说"经数世,相与出穴,臣于茹茹",也就是说,从狼到臣于茹茹"经数世"。《隋书》"狼传说"中说"有阿贤设者,率部落出于穴中,世臣茹茹",未说从狼到臣于茹茹经历了几世,似有脱文,或作者有意删减史源材料。《周书》"索国说"所记突厥先祖世系为:狼、伊质泥师都、讷都六设、阿史那(或阿贤设),这正好符合

---

① (宋)司马光撰,(元)胡三省音注:《资治通鉴》卷69《魏纪一》文帝黄初二年,中华书局点校本,1956年,第2186页。

② Miho Museum:《Miho Museum 南館図錄》,日本写真印刷株式会社,1997年,第250、251、255页;荣新江、张志清主编:《从撒马尔干到长安——粟特人在中国的文化遗迹》,北京图书馆出版社,2004年,第70—74页;王博、祁小山:《丝绸之路草原石人研究》,新疆人民出版社,2009年,第228页。

③ 《隋书》卷83《康国传》,第1848页。

《周书》"狼传说"所说"经数世"。可见，《周书》"索国说"正是衔接"狼传说"的内容。可以这样理解，突厥先祖一匹狼从"西海"逃至"高昌西北"后，经伊质泥师都、讷都六设、阿史那（阿贤设）等首领，之后臣于茹茹。若此推论无误，"索国说"是"狼传说"的后续或补充，传说故事的发生地仍在准噶尔盆地一带。再结合"索国说"故事情节去理解，突厥先民居于准噶尔盆地时，与坚昆、回纥等部族有密切关联，或是深受其影响，或是族属相同。

四、"平凉杂胡说"

《隋书·突厥传》记载了另一种起源说（在此简称为"平凉杂胡说"）：

> 突厥之先，本平凉杂胡也，姓阿史那氏。后魏太武灭沮渠氏，阿史那以五百家奔茹茹，世居金山，工于铁作。金山状如兜鍪，俗呼兜鍪为"突厥"，因以为号①。

《通典·突厥上》亦记载：

> 突厥之先平凉今平凉郡杂胡也，盖匈奴之别种，姓阿史那氏。后魏太武灭沮渠氏沮渠茂虔（牧犍）都姑臧，谓之北凉，为魏所灭，阿史那以五百家奔蠕蠕，代居金山，状如兜鍪，俗呼兜鍪为"突厥"，因以为号②。

"平凉杂胡说"最早见于《隋书·突厥传》，《通典·突厥上》沿袭之（杜佑有所注解），而《周书·突厥传》未载。对于此说具体史事方面的可信度，学界有所疑问③。"平凉"即平凉郡，辖境约今甘肃省平凉

---

① 《隋书》卷84《突厥传》，第1863页。
② （唐）杜佑撰，王文锦、王永兴、刘俊文等校：《通典》卷197《突厥上》，中华书局，1988年，第5401页。"茂虔"，该版本原文为"茂虔"，校勘记"三一"称："沮渠茂虔'茂虔'原作'牧健'，据明刻本、朝鲜本、王吴本核。"
③ 岑仲勉认为："五胡入主而后北方民人相次南徙，魏太武之初，敕勒已入居云中，河西突厥种落，间有入居平凉者，是不足怪，然谓发源关陇，后乃北迁，恐非信史矣。"岑仲勉：《突厥集史》（下），第963页。马长寿认为："《隋书·突厥传》的作者，是把匈奴赫连氏的夏国错认为匈奴沮渠氏的北凉了。"（马长寿：《突厥人和突厥汗国》，第8页）

市。376年，前秦灭前凉后置平凉郡；428年，夏国赫连定称帝于此；430年，北魏太武帝攻平凉；431年，吐谷浑击破夏国。沮渠蒙逊于397年建立北凉，定都张掖，后迁至姑臧（武威）。433年，沮渠蒙逊死，其子沮渠牧健（茂虔）继位；439年，北魏太武帝攻破姑臧，沮渠牧健出降；沮渠牧健之弟沮渠无讳西逃，攻占高昌，北凉政权继续；444年，沮渠无讳死，其弟沮渠安周继位；460年，柔然占领高昌，沮渠安周被杀，北凉遂亡。如此看来，平凉郡与沮渠北凉政权没有多大关系。北魏太武帝曾攻击平凉，但其族不是沮渠氏；太武帝也攻破沮渠氏北凉，但其地不是平凉。那《隋书·突厥传》作者为何把平凉郡和沮渠氏的历史，以突厥阿史那氏联在一起，让人费解。就是突厥之先"本平凉杂胡"，那为何"后魏太武灭沮渠氏"北凉时，又出现了"阿史那以五百家奔茹茹"之事？较为合理的解释，可能是"杂胡"的迁徙所致。

"杂胡"或"杂种胡"称呼约出现于魏末晋初，魏晋南北朝时期一般是指匈奴政权瓦解后除匈奴单于氏族之外的别部，也有与匈奴部族有过政治统属和血缘关系的有关部族，隋唐时期一般指中亚昭武九姓[①]。魏晋南北朝时期"杂胡"的最主要特点是不同的部族迁入内地，也可以说是北方（也包括东北、西北）民族内迁至中原各地。根据此历史环境，"平凉杂胡"是某个部族迁至平凉地区后，与当地居民或先有的部族杂居，从而有了此称呼。平凉郡所在位置是交通枢纽，是丝绸之路的必经之路，位于关中地区和河西走廊的中间。因此，很早就有很多部落迁徙至此，错杂而居。"平凉杂胡"之称在史料中最早出现于5世纪初[②]。那么，"突厥之先"有可能随五胡入华或之前迁居至平凉地区。之后，"突厥之先"不知何因又入沮渠北凉，等北魏太武帝攻打北凉时，他们又逃至柔然汗国。对于《隋书》所记"后魏太武灭沮渠氏"，《通典》杜佑解释为"沮渠茂虔（牧健）都姑臧，谓之北凉，为魏所灭"，可知此是指发生于439年北魏太武帝攻破北凉姑臧之事。不过，北凉政权没有因此而完全灭亡，

---

① 陈寅恪：《以杜诗证唐史所谓杂种胡之义》，《陈寅恪文集之三：金明馆丛稿二编》，上海古籍出版社，1980年；唐长孺：《魏晋杂胡考》，《魏晋南北朝史论丛》，商务印书馆，2010年；王义康：《魏晋"杂胡"释义问题探析》，《民族研究》2001年第3期。

② 马长寿：《突厥人和突厥汗国》，第8页。

其残余势力在沮渠无讳、沮渠安周的率领下在高昌及其周围地区继续存留,学界称之为高昌北凉。高昌北凉也曾被北魏太武帝攻打过,但最终被柔然汗国所灭。照实说,"突厥之先"应在高昌北凉,这才符合"阿史那以五百家奔茹茹"的条件。总之,"突厥之先"迁居平凉,之后入北凉,再至高昌北凉,最终逃奔柔然汗国①。

"平凉杂胡说"中有一点值得注意,就是"阿史那以五百家奔茹茹"之事。阿史那"五百家",这是确数还是概数无从知晓,但日后就靠这些人建立强大的突厥汗国是不太可能的。易言之,阿史那氏"五百家"臣于柔然之前,他们的同族或亲族就居于阿尔泰山之南、准噶尔盆地一带。不然,阿史那以"五百家"起家,再征服外族,之后又战胜铁勒五万人,从而与柔然汗国平起平坐,这些仅靠"五百家"完成是难以置信的。所以,阿史那"五百家"来柔然之前,高昌之北的准噶尔盆地一带就居住着阿史那氏或亲近氏族部落,且数量并不少。即使退一步讲,突厥"平凉杂胡说"不是真实历史,而是史家的创作品,那也在创作之前就知晓高昌之北的准噶尔盆地有突厥先民或亲族驻牧,所以才创作"设计"阿史那氏不多不少的"五百家"至此地。如此一来,"平凉杂胡说"无论是真实历史还是史家创作品,前提是高昌之北的准噶尔盆地一带就有他们的同族或亲族居住。这与前面分析的"狼传说"和"索国说"中的突厥兴起地"高昌之北"如出一辙,说明此地确实是以阿史那氏为核心的突厥族兴起之地。

五、突厥来源的分析

总结突厥起源四种传说,正史收录了"狼传说""索国说""平凉杂胡说",而未录"海神传说"。"海神传说"透露了突厥先人的发源地或远祖活动的历史记忆,其地在咸海以东或锡尔河流域一带,大致可说西部天山北麓一带。正史所载三种传说则都以"高昌之北"的准噶尔盆地东南区域,此地为突厥阿史那氏的兴起之地。如此一来,突厥远祖活动于

---

① 笔者此观点与薛宗正观点基本相同,但有一点有区别:薛宗正认为"突厥之先"从漠北迁至平凉(薛宗正:《突厥史》,第55—70页),但笔者认为应从西域迁至平凉。

咸海以东或锡尔河流域一带，而阿史那氏兴盛于准噶尔盆地一带，并以此为根据地建立了汗国的说法就应当具有较强的说服力。

通过传说分析大致了解了突厥先民的活动轨迹。但传说所反映的年代很难断定，因此也无法确切指出突厥来源，只能根据相关历史脉络加以推测。前已提及，突厥发源地大致在咸海以东或锡尔河流域一带，该地区约公元前8世纪为塞种人所居住[1]。居于中亚草原的塞种人是游牧部落，学界一般认为其属于东伊朗语族。不过，"塞种"是个泛称，居地广袤，其名下包括很多部落。当然"塞种"名下所有部落都是东伊朗语族是不太可能，应该包括其他语族部落。大约前2世纪，该地区出现了康居人。康居人是游牧民族，属于突厥语族[2]。康居与丁零有可能同源，丁零即后来的敕勒、铁勒[3]。咸海以东阿姆河和锡尔河之间即河中地区，一直是东伊朗语族粟特人的居住地。康居与粟特以锡尔河为界彼此影响，康居曾征服过粟特地区，粟特商人也穿梭于康居。可以认为，咸海以东、锡尔河流域南北地区是东伊朗语族和突厥语族交融地带，彼此影响很深。根据突厥先人的居地推测，突厥来源和族属与康居、丁零等突厥语族部落和塞种、粟特等东伊朗语族部落应该有关联。

阿史那氏突厥兴起于准噶尔盆地一带。有史以来在此地居住的部族有塞种、月氏、乌孙、高车—铁勒（即丁零、敕勒）等。阿史那氏突厥在准噶尔盆地与塞种、月氏之间有直接关联的史料很难见到，但与乌孙、高车—铁勒有关的信息和史实是较为清晰的。从乌孙与突厥的狼传说极其相似中，可以认识到突厥与乌孙有某种直系关系。另外，乌孙的初居地与阿史那氏的兴起地基本相当，即天山支脉博格达峰一带。依据这些因素，阿史那氏突厥与乌孙有某种直系关系的想法还是有一定的说服力。当然，乌孙族的形成也很复杂。乌孙原居地在天山支脉博格达峰一带。乌孙被月氏人攻破，被其吞并。月氏人又击溃塞种人，占据天山北麓地区。乌孙昆莫在匈奴人的扶持下，恢复势力，遂率军攻破了月氏。乌孙

---

[1] 汉文史料所记"塞种"，欧洲史料记为"斯基泰"（Scythians），波斯史料记为"萨卡"（Saka）。

[2] 〔日〕白鸟库吉著，傅勤家译：《康居粟特考》，山西人民出版社，2015年，第8页。

[3] 包文胜：《铁勒族名考——兼谈史料中的狄系诸族名》，《西北民族研究》2014年第1期。

从而占据天山北麓地区，也吞并了居于此地的月氏人和塞种人的地盘。如果真是阿史那氏为核心的突厥来源于乌孙，那很难说他们与被乌孙吞并的月氏人和塞种人没有任何关系。所以，阿史那氏突厥的来源，与塞种、月氏和乌孙人应该有关，其中与乌孙最有可能是直系关系。

突厥起源传说有契苾、坚昆、回纥等因素，说明突厥与高车—铁勒之间的关系也很密切。需要注意的是，阿史那氏迁居准噶尔盆地之时或稍后，此地区的主人是高车—铁勒人。据《隋书·突厥传》"平凉杂胡说"，阿史那氏迁居准噶尔盆地即"臣于茹茹"的大致时间为439年（北凉都城姑臧被占）至460年（高昌北凉被攻破）。487年，原属柔然汗国的高车副伏罗部阿伏至罗率领十万高车人，脱离柔然汗国而西迁至准噶尔盆地，在此地建立高车国，一直持续到546年。高车国灭亡后，大量的高车人即后来的铁勒人仍留居原地。如高昌"北有赤石山，山北七十里有贪汗山，夏有积雪。此山之北，铁勒界也"①。贪汗山，即今天的天山支脉博格达峰。可见，博格达峰之北的准噶尔盆地的主人仍是铁勒人。照实说，阿史那氏突厥虽说"臣于茹茹"，实际上，在此地与高车—铁勒人共生。所以，在准噶尔盆地一带以阿史那氏为核心的突厥族的形成，与高车—铁勒直接有关，可以说深受其影响，突厥确实经历了铁勒化的过程。

探索族源是个非常复杂的问题，不能简单地把两个部族或民族直接等同。尤其想要界定迁徙无常的古代游牧民族之人种和体质问题，更是难上加难。利用有限的突厥起源史料，目前只能得出这样的结论：突厥先民可能居于咸海以东或锡尔河流域一带；以阿史那氏为核心的突厥族在准噶尔盆地一带形成，核心部分很可能与乌孙有直系关系，也与月氏人、坚昆人不无关系；突厥在准噶尔盆地居住时，与高车—铁勒共生，且深受其影响，历经了铁勒化过程。在以后的突厥兴盛发展中，更是与铁勒错杂而居，交替统属，故彼此视为亲族。突厥人自己刻写的《阙特勤碑》北面第4行中说"toquz oγuz bodun käntü bodunïm ärti［九姓乌古斯（铁勒）人民本是我自己的人民］"，充分肯定了突厥人认同铁勒人为自己族属一事。但在历史上，突厥与铁勒的历史发展脉络各有不同，所以，把两者完全等同也未必是科学的。

---

① 《隋书》卷83《高昌传》，第1847页。

第三章 突厥的历史

突厥兴衰于6世纪中叶至8世纪中叶，称霸亚欧草原近两个世纪。突厥建立政权的历史较为复杂，具体为建立汗国，汗国覆灭，其间又形成西突厥汗国，后来汗国复兴，而最终其政权衰亡。其中，西突厥汗国的形成问题更为复杂，可以认为，是突厥分封制、汗位继承制以及内讧所导致的结果。

第一节 突厥第一汗国历史

突厥汗国建立于552年，亡于630年，学界称之为突厥第一汗国或前突厥汗国。突厥第一汗国前期势力很强盛，但到后期因争夺汗位而爆发内讧，其势力日渐衰退，最终被铁勒诸部和唐朝所击灭。

一、突厥汗国的建立与强盛

突厥崛起于6世纪中叶，之后不断拓展游牧空间，席卷了整个亚欧草原及其周围地区。当突厥崛起之时，在亚洲的中部地带有三大政权势力，即北魏、柔然和嚈哒。北魏占据着中国北部，柔然汗国占据着漠北及东部天山以北地区，嚈哒国占据着西部天山及阿姆河、锡尔河流域地区。柔然汗国与北魏长期处于对峙状态，相互征伐不断；柔然汗国与嚈哒国之间也因争夺掌控中西交通要道而时有纷争。534年，北魏内讧激化，分裂为西魏、东魏。此时，柔然汗国也已处于统治末期，内乱不断，尤其是属部开始叛乱。突厥人崛起的根据地即阿尔泰山之阳的准噶尔盆地，正处于这三股势力的交接处，可谓"金三角"地带。突厥兴起之时，正值这三股势力的统治末期，各政权无暇顾及此地统治，对准噶尔盆地的掌控开始减弱。这种环境对新兴势力突厥而言是崛起的契机。

突厥汗国的建立者为阿史那土门和其弟室点密。虽说汗国是由土门和室点密兄弟二人建立起来的，但其基础却是由他们的先辈们奠定的。根据《周书·突厥传》和《新唐书·西突厥传》记载，土门和室点密世系为：狼—伊质泥师都—讷都六设—阿贤设—吐务（大叶护）—土门、室点密。前文分析突厥来源时已提及，阿史那氏突厥大约在439—460年迁至准噶尔盆地一带。从那时到552年突厥建立汗国为止，间隔时间约一个世纪。土门之前有四位首领（狼之外），按每位首领在位25年或30年计算，共100年或120年。这基本符合突厥先民迁至准噶尔盆地到建立汗国为止的时间。土门之前的四位首领是否为真实历史人物，因史料匮乏而无法印证。即使不是真实历史人物，但创作者按百余年的发展来"设计"相关人物，是依据史实内容而进行的"创作"。可以认为，突厥在准噶尔盆地经百余年的发展，积蓄实力，奠定了建立汗国的基础。

突厥起源传说中的有些人名是否真实难以判断，但其官号是真实存在的。"讷都六设"和"阿贤设"之"设"，"吐务"之"大叶护"都是官号。突厥传说人物的这些官号是由其他政权分封，还是突厥人自封，无法考证。不过，这反映了突厥人逐渐实现统一，且在一位首领统治之下日渐强盛。按突厥起源传说内容，伊质泥师都收拢部众，之后其长子讷都六设被推举为首领，说明此时已形成部落联盟。讷都六设有十妻，以每妻为一姓，这也说明当时突厥至少有十个氏族，或以"十姓"来组织部落联盟。到大叶护吐务时期"种类渐强"，已具备与外族势力抗衡的实力。正因如此，吐务之子土门和室点密才能建立起独立的汗国。

突厥迁居准噶尔盆地之后，臣于柔然汗国。与其说是臣于柔然，还不如说突厥与高车—铁勒共生。487年，柔然汗国属部漠北地区的高车，在首领阿伏至罗的率领下迁至准噶尔盆地，建立了高车国。按突厥活动的地理空间来看，此时他们已被纳入高车国的统治。当时，嚈哒国也时常东进，攻高车国，扶持对自己有利者为高车国王。523年，柔然汗国复苏，征服了阿尔泰山一带，从而重新掌控了高车国，直到突厥势力崛起为止。如此看来，突厥游离于柔然汗国、高车国与嚈哒国之间，客观而言，这种环境给突厥提供了相对自由发展的空间。突厥之称首见于汉籍史料，即"每岁河冰合后，突厥即来寇掠，……是年（542）十二月，突厥从连谷入寇，去界数十里"①。连谷，今陕西省神木县一带。从"每岁河冰合后，突厥即来寇掠"来看，542年以前突厥就与中原政权有接触，这表明突厥已成相对独立势力。544年，突厥首领土门到西魏边境贸易，表达愿意与西魏联盟；545年，西魏派遣酒泉粟特人安诺槃陁到土门处；546年，"土门遂遣使献方物"②，双方结盟。从此，突厥势力迅速发展。

546年，对突厥人来说是个关键的时间点。此年，突厥不仅与西魏结盟，还战胜了高车国残余势力，从而成为准噶尔盆地的主人。居于准噶尔盆地的高车国残余势力，北周及隋唐时期一般称之为"铁勒"。当高车国被柔然汗国击灭后，其残余势力预谋复国，欲攻柔然。突厥首领土门得知此消息后，自己邀击铁勒，获其众五万余落。此战对于突厥势力的崛起而言，有着决定性的意义。突厥不仅占有了中西交通要喉东部天山南北地区，也以独立势力的姿态与周边平等交涉。土门凭借这一战功，向柔然可汗阿那瓌提出和亲要求，求娶柔然公主。但遭到阿那瓌的辱骂："尔是我锻奴，何敢发是言也。"土门斩杀柔然使臣，与柔然汗国彻底决裂，转而向西魏求婚，魏帝许婚。551年，西魏以长乐公主出嫁土门，并约定双方联合攻击柔然。当时，柔然与北齐结盟，抗衡西魏和突厥联盟。

552年，土门率军攻柔然于怀荒镇北，柔然大败，可汗阿那瓌自杀。于是，土门自称伊利可汗，建立了独立的突厥汗国。此战役关系到蒙古高原上新旧霸主交替，但史料中只是一笔带过，没有详细记载，所以只能窥伺其端倪。突厥与柔然的交战地点怀荒镇，今河北省张北县一带。怀荒镇当时处于北齐和柔然汗国的边境，是中原与蒙古高原交通之要冲。柔然可汗阿那瓌战败于怀荒镇北，之后自杀，其子菴罗辰及阿那瓌从弟登注、登注之子库提等都投奔了北齐。按常理，阿那瓌不是走投无路也不会自杀，其子和亲属也不会投奔北齐，他们可以逃回漠北或别处。再看土门，战胜阿那瓌后，立即自称可汗。这让人觉得土门轻而易举或出于偶然便掌控了蒙古高原。事情的经过看似简单，但事实上要复杂得多。

---

① 《周书》卷27《宇文测传》，第454页。
② 《周书》卷50《突厥传》，第908页。

可以认为，突厥与柔然的怀荒镇之战是双方的最后决战。根据战役的结果大致推测，土门可能由北向南攻，或是兵分两路，由漠北和漠南夹击柔然。这样的战术能够奏效，就不能排除突厥在战前已经占领了柔然汗国的某些地区，并可以形成杀伤力很强的战术合围。总之，怀荒镇之战前，土门对战胜柔然已有信心，在双方的较量中突厥已占据主动，不然他们也不会深入敌对势力地区，直击其可汗。

土门建立汗国后不久即553年去世，其子科罗即位，号乙息记可汗。乙息记可汗即位当年亦死，其弟俟斤继位，号木杆可汗。木杆可汗"状貌多奇异，面广尺余，其色甚赤，眼若瑠璃。性刚暴，务于征伐"①。木杆可汗即位之初，首要任务就是铲除柔然汗国的残余势力，以此巩固其在蒙古高原上的统治。柔然可汗阿那瓌死后，余众推举阿那瓌从弟登注②之次子铁伐为主，但不久被契丹人所杀。柔然阿那瓌战败之后，登注、库提、菴罗辰等人投奔了北齐。北齐皇帝把他们安置在北方，并赈济扶植，欲巩固北边。铁伐被杀后，柔然余众又推举登注为可汗。登注被部落大人阿富提所杀，部众复推举库提为主。553年，突厥攻库提，库提奔北齐。北齐废库提，立阿那瓌子菴罗辰为主，并安置在马邑川（今山西省朔州市一带）。554年，菴罗辰叛北齐而去，大致活动在阴山山脉南北地区。之后，菴罗辰遭到北齐、西魏和突厥的围攻。在突厥的逼迫之下，菴罗辰余众又投奔北齐。555年，木杆可汗要求斩杀柔然部帅，以此彻底解除后患。在木杆可汗的一再要求之下，南降的柔然主以下三千余人全部被斩杀。这样，柔然残余势力彻底被铲除，木杆可汗成为蒙古高原上真正的霸主。当时突厥汗国的控制地域为蒙古高原、准噶尔盆地及其周围地区。

木杆可汗稳固了在蒙古高原上的统治之后，开始向外开疆拓土。556年，木杆可汗与西魏联合攻破吐谷浑③，其势力越过祁连山，控制了青海高原的局部地区。木杆可汗时期，室点密（木杆可汗之叔父）率领军队西征，征服嚈哒国及西域诸国，疆域拓展至咸海附近④。木杆可汗又东攻

---

① 《周书》卷50《突厥传》，第909页。
② 《周书》卷50《突厥传》作"登叔子"，记为阿那瓌之叔父。
③ 《周书》卷28《史宁传》，第468页；《周书》卷50《吐谷浑传》，第910页。
④ 〔法〕沙畹著，冯承钧译：《西突厥史料》，第160页。此次西征不是木杆可汗亲征，而是室点密，详见本章第三节"西突厥汗国历史"内容。

契丹，北击黠戛斯。这样，突厥汗国掌控地域囊括了东至大兴安岭、西到咸海的亚欧草原广袤土地，即"俟斤又西破嚈哒，东走契丹，北并契骨，威服塞外诸国。其地东自辽海以西，西至西海万里，南自沙漠以北，北至北海五六千里,皆属焉"①。木杆可汗成果扩张领域，与当时各个政权之间复杂的外交关系有关。在中原地区，北周与北齐相互对抗，为战胜对方而争先拉拢突厥。在西域，波斯与嚈哒交战，也为制服对方而积极联络突厥。木杆可汗的对策是，与西魏（北周）联合袭击北齐，获得更多利益；与波斯联合打击嚈哒，欲瓜分其土。不仅如此，突厥向南不断渗透中原地区，在西域越过阿姆河入侵波斯北境，开疆拓土之势一时无两。

木杆可汗在位二十年，于572年去世，其弟他钵可汗继位。他钵可汗在位十年，基本保持了木杆可汗时期的策略，汗国也持续发展。要说他钵可汗时期突厥政治的变化，就是从北齐接受了佛教，从而改善了与笃信佛教的北齐之间的敌对关系。577年，北周击灭北齐，其中也有他钵可汗的参与。581年，他钵可汗去世，随后爆发了争夺汗位的内战，内耗使突厥势力开始衰弱。

二、突厥汗国的内讧与衰弱

他钵可汗死后，前三任可汗（即乙息记可汗、木杆可汗和他钵可汗）的儿子们都有继承汗位的资历，于是爆发了汗位争夺战。他钵可汗死时曾遗嘱自己儿子菴罗："吾闻亲莫过于父子。吾兄不亲其子，委地于我。我死,汝当避大逻便也。"②大逻便即木杆可汗之子。从他钵可汗的遗嘱来看，他钵可汗即位之时可能与木杆可汗有约在先。就如，木杆可汗可以传位于弟弟他钵，但他钵可汗之后要还位于木杆可汗子之类的约定。这就是所谓的"叔侄相传"。这种叔侄相传的情况，北方其他游牧民族历史中也曾存在，应该是游牧政权的传统继位制度之一。不过，往往这种传位方式会导致内讧，其原因很简单，就是虽然有叔侄相传的约定，但每位可汗遴选继承者时首先考虑自己的儿子。叔侄之间和堂兄弟之间产生矛盾，逐渐演变为内部斗争。他钵可汗死后，突厥汗国就因此发生了争位。

---

① 《周书》卷50《突厥传》，第909页。
② 《隋书》卷84《突厥传》，第1865页。

他钵可汗遗嘱自己儿子菴罗，要让位于木杆可汗之子大逻便。可是，大逻便不是嫡子，没有得到部众的拥戴，反而遭到反对。他钵可汗卒，"国中将立大逻便，以其母贱，众不服。菴罗母贵，突厥素重之"①。反对派中最有力者是乙息记可汗之子摄图，他坚持要立菴罗为可汗。最终，大逻便未如愿，而菴罗继位可汗。大逻便不得立，多次辱骂菴罗。菴罗无奈，终让位于摄图。这样，一番权力之争后，摄图成为突厥大可汗，号沙钵略可汗。沙钵略让菴罗为第二可汗，居于汗国东部土拉河流域。沙钵略自己居于汗国中部，设牙帐于"于都斤山"，即今蒙古国杭爱山脉一带。大逻便不时责问沙钵略，为何他就不能成为可汗。沙钵略无奈，立大逻便为阿波可汗，统领旧部，居于汗国西部，大概在杭爱山以西、阿尔泰山之东地区。

沙钵略可汗即位之初还能行使汗权，能节制诸小可汗。但有些势力之主以沙钵略不是"合法"继承者为由，不服其统治。沙钵略可汗之弟处罗侯就与沙钵略有矛盾，"其弟处罗侯号突利设，尤得众心，而为摄图所忌，密讬心腹，阴与晟盟"②。另外，阿波可汗是已故他钵可汗"指定"的继承者，也有不少支持者。沙钵略可汗与阿波可汗之间的矛盾现实存在，汗国内部已出现裂痕。若出现挑拨者或遭到外来势力的插手，汗国统治者之间的冲突随时会爆发。

沙钵略即位之时，正值中原王朝更替，杨坚夺位，隋朝建立。沙钵略即位之前，也即隋朝建立之前，沙钵略娶北周赵王招之女为妻，即宇文氏千金公主。当沙钵略成为可汗时，中原宇文氏北周的统治已结束，取而代之者为杨氏隋朝。此时，千金公主不甘心，日夜说服沙钵略攻打隋朝，欲复兴北周。于是，从581年开始，沙钵略率军南下，入侵隋朝。582年，沙钵略率众四十万，兵分几路南下，隋朝北境可谓全面告急。突厥进攻，占得先机，捷报频传；隋朝防御，备战不利，节节败退。在这危机时刻，谋臣长孙晟建议隋文帝使用"远交而近攻"之计，拉拢一方而打击另一方，使其内斗消耗、自相残杀。隋文帝遂用此计，使突厥原有的内部矛盾被无限放大，最终演变为内战。

---

① 《隋书》卷84《突厥传》，第1865页。
② 《隋书》卷51《长孙晟传》，第1330页。

583年，沙钵略从白道川（今内蒙古自治区呼和浩特市北）南下，阿波可汗从凉州（今甘肃省武威市）东击隋朝。对此，隋朝的策略为集中主力攻沙钵略，而离间阿波。隋朝间言阿波，说沙钵略日渐强盛，如果你战败回去肯定被问罪，又说达头可汗（室点密之子）已与隋朝结盟，你为何不跟随达头。阿波信此言为真，遣使至隋示好。沙钵略可汗听说阿波使者至隋，遂返回漠北袭击了阿波老营，杀其母，获其众。阿波还无所归，无奈西投达头可汗。达头可汗借兵阿波，使其能够袭击沙钵略，夺回自己部众。此时，反对沙钵略者也纷纷离他而去，投靠了阿波，如贪汗可汗、沙钵略从弟地勤察等。这样，突厥汗国内部形成了以沙钵略可汗和阿波可汗为首的两大阵营，双方兵戎相见，内战爆发。

阿波可汗得到达头可汗的支援，占得先机，把沙钵略逼入漠南。沙钵略被迫迁居白道川，投靠隋朝。后来，沙钵略在隋朝的援助之下，扭转颓势，重新掌控漠北。沙钵略为了进一步得到隋朝的帮助，遂称臣于隋，遣第七子窟含真（库合真）入朝为质子，以此保持君臣关系。隋朝也把宇文氏千金公主改封为杨氏大义公主，这样双方建立了联姻。这种关系一直保持到沙钵略去世。

587年，沙钵略死，以自己儿子雍虞闾性懦，而遗命其弟处罗侯继位。沙钵略在位之初期，处罗侯并不拥戴他，可能在突厥内乱后双方和解。处罗侯继位可汗之前，其号为"叶护"，常常出现在沙钵略身边，如"其介长孙晟又说谕之，摄图及弟叶护皆拜受诏，因即称臣朝贡，请永为藩附"①。可见，摄图（沙钵略）和叶护（处罗侯）共同受诏，说明处罗侯地位仅次于沙钵略可汗。处罗侯即位，号叶护可汗。处罗侯以沙钵略之子雍虞闾为汗国叶护。

处罗侯即位，首要任务是平定阿波势力。处罗侯得到隋朝的大力支持后，击阿波。双方实力悬殊，处罗侯强而阿波弱，这导致阿波部下纷纷转投处罗侯。阿波最终被处罗侯擒获。阿波可汗之后，其部众推举鞅素特勤之子泥利可汗（详见下文西突厥汗国历史）。泥利可汗统辖旧部，仍与处罗侯对峙。588年，处罗侯在西征过程中，受伤去世。

处罗侯可汗之后，沙钵略之子雍虞闾继位，号都蓝可汗。都蓝可汗

---

① 《隋书》卷40《虞庆则传》，第1174页。

即位之时，突厥汗国中主要有四股势力，除了都蓝可汗、泥利可汗和达头可汗以外，还有处罗侯可汗之子染干[①]。染干居于汗国北部，号突利可汗。都蓝可汗初期，还表面维持其父、叔父时期执行的称臣于隋朝的策略。但都蓝并不打算一味俯首称臣，而是叛服无常，时而朝贡，时而犯边。隋朝对都蓝可汗开始不信任，寻找其他联合势力。都蓝可汗即位后，收继大义公主为妻。大义公主是沙钵略之妻，原宇文氏，后改为杨氏。大义公主虽然改姓为杨氏，但她始终怀有复兴宇文氏之志。大义公主不仅煽动都蓝攻隋，又欲联合泥利可汗。对于隋朝而言，铲除大义公主是当务之急，遂探寻可利用的合适人选。染干是处罗侯可汗之子，按资历也可以继承汗位。但他实力相对弱，需要其他势力的帮助。染干遣使至隋朝请求和亲，想得到隋朝支援。隋朝答应了染干的和亲请求，但提出以击杀大义公主作为前提条件。染干遂间言于都蓝，都蓝怒杀大义公主[②]。597年，隋朝下嫁宗女安义公主于染干，并命染干南迁至于都斤山（今蒙古国杭爱山脉）[③]。染干与隋朝和亲，刺激了都蓝可汗，他说："我，大可汗也，反不如染干。"[④]这样，都蓝可汗与隋朝决裂，开始交战。都蓝可汗原先与西突厥达头可汗有矛盾，但此时在共同的敌人面前双方同盟，一起对付染干和隋朝。至此，突厥汗国内部开始了新一轮的内讧，敌对双方的核心为都蓝和染干，与沙钵略和阿波一样也是堂兄弟之间斗争。

599年春，染干大战都蓝与达头联军于长城之下，结果染干战败，逃奔隋朝，居于阴山之南。是年六月，隋朝赐染干为"意利珍豆启民可汗"（"华言意智健也"），即启民可汗。后来，启民之妻安义公主去世，隋朝又以宗女义成公主嫁之。启民不断受到都蓝袭击，被逼南迁至河套地区，隋朝安置在夏州（治今宁夏回族自治区灵武市一带）、胜州（治今内蒙古自治区准格尔旗十二连城一带）之间。599年底，都蓝可汗被其部下所杀。于是，西突厥达头可汗自称步伽可汗，成为突厥汗国的大可

[①] 染干身世，《隋书》卷84《突厥传》记载为沙钵略之子。对此，学者已考证其误，见岑仲勉：《突厥集史》（下），第512页。
[②] 这是《隋书》卷84《突厥传》（第1872页）的说法。但据《隋书》卷51《长孙晟传》（第1332、1333页）记载，大义公主与胡私通而被杀。
[③] 《隋书》卷51《长孙晟传》，第1333页。
[④] 《隋书》卷84《突厥传》，第1872页。

汗，统领突厥汗国。

按古代游牧民族的传统观念，属民对自己主人的世系及身世非常重视。如果继承者不是原来首领的直系后裔，或跟原来首领没有血缘关系，他们很难被认可。达头是室点密之子，不是阿史那土门的直系后裔。按照传统，都蓝可汗之后，应由土门系后裔继位大可汗之位，而不是室点密后裔。达头成为整个突厥汗国的大可汗，也不是各部落推举选出，而是"自立"。当时突厥汗国内讧还未平息，达头即位大可汗，加剧了内乱，使汗国局势更加混乱。实际上，都蓝可汗末期就出现了部下叛乱事件，如开皇二十年（600）"都蓝大乱，为其部所杀"①，"师未出塞，而都蓝为其麾下所杀，达头自立为步伽可汗，其国大乱"②。可见，都蓝可汗因叛乱被杀，达头可汗在叛乱中即位。史料中没有说明这次叛乱者是谁，但从局势的发展来看，应是突厥汗国属部铁勒。铁勒诸部居于阿尔泰山东西和漠北地区，臣属于突厥汗国。他们乘突厥汗国内讧之际，欲推翻突厥人的统治。当时，达头可汗有结束内乱、一统汗国之志，但他在错综复杂的内斗局势面前力不从心，已无力回天。

达头可汗的最大威胁就是启民可汗及隋朝。599年，达头可汗率军从阴山白道南攻，与启民和隋军对阵，双方进入了拉锯战。达头可汗和启民可汗的主要战场在漠南。隋朝扶持启民，与达头对攻的同时，让启民招降达头部众及属部。在启民的劝诱之下，不愿跟随达头的部众纷纷倒戈而归降启民。601年，"五月己丑，突厥男女九万口来降"③。603年，"（仁寿）三年，有铁勒、思结、伏利具、浑、斛萨、阿拔、仆骨等十余部，尽背达头，请来相附"④。此时，居于突厥汗国东部地区的奚、霫等五部也背叛突厥而降隋。达头可汗东征之前，曾让泥利可汗和自己儿子咄六叶护镇守自己的领地西域。当达头与启民交战时，从后方传来了叛乱的消息，即泥利和咄六被铁勒叛军打败。达头可汗当政之时，众叛离亲，汗国四分五裂。603年，达头可汗被隋朝和启民联军打败，无奈西奔吐谷浑。

---

① 《隋书》卷51《长孙晟传》，第1334页。
② 《隋书》卷84《突厥传》，第1873页。
③ 《隋书》卷2《高祖本纪》，第46页。
④ 《隋书》卷51《长孙晟传》，第1335页。

达头可汗出逃后，突厥汗国的汗位一度空悬。于是，隋朝送启民北归，使其成为突厥汗国的大可汗。启民可汗在隋朝的扶持之下成为大可汗，也就代表突厥汗国土门系统治地域已称臣于隋朝。当时，突厥汗国室点密系统治也有变化，拥立自己的"大可汗"，与土门系决裂，走向独立的道路（详见后文西突厥汗国历史）。至此，从583年开始的长达二十年的内讧以东西决裂而收场，东西突厥各自发展，之间少有联络。

三、突厥汗国的复苏与灭亡 ①

启民可汗是在隋朝的扶植之下即位，所以他的事迹一般跟隋朝有关。启民可汗时期突厥汗国内部相对稳定，势力有所复苏。614年，启民可汗死，其子咄吉世即位，号始毕可汗。始毕可汗即位之初，仍执行父亲时的策略，即称臣隋朝，但不久他与隋朝之间产生矛盾。隋炀帝扶持始毕可汗的反对者，以此制约其势力发展。这一举措引起了始毕可汗的不满，遂与隋朝敌对。615年，始毕大举南攻，入侵隋朝，并把隋炀帝围困于避暑之地汾阳宫（今山西省宁武县境内）。隋炀帝虽脱围而去，但之后常住于江南，无心治理北部边疆。617年，隋朝国内爆发起义，北部地区出现了多个割据政权，其中势力较强者梁师都、刘武周等割据政权投靠了始毕可汗，称臣于突厥。从此，始毕可汗的势力开始强盛，"东自契丹，西尽吐谷浑、高昌诸国，皆臣之。控弦百万，戎狄之盛，近代未有也"②。

始毕凭借军事上的优势，也听从了隋朝北部割据政权首领的建议后，产生南下入主中原的想法。始毕在梁师都、刘武周的引诱下，进军夏州（今陕西省横山县附近）、马邑（今山西省朔州市），直逼长安和太原。当时镇守太原者是唐公李渊。当突厥强兵迫境之时，李渊与始毕谈判合约，

---

① 笔者认为，突厥汗国从启民可汗时期开始完全分裂。启民可汗居于西突厥汗国之东，故可认为"东突厥汗国"。但需要说明的是，"东突厥"或"东突厥汗国"概念在隋唐时期没有，而是大约北宋时期才开始使用。土门系后裔始终认为他们才是大可汗的继承者，也就是说，他们不承认独立西突厥汗国的存在（详见本章第三节"西突厥汗国历史"）。从启民可汗开始，突厥汗国历史一般是指蒙古高原为主的历史，而不包括室点密系西突厥历史。

② 《通典》卷197《突厥上》，第5407页。

大致达成突厥支援李渊,"起事"成功之后,人众土地属于李渊,金银财宝归于突厥,且与突厥和亲等内容的合约①。在这一约定之下,李渊率兵南下,攻长安。始毕又把朔州起兵的刘武周封为定杨可汗,在河南地起兵的梁师都封为大度毗伽可汗,以此为据点继续渗透中原。617年秋,李渊攻克长安,立杨侑为帝。618年春,隋炀帝被杀。是年五月,杨侑禅位于李渊,李渊称帝,建立唐朝。按约定内容,李渊与始毕建立了和亲关系。619年夏,始毕可汗卒。因始毕子年幼,国人立其弟俟利弗设,号处罗可汗。

处罗可汗时期,继续与唐朝保持和亲关系。但这种关系迟早会破裂,因为突厥始终怀有扩张之心,而唐朝也欲完成统一大业。等到条件成熟后,各有目的的两大势力碰撞冲突是必然的。处罗可汗即位后,收继其父启民可汗之妻义成公主(杨氏)。处罗又接纳了隋炀帝萧后和齐王之子杨政道(隋炀帝之孙),且扶持杨政道为隋主,使其居于定襄(今内蒙古自治区和林格尔县一带)。不言而喻,杨氏义成公主始终怀有借助突厥势力复兴隋朝之想法。立杨政道为隋主,应该与义成公主劝说处罗可汗有关。隋末唐初,中原很多原隋朝的贵族和百姓因战乱而逃至突厥。这些人拥护杨政道,视其为新主。处罗可汗的这一举措明显是针对刚建立的唐朝,也尽显他掌控中原的意图。因此,处罗与唐朝的关系开始紧张,双方各以背约(始毕与李渊的盟约)为由指责对方。处罗决定率大军南攻唐朝。但尚未出师,处罗病死,时间为620年底。义成公主因其子丑弱,立处罗可汗弟咄苾,号颉利可汗。

颉利即位后,以始毕可汗之子什钵苾为突利可汗,统领汗国东部。这样,突厥汗国中最有权势者为颉利可汗和突利可汗。突厥经启民可汗、始毕可汗和处罗可汗的发展,到颉利可汗之时已兵强马壮,"有凭

---

① 《旧唐书·刘文静传》记载:"因遣文静使于始毕可汗,始毕曰:'唐公起事,今欲何为?'文静曰:'皇帝废冢嫡,传位后主,致斯祸乱。唐公国之懿戚,不忍坐观成败,故起义军,欲黜不当立者。愿与可汗兵马同入京师,人众土地入唐公,财帛金宝入突厥。'始毕大喜。"(后晋)刘昫等:《旧唐书》卷57《刘文静传》,中华书局点校本,1975年,第2292页。《创业起居注》卷一:"当今隋国丧乱,苍生困穷,若不救济,总是上天所责。我今大举义兵,欲宁天下,远迎主上,还共突厥和亲,更似开皇之时,岂非好事。"岑仲勉:《突厥集史》(上),第108页。

陵中国之志"。颉利可汗也收继义成公主为妻，又扶持杨政道，继续与唐朝周旋。颉利可汗不但遥控各割据势力骚扰唐朝，也亲自率军南下。从颉利可汗即位到626年为止，突厥一直对抗唐朝。当时，太子李建成、秦王李世民负责讨平唐朝北部割据势力，抵御突厥。突厥的频繁入寇使得唐高祖及部分官员产生了迁都的想法，"高祖乃遣中书侍郎宇文士及行山南可居之地，即欲移都"①。但在秦王李世民的反对之下，未迁都城。626年夏，颉利可汗率军二十万直逼长安，大军抵达渭水之便桥。根据史料记载，李世民独自出城，与颉利可汗隔桥而对，遂化险为夷。唐太宗与颉利可汗杀白马结盟，之后突厥退去。颉利进军直逼长安事件发生于唐玄武门之变后不久，其策出自梁师都。当时，梁师都得知唐朝宫廷发生了玄武门之变，遂劝说颉利乘机南下。从颉利可汗声势浩大的南下以及结盟后迅速退兵来看，他率军南下并没有攻取长安的想法，而是威逼以达到某种要求即可。便桥结盟是突厥与唐朝关系的转折点。结盟后，唐朝得到了喘息机会，逐渐强盛；而突厥汗国此后爆发内乱，日渐衰弱。

突厥汗国的多年征战，以致人力财力消耗过大，内部也出现了不满情绪，尤其是属部铁勒。627年，西突厥汗国叶护可汗死，其属部薛延陀七万余家在首领夷男的率领下东走，投靠了颉利可汗。但此时正值颉利暴政，汗国实力开始下滑。于是，夷男率众反叛颉利。在这次反叛中，不仅有以夷男为首的薛延陀部，还有居于突厥汗国东部地区的铁勒诸部，其首领为回纥部菩萨。菩萨起兵反叛，颉利遣己子欲谷设镇压，结果欲谷设战败。后来，菩萨与夷男联手，夷男号菩萨为"活颉利发"。颉利可汗又命突利可汗镇压铁勒叛乱，结果突利小战败。颉利问罪突利，突利怨恨，欲投靠唐朝。唐太宗也想通过拉拢突利，使其与颉利互相猜疑。在唐朝的利诱之下，突利有所动摇。这样，颉利可汗南北受敌，被逼入绝境。

629年，薛延陀夷男自称可汗，建立汗国，统治了漠北地区，也把颉利可汗逼入漠南。对于唐朝而言，这是击灭突厥汗国的绝佳机会。唐太宗派遣李靖、李勣等将军全线北击颉利。是年十二月，突利可汗及郁射设、荫奈特勤等率众离颉利而降唐。630年正月，李靖大破突厥，擒

---

① 《旧唐书》卷2《太宗本纪》，第29页。

获在突厥的隋炀帝之妻萧后及隋炀帝之孙杨政道等，送至京师。是年二月，李靖再破突厥于阴山，颉利轻骑遁逃；三月，李靖又突袭颉利牙帐，颉利败逃，欲奔吐谷浑，被西路将军张宝相擒获，送至京师。

突厥阿史那氏族人车鼻可汗是突厥汗国的小可汗，居于阿尔泰山北部地区。颉利可汗战败后，突厥余众推举车鼻为大可汗。当时薛延陀汗国占据漠北，势力日益强盛。车鼻可汗势力相对薄弱，因此，车鼻归附于薛延陀汗国。但夷男忌惮勇谋双全的车鼻，设法将其除掉。当车鼻得知后，聚集旧部，重返故地，亦称可汗，其统辖地北与黠戛斯、西与葛逻禄为邻。646年，唐太宗击灭薛延陀汗国，征服漠北。649年，唐太宗遣高侃率领回纥、仆骨兵北征车鼻。第二年，高侃军至阿息山，擒获车鼻，送至京师。突厥汗国余众势力也败亡。

第二节　突厥第二汗国历史

突厥第二汗国是指682—745年以蒙古高原为中心的汗国，颉利可汗的"疏属"阿史那骨咄禄所建，是突厥第一汗国的延续，学界亦称为突厥第二汗国或后突厥汗国等。

一、突厥汗国的复兴与巩固

颉利可汗被擒之时，其势力控制范围大致为今内蒙古自治区中西部及宁夏回族自治区和甘肃省北部地区。当时降唐的突厥人众有十余万。唐朝得到这些地域和人众后，如何处置成了难题。为此，唐朝大臣进行了激烈的辩论，归纳其意见主要有两种：其一，以温彦博为代表，主要是归化突厥的意见，把突厥内迁编户，设置府州，让部落首领迁入朝廷任官或充当侍卫，尽量打破原来的部落组织；其二，以魏徵为代表，主要意见是因俗而治，把突厥部众安置在黄河以北，任命其本部落首领，因俗而治。唐太宗听了这些大臣建议，又吸取启民可汗南降隋朝及其子反叛的教训[1]，最终采纳了温彦博的建议。史载："太宗遂用其计，于朔方

---

[1] 启民可汗降隋，隋文帝安置在黄河之北，任其游牧，因俗而治，后又扶持启民成为突厥汗国的大可汗。当启民可汗死，其子始毕可汗继位，叛隋，大举进攻隋朝。

之地，自幽州至灵州置顺、祐、化、长四州都督府，又分颉利之地六州，左置定襄都督府，右置云中都督府，以统其部众。"①可见，唐朝设置府州安置了突厥降众，其中顺州设于幽州之北，辖区大致为燕山以北地区；祐、化、长等三州设于河套地区；其余六州为颉利旧统辖之地，大致为阴山山脉南北地区。这样看来，唐朝把突厥降众集中安置在燕山以北、河套及阴山南北地区。唐朝又把突厥部落首领迁至长安及附近地区，任命为朝廷官员或充当皇帝侍卫。

639年，在朝廷任官的突厥人结社率，欲刺杀唐太宗，即"九成宫事件"。这个事件对唐太宗刺激很大，直接改变了他对待突厥的策略。结社率，突利可汗之弟，降唐后在朝廷任中郎将。631年，降唐的突利可汗死，其子贺逻鹘继任。结社率和贺逻鹘常年在朝廷任职，但未得到升迁，故心生不满。639年，结社率跟随唐太宗到九成宫。结社率与贺逻鹘预谋，夜袭行宫，欲刺杀唐太宗。他们聚集了旧部四十余人，夜袭太宗行宫，与皇帝宿卫激战，结果结社率、贺逻鹘败而被杀。唐太宗经历此事件之后，认识到突厥人在朝廷任职是个隐患，遂决定把他们迁至黄河以北地区。唐朝任命李思摩为乙弥泥熟俟利苾可汗，率突厥降众迁居黄河之北白道川。后来，李思摩及部分部众因薛延陀汗国的攻击，返回黄河以南，居于胜、夏州之间。由此，降唐的突厥部众驻牧于阴山南北及河套地区。

646年，唐朝灭薛延陀汗国，征服了漠北地区，其地设置六府七州，管辖铁勒诸部。第二年，在漠北六府七州之上设燕然都护府。650年，唐朝灭车鼻汗国，把突厥部众迁至蒙古高原，置狼山都督府管辖。至此，唐朝控制了整个蒙古高原。663年，唐朝设云中都护府和瀚海都护府，分管漠南和漠北地区。664年，改云中都护府为单于大都护府；669年，改瀚海都护府为安北都护府。单于大都护府所管辖地域大致为以前颉利可汗统治的漠南地区，其民众也是原颉利可汗的属民。679年，单于大都护府管辖的突厥贵族率部众反叛，开始了复国运动。

突厥贵族发动复国运动及其最终成功，与当时唐朝边疆动荡及朝廷内部斗争不无关系。679年，西突厥（亦称"十姓"）与吐蕃联合反唐。唐朝西边及西北边疆的动荡叛乱，对居于阴山南北的突厥人不能说没有

---

① 《旧唐书》卷194上《突厥传上》，第5163页。

影响。是年十月，单于大都护府管辖的阿史德温傅和奉职率领部落叛唐，立阿史那泥熟匐（身世不明）为可汗。温傅和奉职叛唐，单于大都护府管辖的二十四州皆响应。唐朝派遣萧嗣业、李景嘉等率军讨伐，但都被温傅和奉职打败。唐朝再遣裴行俭、李思文、周道蓍（周道务）等率军三十万征讨。这次唐军大破突厥，泥熟匐被部下所杀，奉职被擒。680年，叛唐突厥余众又迎阿史那伏念（颉利可汗从兄之子）于夏州，北渡黄河，立为可汗。唐将裴行俭再次讨伐，擒获伏念，送京师并斩之。

682年，颉利可汗"疏属"阿史那骨咄禄聚集亡散部众，继续复国运动。骨咄禄自立为可汗，以其弟默啜和咄悉匐分别为设和叶护。骨咄禄得到阿史德元珍的支持后，势力更加强盛。阿史德元珍亦属单于大都护府，当骨咄禄反叛时，他自请前去镇压叛军，唐朝允许之。但阿史德元珍到叛军阵营后，反而倒戈归附了骨咄禄。骨咄禄封阿史德元珍为阿波达干。当时骨咄禄控制阴山南北，牙帐设于阴山（即突厥卢尼文碑铭所记"čuγay"）之北的"黑沙"①。"黑沙"之地位于今阴山山脉支脉色尔腾山（即古代的"木赖山"）一带，大致在今内蒙古自治区巴彦淖尔市乌拉特中旗一带②。骨咄禄势力崛起的原因很多③，但与唐朝高宗末年及其去世之后朝廷内斗而无暇北顾有着直接的关系。若不是唐朝内廷争斗，骨咄禄难言成功，也会跟之前的温傅、奉职、伏念等一样的命运。

骨咄禄居住阴山南北地区并不稳固，因四周被强邻包围，随时有被吞没的危险。所以，骨咄禄急需一个更为稳固的根据地，对此，旧国牙帐所在地于都斤山是最好的选择。当时，于都斤山地区被铁勒诸部占据，受唐朝安北都护府的羁縻统治。突厥复国运动发生之后，唐朝对漠北地区的控制已力不从心，有效控制已不可能。铁勒诸部不仅反抗唐朝，相互之间也争雄，于是漠北局势一片混乱。这对于刚建立汗国的骨咄禄而

---

① 《暾欲谷碑》第一石西面第 7 行。
② 包文胜：《突厥鲁尼文碑铭所记突厥汗国复兴史事考》，《内蒙古大学学报》（蒙古文版）2016 年第 1 期；包文胜：《qara qum 与黑沙及相关地理考释》，《敦煌学辑刊》2020 年第 1 期。
③ 朱振宏总结突厥复国成功的原因为：唐朝处置措施失当、突厥民族认同的提升、突厥民族意识的凝聚等三个方面。朱振宏：《突厥第二汗国建国考》，《欧亚学刊》（第十辑），中华书局，2012 年。

言，是征服漠北的最好时机。

骨咄禄进军于都斤山地区的具体情况，史料没有详细记载，只能根据相关记载略知概况。据《阙特勤碑》记载，当骨咄禄去世之后，在他陵园前立了以 baz 可汗为首的杀人石（balbal）①。baz 可汗是漠北"九姓乌古斯"可汗。把 baz 可汗立为杀人石，说明骨咄禄在世时已征服了乌古斯（铁勒）诸部。按突厥习俗，可汗死后在他的陵园前立其在世所战胜的敌人首领为杀人石。据汉文史料记载，骨咄禄死于691年，那突厥征服漠北铁勒是在691年之前。又，史载："其年（687）八月，又寇朔州，复以常之为燕然道大总管，击贼于黄花堆，大破之，追奔四十余里，贼众遂散走碛北。"② 是年十月，"宝璧以为破贼在朝夕，贪功先行，又令人出塞二千余里觇候，见元珍等部落皆不设备，遂率众掩袭之。既至，又遣人报贼，令得设备出战，遂为贼所覆，宝璧坐此伏诛。则天大怒，因改骨咄禄为不卒禄"③。从"散走碛北""出塞二千余里觇候"等记载来看，当时骨咄禄的确已进入了漠北地区。还有，骨咄禄自687年被唐军打败之后直到死为止，在汉文史料中很少出现，这也能说明骨咄禄远走漠北，与唐朝联系甚少。由此可知，骨咄禄占据漠北是在687年之前。

687 年之前，漠北局势发生了重大变化。《暾欲谷碑》第一石南面第 2 行中记载："toquz oɣuz bodun üzä qaɣan olurtï [九姓乌古斯（铁勒）百姓之上有了可汗]"，《阙特勤碑》东面第 14 行中又说 "baz qaɣan toquz oɣuz bodun [baz 可汗、九姓乌古斯（铁勒）百姓]"。可见，当时九姓乌古斯（铁勒）已有可汗，开始脱离唐朝的统治。685 年夏，"同罗、仆固等诸部叛，遣左豹韬卫将军刘敬同发河西骑士出居延海以讨之，同罗、仆固等皆败散。敕侨置安北都护府于同城以纳降者"④。据此可知，漠北铁勒同罗、仆固等部确实已叛唐。是年十月，唐朝以韦待价"复为燕然

---

① 《阙特勤碑》东面第14—16行；《毗伽可汗碑》东面第12—13行。
② 《旧唐书》卷194上《突厥传上》，第5167页。
③ 《旧唐书》卷194上《突厥传上》，第5167、5168页。据《资治通鉴》记载得知，此事发生于垂拱三年（687）十月。《资治通鉴》卷204《唐纪二十》则天后垂拱三年，第6446页。
④ 《资治通鉴》卷203《唐纪十九》则天后垂拱元年，第6435页。岑仲勉认为同罗、仆固反，应该在垂拱二年（686）。岑仲勉：《突厥集史》（上），第312页。

道行军大总管,以御突厥"①。可见,唐朝又要镇压铁勒叛乱,又要防御突厥,可谓北疆地区的局势全面告急。对此,唐朝派遣田扬名到西突厥,欲借兵进军漠北②。唐朝是想让西突厥(十姓)攻打叛乱之首同罗、仆固,但西突厥为报私仇,却攻破了回纥,于是漠北局势更加混乱。《陈伯玉文集》所载"碛北诸姓,已非国家所有",证明唐朝此时无力控制漠北,只能把设置在回纥本部的安北都护府侨迁至同城(今内蒙古自治区阿拉善盟额济纳旗居延海附近)③。这样,当时漠北进入混乱状态,诸部相互征伐,又遭遇干旱饥荒,牧民苦不堪言,遂纷纷南迁降唐④。这对于四处受

---

① 《旧唐书》卷77《韦待价传》,第2672页。
② 《陈伯玉文集》八上西蕃边州安危事(三条)记载:"臣伏见国家顷以北蕃九姓亡叛,有诏出师讨之,田扬名发金山道十姓诸兵,自西边入。臣闻十姓君长奉诏之日,若报私仇,莫不为国家克剪凶丑,遂数年之内,自率兵马三万余骑,经途六月,自食私粮。诚是国家威德早申,蕃戎得效忠赤。今者军事已毕,情愿入朝,国家乃以其不奉玺书,妄破回纥部落,责其专擅,不许入朝,便于凉州发遣,各还蕃部。……(中略)今者九姓叛亡,北蕃丧乱,君长无主,莫知所归。回纥金水,又被残破,碛北诸姓,已非国家所有。……臣伏见今年五月敕,以同城权置安北府。此地逼碛南口,是制匈奴要冲,国家守边,实得上策。臣在府日,窥见碛北归降突厥,已有五千余帐,后之来者,道路相望。又甘州先有降户四千余帐,奉敕亦令同城安置。碛北丧乱,先被饥荒,涂炭之余,无所依仰,国家开安北府,招纳归降,诚是圣恩洪流,覆育戎狄。"(清)董诰等编:《全唐文》卷221,中华书局,1983年,第2140、2141页。
③ 岑仲勉:《突厥集史》(上),第311、312页。
④ 《陈伯玉文集》四"为乔补缺论突厥表"云:"臣比在同城,接居延海西,逼近淮南口,其碛北突厥来入者,莫不一一臣所委察。比者归化,首尾相仍,携幼扶老,已过数万。然而疮痍羸急,皆无人色,饥饿道死,颇亦相继。先九姓中遭大旱,经今三年矣。野皆赤地,少有生草,以此羊马死耗十至七八。今所来者,皆亦稍能胜致,始得渡碛。碛路既长,又无好水草,羊马因此重以死尽。莫不掘野鼠、食草根,或自相食,以活喉命。臣具委细问其碛北事,皆异口同辞。又耆老云:自有九姓来,未曾见此饥饿之甚。今者同罗、仆固虽为逆首,仆固都督早已伏诛,为乱之元其自丧灭,其余外小丑徒,侵暴自贼耳,本无远图。多腊葛复自相仇,人被涂炭,逆顺相半,莫知所安。回鹘诸部落又与金州横相屠戮,群生无主,号诉嗷嗷。臣所以愿陛下建大策,行远图,大定北戎,不劳陛下,指挥之间,事业可致。则千载之后,边鄙无虞,中国之人,得安枕而卧,岂不在陛下断哉!"(宋)李昉等编:《文苑英华》卷614,中华书局,1966年,第3184—3186页;《全唐文》卷209,第2118—2121页。

敌的骨咄禄而言是千载难逢的好机会，他也正是利用这个机会成功进军漠北。突厥卢尼文碑铭记载了骨咄禄进军漠北的路线，大致为穿过大戈壁，沿着翁金河北上，进入于都斤山地区。又据突厥卢尼文碑铭记载，突厥军在土拉河流域遭到乌古斯（铁勒）军的抵抗，遂战胜之，成功夺取了于都斤山地区。骨咄禄在此地设牙帐，成为蒙古高原的新霸主。

二、突厥第二汗国的强盛与拓疆

复兴的突厥汗国，在默啜可汗时期强盛并达到巅峰。骨咄禄死于691年，因其子尚幼，弟默啜继位。默啜即位后，从唐朝得到了大量的突厥降民和物资，这也是他强盛的原因之一。默啜可汗为了开疆拓土，分别南与唐朝，东与契丹、库莫奚，西与西突厥（十姓）、黠戛斯、昭武九姓等开战。

《阙特勤碑》东面第 28 行记载："yïrɣaru oɣuz bodun tapa ilgärü qïtañ tatabï bodun tapa birgärü tabɣač tapa uluɣ sü äki yägirmi sülädim［向左方（北方）乌古斯（铁勒）百姓，向前方（东方）契丹、奚百姓，向右方（南方）唐朝，我率大军出征了十二次］。"696 年，契丹部李尽忠、孙万荣叛唐，攻陷营州府，唐朝东北边疆告急。默啜可汗以助唐讨契丹为条件，提出了归还突厥降众和索取物资、土地的要求。史载："初，咸亨中，突厥诸部落来降附者，多处之丰、胜、灵、夏、朔、代等六州，谓之降户。默啜至是又索此降户及单于都护府之地，兼请农器、种子，则天初不许。默啜大怨怒，言辞甚慢，拘我使人司宾卿田归道，将害之。时朝廷惧其兵势，纳言姚璹、鸾台侍郎杨再思建议请许其和亲，遂尽驱六州降户数千帐，并种子四万余硕、农器三千事以与之，默啜浸强由此也。"① 默啜得到这些降众和物资后，势力更加强大，开始筹谋向外扩张。据突厥卢尼文碑铭记载，默啜可汗时期突厥一直征战到 šantuŋ balïq（山东城）或 šantuŋ yazïq（山东平原）、yašïl 河、taluy 河之地②。"山东"是指太行山以东地区，大致包括今河北省、北京市、天津市、山东省及辽

---

① 《旧唐书》卷 194 上《突厥传上》，第 5168、5169 页。
② 《暾欲谷碑》第一石东面 1、2 行；《阙特勤碑》南面第 3 行；《毗伽可汗碑》东面第 14、15 行及第 17 行。

宁省部分地区等。对于 yašïl 河和 taluy 河，学界意见不一致，具体位置难确定，但位于"山东"平原附近是没有问题的。据汉文史料记载，698年突厥攻定州（今河北省定州市）、赵州（今石家庄市赵县），可见默啜的确攻入了"山东"平原。

突厥与唐朝争夺的另一处为河套和河西地区。据突厥卢尼文碑铭记载，突厥进军此地始于阙特勤十六岁、毗伽可汗十七岁（即700年）。《阙特勤碑》东面第31行记载："altï čub soɣdaq tapa sülädimiz buzdïmïz（我们向 altï čub soɣdaq 出征了，我们击破了。）"《毗伽可汗碑》东面第24、25行记载："yiti yigirmi yašïma taŋut tapa sülädim taŋut bodunuɣ buzdïm oɣlïn \\\\ yïlqïsïn barïmïn anta altïm säkiz yigirmi yašïma altï čub tapa sülädim bodunuɣ anta buzdum tabɣač oŋ tutuq bis tümän sü kälti ïduq bašda süŋüšdüm ol süg anta yoq qïšdïm（十七岁时，我向党项出征了。我把党项百姓击破了。把其子……牲畜、财物在那里我拿了。十八岁时，向 altï čub 我出征了，我把百姓在那里击破了。唐朝王都督的五万军队来了，在 ïduq baš 之地我交战了，把那军在那里我击溃了）。"碑文所记毗伽可汗十七岁时攻党项，应指突厥入陇右、凉州之事，如"久视元年（700），掠陇右诸监马万余匹而去"①。唐朝以右肃政御史大夫魏元忠为灵武道行军大总管备突厥，以安北大都护相王旦为天兵道元帅攻突厥。"大足元年（701），迁凉州都督、陇右诸军州大使。先是，凉州封界南北不过四百余里，既逼突厥、吐蕃，二寇频岁奄至城下，百姓苦之。"②由此可见，突厥与吐蕃联合攻了凉州。

突厥卢尼文碑铭所记 altï čub soɣdaq 或 altï čub，学界已考证是指汉文史料中的"六胡州"③。此观点确实有说服力。但突厥人所谓的 altï čub soɣdaq 或 altï čub 所指范围，不能与汉文史料的"六胡州"完全等同，应

---

① 《旧唐书》卷194上《突厥传上》，第5170页；《资治通鉴》卷207《唐纪二十三》则天后久视元年，第6553页。
② 《旧唐书》卷97《郭元振传》，第3044页。
③ 〔苏联〕C. F. 克利亚什托内尔著，李佩娟译：《古代突厥鲁尼文碑铭——中亚细亚史原始文献》，第86—107页。

要更为广阔①。突厥攻 altï čub soγdaq 或 altï čub，与王都督交战，应与汉文史料所记突厥于 702 年寇盐州（今陕西省定边县）、夏州（今陕西省靖边县）、并州（今山西省太原市）、代州（今山西省代县）、忻州（今山西省忻州市）等有关。

705 年，默啜入灵武鸣沙县。《阙特勤碑》东面第 32 行记载："bir otuz yašïŋa čača säŋünkä süŋüšdimiz［二十一岁时（705），与沙吒将军我们交战了］。"《毗伽可汗碑》东面第 25、26 行记载："äki otuz yašïma tabγač tapa sülädim čača säŋün säkiz tümän sü birlä süŋüšdüm süsin anta ölürtüm（二十二岁时，向唐朝我出征了。我与沙吒将军八万军队交战了，其军在那里我杀了）。"此战役即汉文史料所记灵武"鸣沙之役"，碑文所记 čača säŋün 即灵武军大总管沙吒忠义②。汉文史料记载："（706）十二月己卯，突厥默啜寇灵州鸣沙县，灵武军大总管沙吒忠义逆击之，官军败绩，死者三万。丁巳，突厥进寇原、会等州，掠陇右牧马万余而去。"③《元和郡县图志》关内道灵州鸣沙县条："神龙二年（708）冬为默啜所寇，因而荒废，遂移县于废丰安城，即今县理是。西枕黄河，人马行经此沙，随路有声，异于余沙，故号'鸣沙'。"④

---

① 在汉文史料中有"河曲六州"（简称"六州"）和"六胡州"两种。"河曲六州"是于 630 年战胜颉利可汗之后，为处置突厥降民而在河套地区设置；而"六胡州"是于 679 年突厥复兴活动开始之时，在灵州、夏州之间设立（张广达：《唐代六胡州等地的昭武九姓》，《北京大学学报》1986 年第 2 期；周伟洲《唐代六胡州与"康待宾之乱"》，《民族研究》1988 年第 3 期）。那么，突厥碑文所记 altï čub soγdaq 是指"河曲六州"还是"六胡州"？《阙特勤碑》记载为 altï čub soγdaq，而《毗伽可汗碑》记载为 altï čub。汤姆森释读《毗伽可汗碑》时，依据《阙特勤碑》补了 soγdaq 一词，诸家从此释读，但原碑上确无 soγdaq 一词。《毗伽可汗碑》的刻碑者或是脱漏了 soγdaq 一词，还是当时突厥人确有 altï čub（六州）概念，因史料缺乏而无法考证。altï čub soγdaq，直译则"六州胡"。又，从默啜可汗对唐朝提出归还"六州降户"以及突厥入侵与"六州"相关地域来看，altï čub 是指"河曲六州"的可能性更大。
② 〔苏联〕C. F. 克利亚什托内尔著，李佩娟译：《古代突厥鲁尼文碑铭——中亚细亚史原始文献》，第 154 页。
③ 《旧唐书》卷 7《中宗本纪》，第 143 页。
④ （唐）李吉甫撰，贺次君点校：《元和郡县图志》卷 4"关内道灵州鸣沙县"，中华书局，1983 年，第 96 页。

由以上分析可知，默啜可汗全线入侵唐朝北境，范围大致为太行山东西、河套、河西等地。默啜可汗向东、南扩张有所进展之后，把拓疆目标锁定为向西。客观而言，这也是唐朝扭转局势的契机。于是，唐朝以张仁愿为朔方道大总管，防御突厥。708年，张仁愿在黄河北岸筑三受降城，又把突厥击退至阴山以北。

697年，默啜以其弟咄悉匐为左厢察（设），以骨咄禄之子默棘连为右厢察（设），各统兵马两万，分统汗国左右翼；又以子匐俱为小可汗，号"拓西可汗"，位在两设之上，统领处木昆等十姓（西突厥），拥有兵马四万。"拓西可汗"之号，表明默啜可汗向西拓疆欲望。关于默啜进攻西域，汉文史料记载较少，而突厥卢尼文碑铭记载较为详细。根据《毗伽可汗碑》东面第26行记载得知，čik人和黠戛斯人最先成为默啜可汗进攻的目标。毗伽可汗二十六岁（709）时，渡过谦河（即剑河，叶尼塞河上流）出征čik人；二十七岁（710）时，袭击了黠戛斯人。据暾欲谷说，他们率领军队十分艰难地越过了曲漫山，在夜里袭击了黠戛斯人，并杀其可汗、征服其众①。默啜军队出征čik人和黠戛斯人是在709或710年，对此汉文史料亦可印证。吕温《三受降城碑铭序》记载："景龙二年（708），默啜强暴，渎邻构怨，扫境西伐，漠南空虚。朔方大总管韩国公张仁愿蹑机而谋，请筑三城，夺据其地，跨大河以北嚮，制胡马之南牧。"②张仁愿是利用默啜西征之际即708年筑三受降城，如"时默啜尽众西击（婆）[娑]葛，仁愿乘虚夺取漠南之地，筑三城"③。据此可知，默啜西征始于708年左右，可能在709或710年战胜了čik人和黠戛斯。

默啜西征，首先征服了居于叶尼塞河流域的čik人和黠戛斯人。之后，紧接着袭击了居于阿尔泰山之西的突骑施及十箭（或称十姓，即西突厥）。据汉文史料记载，突骑施首领娑葛之弟遮弩，因获领地较少而投

---

① 《暾欲谷碑》第一石北面第3、4行；亦参见《阙特勤碑》东面第34、35、36行。
② 转引自岑仲勉：《突厥集史》（上），第365页。
③ 《通典》卷198《突厥中》，第5438页。据岑仲勉考证，这条记载不是"景云二年"，应是"景龙二年（708）"。岑仲勉：《突厥集史》（上），第365页。在《旧唐书》卷194下《突厥传下》（第5191页）中，把默啜攻突骑施之事记载为景龙三年（709）。

奔了默啜。默啜以遮弩为向导，进攻了突骑施（见本章第三节"西突厥汗国历史"）。突厥卢尼文碑铭也详细记载了默啜西征突骑施和十箭的具体经过①。突厥出征黠戛斯时军队首领有默啜可汗及其子移涅可汗②、骨咄禄之子默棘连（即后来的毗伽可汗）、默棘连之弟阙特勤以及暾欲谷等。突厥战胜黠戛斯而返回时，得到了突骑施和十箭率军东征突厥的消息。正在此时，默啜可汗因可敦之死而返回了漠北牙帐。在这紧要关头默啜可汗突然返回牙帐，不只因可敦死，当另有隐情，可能是突厥汗国的根据地即后方受到来自唐朝或居于东部地区之部族的威胁。默啜可汗返回漠北时，命令军队驻守在阿尔泰山，由移涅可汗和达头设（应为默棘连）指挥军队。突骑施和十箭军队在 yariš 平原汇合，有众十万。双方在 yariš 平原、bolču 之地③激战，最终突厥战胜了突骑施，擒获其可汗，杀其叶护、设等官。十箭百姓听到突骑施战败消息后，纷纷来投降。但后来突骑施的部分人又叛逃，阙特勤、暾欲谷率军追击，渡过珍珠河（锡尔河），追至铁门关（阿姆河下游一带）。这次追击后，居于阿姆河和锡尔河之间的粟特人也表示臣服。此时，大食（阿拉伯）、吐火罗等地有可能也遣使表示和平相处的心愿。这样，默啜可汗征服了阿尔泰山以西及阿姆河、锡尔河流域地区，其疆域西抵咸海。

此后，默啜可汗又与唐朝争夺天山北麓地区。据《毗伽可汗碑》东面第 28 行记载，毗伽可汗三十岁（714）时出征了别失八里城（beš balïq，意为"五城"），先后交战六次，终征服其地。对此，汉文史料也记载："开元二年（714），遣其子移涅可汗及同俄特勤、妹婿火拔颉利发、石阿失毕率精骑围逼北庭。右骁卫将军郭虔瓘婴城固守，俄而出兵擒同俄特勤于城下，斩之，虏因退缩。"④北庭，即别失八里，今新疆维吾尔自治区吉木萨尔之北。对于默啜可汗出击北庭的结果，他自己说征服了，但唐朝说"虏因退缩"。估计双方围绕北庭进行了拉锯战，互有胜

---

① 《暾欲谷碑》第一石北面第 5—11 行，第二石西面第 1—9 行、南面第 1—3 行；《阙特勤碑》东面第 36—40 行、北面第 1 行；《毗伽可汗碑》东面第 27、28 行。
② 突厥卢尼文碑铭所记 inäl 可汗，汉文史料作"移涅可汗"。突厥语 inäl 是"小"之义，即"小可汗"。
③ yariš 平原、bolču 之地，具体位置不详，大约在阿尔泰山脉南部一带。
④ 《通典》卷 198《突厥中》，第 5438 页。

负。默啜可汗紧接着攻打了管辖于北庭且居于天山北麓的葛逻禄人。据《阙特勤碑》北面第1、2行记载，葛逻禄人是在阙特勤二十七岁（712）时成突厥的敌人。又据《毗伽可汗碑》东面第29行记载，毗伽可汗三十一岁（715）时突厥征服了葛逻禄人。对此，汉文史料记载："（715）四月庚申，突厥部三姓葛逻禄来附。"① 又"（715）默啜发兵击葛逻禄、胡禄屋、鼠尼施等，屡破之，敕北庭都护汤嘉惠、左散骑常侍解琬等发兵救之"②。由此可见，715年默啜征服了天山北麓的葛逻禄人。

默啜可汗东征西讨，"其地东西万余里，控弦四十万，自颉利之后，最为强盛"③。可见，默啜可汗时期突厥第二汗国发展至巅峰，可谓兵强马壮、疆域辽阔。不过，默啜可汗去世，突厥第二汗国随即发生内乱，其势力开始下滑。

三、突厥第二汗国的内乱与灭亡

默啜可汗在位末期，自恃兵强马壮，不善待其属众，致使汗国内部矛盾加深，部众叛离。据《阙特勤碑》北面第3行记载，阙特勤三十一岁（715）时："äčim qaɣan ili qamašaɣ boltuqïnta bodun ilig ikägi boltuqïnta（当叔父可汗的国叛乱时，百姓把国分裂时）。"可见，默啜可汗统治末期确实有了内变。实际上，突厥汗国内乱在715年之前就已发生。从汉文史料所记蒙古高原上的部众纷纷降唐的情况中，可了解其大致。《唐会要·灵州都督府》记载："开元元年（713），复以九姓部落置皋兰、燕然、燕山、鸡田、（奚）[鸡]鹿、烛龙等六州，并属灵州。"④ 这六州中除了燕山州之外，其余五州之名曾是唐太宗灭薛延陀汗国后，在漠北铁勒诸部原驻地所设，具体为皋兰置于浑部、燕然置于多滥葛、鸡田置于阿跌、鸡鹿置于奚结、烛龙置于回纥俱罗勃。此时唐玄宗再设此六州于灵州界，就是为了安抚铁勒诸部降民。据《旧唐书》记载，安置在此六州的铁勒降民共2357户、9714人⑤。这些铁勒部众应该就是叛离突厥汗国

---

① 《新唐书》卷5《玄宗本纪》，第124页。
② 《资治通鉴》卷211《唐纪二十一》玄宗开元三年，第6710页。
③ 《通典》卷198《突厥中》，第5438页。
④ 《唐会要》卷73《灵州都督府》，第1317页。
⑤ 《旧唐书》卷38《地理志》，第1416、1417页。

而降唐的人。

突厥汗国内部叛乱不断,时有其属部降唐的记载。据史料记载:"(开元初)时突厥九姓新来内附,散居太原以北,嘉贞奏请置军以镇之,于是始于并州置天兵军,以嘉贞为使。"①"(714)五月,突厥屈利颉斤及三姓乌波都擔等诣并州内属。"②"(714)七月丙辰,突厥鼠尼施首领参有及突骑施[首]领贺勒哥罗来降,命有司宴之,各赐帛五十匹。"③"明年(715),十姓部落左厢五咄六啜、右厢五弩失毕五俟斤及子婿高丽莫离支高交简、跌跌都督跌跌思泰等各率其众,相继来降,前后总万余帐。制令居河南之旧地;授高交简左卫员外大将军,封辽西郡王;跌跌思泰为特进、右卫员外大将军兼跌跌都督,封楼烦郡公。自余首领封拜赐物各有差。默啜女婿阿史德胡禄俄又归朝,授以特进。"④这些记载足以说明突厥汗国内部不稳定,大概汗国部众已厌倦默啜可汗常年征战及其统治。史料记载默啜为"既年老,愈昏暴,部落怨畔"⑤,确为实情。

在默啜可汗末期内乱中,铁勒诸部叛乱最为严重,尤其是铁勒拔野古部的叛乱,直接导致默啜可汗被杀以及阙特勤发动的"政变"。拔野古早在705—710年就已叛突厥汗国的统治。《阙特勤碑》东面第34行记载:"anta kisrä yir bayïrqu uluγ irkin yaγï boltï anï yañïp türgi yarγun költä buzdïmïz uluγ irkin azqiña ärin tazip bardï(此后,yir拔野古大俟斤成为敌人。把他击退,在türgi yarγun湖我们攻破了。大俟斤以少数人逃去了)。"据《阙特勤碑》记载,此事件大概发生于阙特勤二十一岁至二十六岁之间,即705—710年之间。估计这次反叛的规模不大,很快被突厥所镇压。但715年开始的铁勒诸部叛乱,对突厥汗国影响极深。据《阙特勤碑》北面第3—8行、《毗伽可汗碑》东面第29—31行记载,突厥与乌古斯(铁勒)诸部先后交战4、5次。汉文史料亦记载:"(715)其秋,默啜与九姓首领阿布思等战于碛北,九姓大溃,人畜多死,阿布思率众来降。"⑥

---

① 《旧唐书》卷99《张嘉贞传》,第3090页。
② (北宋)王钦若等:《册府元龟》卷977,中华书局影印本,1960年,第11481页。
③ 《册府元龟》卷974《外臣部·褒异》,第11443页。
④ 《旧唐书》卷194上《突厥传上》,第5172、5173页。
⑤ 《新唐书》卷215上《突厥传上》,第6048页。
⑥ 《旧唐书》卷194上《突厥传上》,第5173页。

"(715)十月,已未,授北蕃投降九姓思结都督磨散为左威卫将军,大首领斛薛移利殊功为右领军卫将军,契都督邪没施为右威卫将军,匐利羽都督莫贺突默为右骁卫将军,首领延陀薛(薛延陀)浑达都督为右威卫将军,奴赖大首领前自(白)登州刺史奴赖孝为左领军将军,跌跌首领刺史裴艾为右领军,并员外置,依旧兼刺史,赐紫袍、金带、鱼袋七事,彩帛各三百段,放还蕃。"①据此记载,这些部落降唐的时间为715年秋。又据突厥碑文记载,715年阙特勤、毗伽可汗与乌古斯交战结束之后,在 amyï quryan(或 mayï quryan)之地过冬,很明显其交战是在715年冬季之前,这与汉文史料所记思结等部降唐时间完全相符。所以认为,汉文史料所记铁勒部众降唐,就是突厥碑文所记突厥攻破乌古斯诸部所导致的。

据《阙特勤碑》北面第8—10行和《毗伽可汗碑》东面第31—33行记载,716年春,突厥军从过冬之地 amyï quryan(或 mayï quryan)分兵两路,阙特勤镇守汗国牙帐,毗伽可汗继续征讨乌古斯诸部。突厥卢尼文碑铭没有透露默啜可汗的行踪,但汉文史料对此记载较为详细,其载:"(开元)四年(716),默啜又北讨九姓拔曳固,战于独乐河,拔曳固大败。默啜负胜轻归,而不设备,遇拔曳固迸卒颉质略于柳林中,突出击默啜,斩之,便与入蕃使郝灵荃传默啜首至京师。"②默啜被九姓拔野古叛军击杀后,突厥汗国内部发生了"政变"。"骨咄禄之子阙特勤鸠合旧部,杀默啜子小可汗及诸弟并亲信略尽,立其兄左贤王默棘连,是为毗伽可汗。毗伽可汗以开元四年即位,本蕃号为小杀。性仁友,自以得国是阙特勤之功,固让之,阙特勤不受,遂以为左贤王,专掌兵马。"③默啜被杀之时,阙特勤正值镇守可汗牙帐。当他得知默啜被杀的消息,马上发动政变,杀死了默啜之子移涅可汗(即小可汗)以及他的诸弟、亲戚等,控制了牙帐。随后,阙特勤遣使送信至远征的哥哥默棘连。默棘连得知消息,立刻返回。默棘连抵达牙帐,与阙特勤相让汗位,最终默棘连即位,号毗伽可汗。阙特勤任"左贤王",统汗国兵马,成为可汗之

---

① 《册府元龟》卷974《外臣部·褒异》,第11444页。
② 《旧唐书》卷194上《突厥传上》,第5173页。
③ 《旧唐书》卷194上《突厥传上》,第5173页。

下最有权势的军事首领。看来，此时毗伽可汗和阙特勤二人治国，毗伽可汗治理部民，阙特勤专治兵马。毗伽可汗即位之初，最为迫切的任务就是继续平定铁勒诸部叛乱。

毗伽可汗即位之时，"奚、契丹相率款塞，突骑施苏禄自立为可汗，突厥部落颇多携贰"①，可见原先归属于突厥的奚、契丹和突骑施等此时均叛离而去。不仅如此，其他很多属部也在观望局势发展，叛服难定。在此紧要关头，毗伽可汗重用了岳父暾欲谷。暾欲谷是辅佐骨咄禄建立汗国的功臣，也经历了默啜可汗的统治时期，可谓经验丰富。他辅佐毗伽可汗时已年逾七十，但老当益壮，提出很多有益于汗国发展的策略。毗伽可汗听取其建议，驾驭汗国继续前行。据《毗伽可汗碑》东面第31—40行记载，毗伽可汗即位之后立即征讨乌古斯叛众②。这次乌古斯诸部与九姓鞑靼联盟，共同抵御突厥。毗伽可汗和阙特勤为此至少征战了两年③。结果，乌古斯和鞑靼联军战败，其部分南逃降唐，部分东逃，部分被毗伽可汗所获。

默啜可汗末期和毗伽可汗初期，突厥汗国经历了内乱及"政变"，国势明显减弱。毗伽可汗为了恢复势力，对周围地区发动了征服战争。毗伽可汗先是得到了投靠于唐朝的突厥降民，后又与暾欲谷入寇唐凉州，再获默啜时期降唐的突厥民众，于是声势大振，可谓"小杀（毗伽可汗）由是大振,尽有默啜之众。俄又遣使请和"④。毗伽可汗治国策略为尽量不与唐朝发生直接冲突，反而多次遣使至唐求和亲。据《毗伽可汗碑》记载，毗伽可汗在位期间也多次发动了扩张势力的战争，曾与葛逻禄、契丹、奚等交战。但因碑文残损严重，无法详细得知交战的时间和过程等。

732年，阙特勤卒（图三、图四）；734年，毗伽可汗被大臣梅录啜毒死。毗伽可汗死后，汗国发生了汗位争夺，国势极速衰退。毗伽可汗之后，其子伊然即位。伊然不久亦病死，后其弟登利即位。登利可汗年

---

① 《旧唐书》卷194上《突厥传上》，第5173页。
② 对于征讨乌古斯时间，因碑文损坏而不知确切时间。根据前后内容推测，应该是在毗伽可汗三十二岁（716）之时。
③ 据突厥卢尼文碑铭记载，毗伽可汗三十四岁（718）时仍在征讨乌古斯和鞑靼联军。但碑文损坏严重，不知具体交战多长时间。
④ 《通典》卷198《突厥中》，第5441页。

图三　阙特勤碑（蒙古国国立大学巴图图拉嘎教授提供图片）①

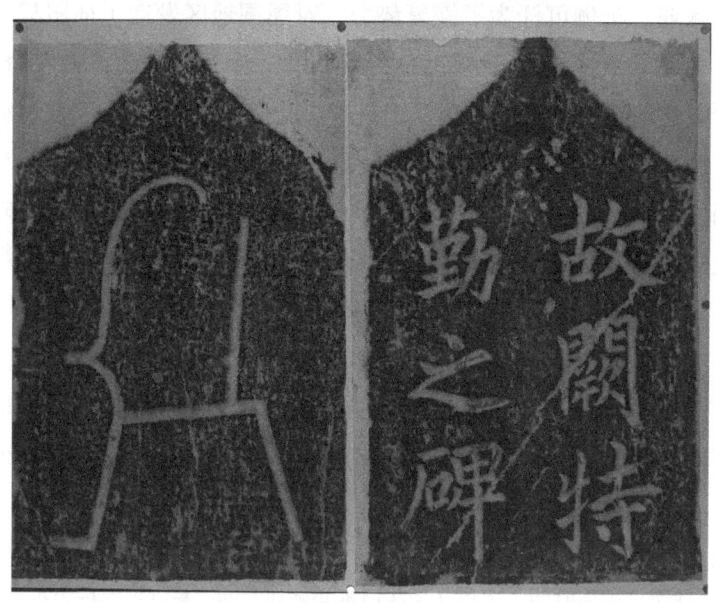

图四　阙特勤碑（局部）

① Battulga Tsend, Mönhtulga Rinçinhorol, Fatma Albayrak. Moğolistan'da Türk Ayak İzleri(Turkic Footprints in Mongolia). p42.

幼，其母为暾欲谷之女。登利母亲与小臣饫斯达干私通，且干预朝政，于是国人不服。登利可汗有两位从叔父，分别担任汗国左杀（设）和右杀（设），统率左翼和右翼兵马。741年，登利可汗与母亲密谋杀死了右杀，兼并其众。左杀（即判阙特勤）惧怕也被杀，故先下手杀了登利可汗。判阙特勤立毗伽可汗另一子为可汗，但被骨咄叶护（身份不明）所杀。骨咄叶护又立其弟（应该是毗伽可汗另一子），不久亦被杀。随后，骨咄叶护自立为可汗。经历了这一番汗位争斗①，汗国势力衰退可想而知，遂诸属部或是离散而去，或是反击突厥。

742年，拔悉密、葛逻禄和回纥起兵攻骨咄叶护可汗，杀之。随后三部结盟，立拔悉密首领为颉跌伊施可汗，回纥、葛逻禄分别为左、右叶护。突厥被拔悉密等袭击之后，默啜之孙勃德支特勤、毗伽可汗之女大洛公主、伊然可汗小妻余塞匐、登利可汗之女余烛公主及阿布思颉利发等率其部众降唐②。此时，蒙古高原的漠北地区已被拔悉密等三部占据，突厥残众被逼入漠南。漠南突厥余众立判阙特勤之子为乌苏米施可汗③，以其子葛腊哆为西杀。744年，拔悉密等三部击杀乌苏米施可汗。乌苏米施可汗之弟白眉特勤鹘陇匐自立，号白眉可汗。之后，回纥、葛逻禄击杀了拔悉密可汗，立回纥首领骨力裴罗为可汗，号骨咄禄毗伽阙可汗，建立汗国，史称回鹘汗国。745年，回鹘击杀白眉可汗。毗伽可汗之妻骨咄禄婆匐也率众降唐。至此，突厥第二汗国亡。突厥汗国的大部分人被新兴的回鹘汗国所统治，另一部分人则南迁降唐。

---

① 关于毗伽可汗死后汗位争夺具体过程，各史书记载不同，在此依据《新唐书》卷215下《突厥传下》内容进行大致梳理。
② 《旧唐书》卷194上《突厥传上》，第5178页。据《磨延啜碑》北面第4—9行记载，741年回纥等部落攻击突厥汗国，首胜于色楞格河附近，之后追击三姓突厥于漠南地区，突厥残众降唐。汉文史料所记突厥贵族携众降唐，应此战之后发生。
③ 关于乌苏米施可汗，汉文史料有两种记载，对此，《资治通鉴》胡三省注："《考异》曰旧传云：'左杀自立为乌苏米施可汗。'《唐历》《新传》皆云'判阙特勒子为乌苏米施可汗，天宝初立'；今从之。"（《资治通鉴》卷214《唐纪三十》，玄宗开元二十九年，第6844页）从《铁儿痕碑》所记"把他们的汗我俘虏了，在那里消灭了"和"乌苏米施特勤成为可汗"可知，突厥汗国被回纥等联军击败之后，原可汗被俘虏，而残众推举乌苏米施特勤为可汗，故"判阙特勒子为乌苏米施可汗"之说可信。乌苏米施可汗即位时间，汉文史料记载为天宝元年（742）。

第三节 西突厥汗国历史

突厥汗国长达 20 年的内讧最终导致了西突厥汗国的形成。西突厥汗国的真正建立者应该是土门系后裔泥撅处罗可汗，其时间应为达头可汗死后即 603 年以后。西突厥汗国是在室点密系汗国的基础上发展形成，泥撅处罗可汗之后，西突厥大可汗之位也转到室点密系，直到灭亡为止。

一、"西突厥汗国"形成问题

西突厥汗国的形成问题，一直是困扰学界且悬而未决。归纳前人研究观点，主要有 552 年室点密说[①], 582 年达头可汗说[②], 583 年阿波可汗说[③], 583 年后半年阿波说[④], 583 年达头可汗和阿波可汗联合说[⑤], 593 年泥利可汗说[⑥], 611 年或 612 年射匮可汗说[⑦], 鄂米利约夫的 603—604 年说，翟玉树的 599—608 年说[⑧], 等等。总结这些观点，学者们争论的焦点在于西突厥汗国建立的标志、建立者以及时间问题之上。换言之，西突厥汗国的建立是以什么大事件，或以什么可汗即位为标志？西突厥汗国的可汗是以木杆系还是以室点密系为正统？目前，学界倾向性较强的是 583 年说，但此说在汗国的创始者即阿波可汗还是达头可汗问题上仍

---

① 〔法〕沙畹著，冯承钧译：《西突厥史料》，第 1 页。欧洲学者基本持此观点。朱振宏：《西突厥与隋朝关系史研究（581—617）》，第 122、123 页。

② 段连勤：《关于西突厥与西突厥汗国早起历史的几个问题——兼与王讜同志商榷》，《新疆社会科学》1984 年第 3 期。

③ 〔日〕護雅夫：《古代トルコ民族史研究》第二卷，第 21 页；〔日〕松田寿男著，陈俊谋译：《突厥勃兴史论》，《古代天山历史地理学研究》，中央民族大学出版社，1987 年；〔日〕内田吟風：《北アジア史研究——鲜卑·柔然·突厥篇》；王讜：《阿波可汗是西突厥汗国的创始者》，《历史研究》1982 年第 2 期。

④ 林恩显：《突厥研究》，第 64 页。

⑤ 马长寿：《突厥人和突厥汗国》，第 29 页。

⑥ 薛宗正：《突厥史》，第 275 页。

⑦ 岑仲勉：《西突厥史料补阙及考证》，第 106—109 页；吴玉贵：《西突厥新考——兼论〈隋书〉与〈通典〉、两〈唐书〉之"西突厥"》，《西北民族研究》1988 年第 1 期。

⑧ 鄂米利约夫和翟玉树说，见林恩显：《突厥研究》，第 65 页。

有分歧。593年、603—604年以及611年或612年说，其实是583年说的延续，只是学者们对突厥汗国内讧爆发与持续的看法不同而产生了这些争议。

目前，学界在探讨西突厥汗国形成问题时，先是把突厥汗国构建成由土门系完全掌权的统一政权，之后由此再分出了西突厥汗国。这是值得商榷的。实际上，突厥汗国是由阿史那土门系和室点密系两个部分组成，土门系在东、室点密系在西。按照游牧民族传统，长者为尊，也就是土门系当为宗主，室点密系要服从。土门系不是直接统治室点密系，他们只是宗主关系，实际则各自为政，互不干涉内政（详见第四章第三节"突厥的分封制"）。土门系和室点密系也不是一开始就完全独立的两个汗国，所以完全独立的西突厥汗国一开始就存在的说法也不成立。

在汉文史料中，根据地理位置把土门系称为"北突厥"（位于中原王朝之北）或"东突厥"（位于室点密之东），阿波可汗系或室点密系称为"西突厥"（位于中原王朝和土门系之西）。汉文史料中的"北突厥"概念隋唐时期就有，而"东突厥"概念则大约出现于隋唐之后。如此看来，所谓的"东突厥"或"北突厥"和"西突厥"概念并非突厥人自己所定，而是中原政权根据突厥人的活动空间来区分称呼的概念。所以，突厥汗国自始就有独立的"东突厥汗国"（即指土门系）的看法并不成立。突厥人自己一直认为他们拥有一个统一的汗国，无论是第一汗国时期还是第二汗国时期都是如此。对此，《阙特勤碑》东面第1行所说"kisi oγlïnta özä äčüm apam bumïn qaγan istämi qaγan olurmïš（人类之上我的祖先布民可汗和室点密可汗统治了）"，把这一观念体现得淋漓尽致。还有，从突厥卢尼文碑铭所记内容中，丝毫看不出把某一部分当作独立的汗国或势力，而始终强调他们是个统一的汗国。即使后来形成了"西突厥汗国"，但未得到土门系的承认，他们始终认为所谓的"西突厥"是突厥汗国不可分割的一部分。因此，分析西突厥汗国形成问题时，不能以"固定模式"认识，而应以游牧政权的本身特性去探索。研究此问题的关键在于"西突厥"何时完全不服从大可汗即土门系政权，大可汗也对其完全失控；另，"西突厥"何时拥有自己的大可汗，何时形成完全独立的行政体系，以及何时与土门系政权变得毫无瓜葛等。

学界普遍认可西突厥汗国成立于583年说，其依据为《隋书·西突厥传》。《隋书》卷84《北狄传》中最早设《西突厥传》,其内容从阿波可汗(即大逻便)叛离沙钵略可汗(583)开始到隋末江都之乱(618)为止,共记四位可汗内容,即阿波可汗、泥利可汗、处罗可汗和射匮可汗,其中阿波可汗和泥利可汗史事一笔带过。有关阿波可汗的史事更多记在《隋书·突厥传》中。泥利可汗的史事,《隋书》的《突厥传》与《西突厥传》都没有过多记载。关于射匮可汗的史事,《隋书·西突厥传》只是在泥撅处罗可汗被赶出西突厥时提及,也没有过多记载。更有趣的是,611年或612年射匮可汗代替泥撅处罗可汗成为西突厥大可汗后,按常理《隋书·西突厥传》将详细记载射匮可汗的史事,但该传丝毫不提此事,反而仍叙述泥撅处罗可汗的史事,如泥撅处罗可汗降唐、被唐封为曷萨那可汗、随唐出征高丽等。泥撅处罗可汗是木杆可汗之孙,阿波可汗之侄[①],而射匮可汗是室点密之孙。《隋书》成书时(636)西突厥汗国还没有灭亡,当时是沙钵略咥利失可汗(即阿史那同俄,室点密系后裔)时期,且射匮可汗死后不到20年。还有,射匮可汗是隋朝扶位,射匮与隋朝关系密切。在这种情况下,《隋书·西突厥传》编纂者不可能找不到有关射匮可汗的材料。由此可见,《隋书·西突厥传》原本不是为室点密系后裔所设,而是为木杆可汗后裔所设的列传[②]。可以认为,《隋书·西突厥传》的"西突厥"概念是指土门系分支木杆可汗一系,而不是室点密系。后出史书设《西突厥传》时,在《隋书·西突厥传》的基础上增加其他新内容,尤其加了室点密一系内容后,混淆了木杆系和室点密系内容。在此,梳理后著史书对《隋书·西突厥传》所增加的新内容[③],以此说明相关史实。

《隋书·西突厥传》记载:

---

① 〔日〕大澤孝:《新疆イリ河流域のソグド語銘文石人について—突厥初世の王統に関する一資料》,第327—378頁。
② 吴玉贵:《西突厥新考——兼论〈隋书〉与〈通典〉、两〈唐书〉之"西突厥"》,《西北民族研究》1988年第1期;吴玉贵:《突厥汗国与隋唐关系史研究》,第33—37页。
③ 关于汉文史料所记西突厥专传和专条,前引吴玉贵《西突厥新考——兼论〈隋书〉与〈通典〉、两〈唐书〉之"西突厥"》一篇论文分析较为详细。在此便于理解,对比相关内容,并简要说明。

> 西突厥者，木杆可汗之子大逻便也。与沙钵略有隙，因分为二，渐以强盛。东拒都斤，西越金山，龟兹、铁勒、伊吾及西域诸胡悉附之。大逻便为处罗侯所执，其国立鞅素特勤之子，是为泥利可汗。卒，子达漫立，号泥撅处罗可汗①。

在这条记载中"西突厥"概念很明确，就指"木杆可汗之子大逻便"（大逻便即阿波可汗）及其泥利可汗和泥撅处罗可汗。大逻便与沙钵略矛盾发生于583年。大逻便离开沙钵略后，占据着东至"都斤"即于都斤山、西越"金山"（今阿尔泰山），控制着"龟兹、铁勒、伊吾及西域诸胡"。龟兹即今新疆维吾尔自治区库车，伊吾即今新疆维吾尔自治区哈密，铁勒应指居于准噶尔盆地的铁勒诸部，"西域诸胡"应指天山南部地区的诸胡。大逻便居地大致范围为杭爱山以西、阿尔泰山以南，包括准噶尔盆地及天山南部地区。需要注意的是，大逻便掌控这些地域是"渐以强盛"的结果，而刚与沙钵略分离时不可能拥有如此广阔的地域，他当初仅占据蒙古高原的西部地区，即仅统辖"旧部"。可见，《隋书·西突厥传》所记"西突厥"概念不是指室点密系，而是指木杆可汗子孙大逻便、泥利可汗和泥撅处罗可汗等，是土门系分支，其初居于蒙古高原西部地区，后来才越过阿尔泰山。

《北史·突厥传》记载：

> 西突厥者，木杆可汗之子大逻便也。与沙钵略有隙，因分为二，渐以强盛。东拒都斤，西至龟兹、铁勒、伊吾及西域诸胡悉附之②。

这段记载与《隋书·西突厥传》内容基本同，唯独把《隋书·西突厥传》的"西越金山"改为"西至"。

《通典·突厥下》记载（在此与《隋书·西突厥传》内容不同之处用下划线标出）：

> 西突厥大逻便。木杆可汗之子。初，木杆（应大逻便）与沙钵

---

① 《隋书》卷84《西突厥传》，第1876页。
② 《北史》卷99《突厥传》，第3299、3300页。

略可汗有隙，因分为二。大逻便即阿波可汗。其国居乌孙之故地，东至突厥国，西至雷翥海，南至疎勒，北至瀚海，在京师西北七千里。自焉耆国西北七日行，至其南庭；自南庭又正北八日行，至其北庭。铁勒、龟兹及西域诸国，皆归附之。……大逻便既为处罗便（应"侯"）可汗所擒，其国立鞅素特勤之子，是为泥利可汗。至其子达漫，号泥撅处罗可汗。即大逻便之种落，与北突厥处罗可汗号同，非一人也①。

《通典·突厥下》把《隋书·西突厥传》的"渐以强盛。东拒都斤，西越金山"删掉，增加了"其国居乌孙之故地"至"自南庭又正北八日行，至其北庭"的一段新内容（即引文下划线部分）。"东至突厥国"的"突厥国"是指土门系汗国，"西至雷翥海"的"雷翥海"学界一般认为是咸海。据此记载，当时"西突厥"已拥有从阿尔泰山以西直到咸海的广阔地域，且设"南庭"和"北庭"。又，《通典·突厥下》把这段内容就加在大逻便和泥利可汗交接可汗位之间，让人觉得大逻便时期就拥有了这些地域。《通典》成书于801年，比《隋书》晚165年。《通典》成书时所谓的"西突厥汗国"已灭亡，《通典》作者了解"西突厥汗国"发展全过程。"西突厥汗国"巅峰时期确实占据从阿尔泰山以西到咸海的广阔地域，也曾设夏都、冬都，即所谓的"南庭"和"北庭"。《通典·突厥下》作者把西突厥汗国巅峰时期的疆域放在大逻便时期叙述，让人误解为大逻便时期就有如此辽阔的疆土，这与事实不符。这些是《隋书·西突厥传》原本没有的新内容。《通典》混淆记载了大逻便刚脱离沙钵略时期和西突厥汗国巅峰时期的状况。

《旧唐书·突厥传下》记载：

> 西突厥本与北突厥同祖。初，木杆与沙钵罗可汗有隙，因分为二。其国即乌孙之故地，东至突厥国，西至雷翥海，南至疏勒，北至瀚海，在长安北七千里。自焉耆国西北七日行，至其南庭；又正北八日行，至其北庭。铁勒、龟兹及西域诸胡国，皆归附之。（中略）处罗可汗，隋炀帝大业中与其弟阙达设及特

---

① 《通典》卷199《突厥下》，第5452、5453页。

勤大奈入朝①。

《旧唐书·突厥传下》这段内容与《通典·突厥下》内容基本相同，没有新增内容，而是删掉了大逻便、泥利可汗和处罗可汗有关继位、身世等内容。

《册府元龟》②与《太平寰宇记》③有关西突厥兴起的记载与《通典》《旧唐书》基本相同，没有新增内容。《资治通鉴》有关西突厥兴起记载则与《隋书》记载相同④。

《新唐书·突厥传下》记载：

> 西突厥，其先讷都陆之孙吐务，号大叶护。长子曰土门伊利可汗，次子曰室点蜜，亦曰瑟帝米。瑟帝米之子曰达头可汗，亦曰步伽可汗。始与东突厥分乌孙故地有之，东即突厥，西雷翥海，南疏勒，北瀚海，直京师北七千里，由焉耆西北七日行得南庭，北八日行得北庭……菴罗后以让木杆兄子摄图，是为沙钵略可汗。而大逻便别为阿波可汗，自臣所部，沙钵略袭击之，杀其母，阿波西走达头。当是时，达头为西面可汗，即授阿波兵十万，使与东突厥战。而阿波竟为沙钵略所擒。……始，阿波既擒，国人立鞅素特勤子，是为泥利可汗。达头之奔，泥利亦败，及死，其子达漫立，是为泥橛处罗可汗⑤。

《新唐书·突厥传下》对前代史书记载内容的大幅改动，更是出现了内容混淆或错讹。例如，《通典》记载"其国居乌孙之故地"，《旧唐书》记载"其国即乌孙之故地"，而《新唐书》新改"始与东突厥分乌孙故地有之"，对前代史书记载增加了不少新内容。此外，《新唐书》说阿波可汗是被沙钵略所擒，但事实上他是被处罗侯可汗所擒。《新唐书》最大的

---

① 《旧唐书》卷194下《突厥传下》，第5179、5180页。
② 《册府元龟》卷958《外臣部·国邑第二》，第11278页；《册府元龟》卷967《外臣部·继袭第二》，第11371页。
③ （宋）乐史撰，王文楚等点校：《太平寰宇记》卷197"西突厥"，中华书局，2007年，第3767页。
④ 《资治通鉴》卷176《陈纪十》至德三年（585），第5482页。
⑤ 《新唐书》卷215下《突厥传下》，第6055、6056页。

改动是把西突厥的祖先说成室点密一系,这是前代史书原本就没有的内容。《新唐书·突厥传下》把室点密一系放到开头,紧接着叙述西突厥的可汗世系、疆域、风俗等,之后才叙述木杆可汗一系内容。这等于说西突厥自始至终就是室点密一系,而木杆可汗一系只是其中的插曲而已。这本不是《隋书·西突厥传》记载的内容。西方史学界依据《新唐书·突厥传下》记载,认为西突厥汗国自始至终属于室点密一系。但这是《新唐书》作者对原文内容的误解,故不足为据。

通过前文分析可知,在汉籍史书中《隋书》最早设《西突厥传》,《通典》在此基础上新增了一些内容,《新唐书》对前代史书所记内容改动最大。其他汉文史书则基本沿袭此三书内容而成文,没有更多新增内容。《隋书·西突厥传》基本上是木杆可汗一系内容,且重点放在了泥撅处罗可汗,而不包括室点密和达头可汗的内容。《通典·突厥下》新增了鼎盛时期的西突厥汗国版图内容,且把它说成了大逻便时期。《新唐书·突厥传下》则把西突厥可汗世系直接说成室点密一系,有些记载内容更是与前代史书内容完全不同。

"西突厥汗国"形成于583年之说,源于《隋书·西突厥传》记载,就是583年大逻便和沙钵略"有隙","因分为二"。对此,《通典·突厥上》记载:"(达头可汗)既而大怒,遣阿波(大逻便)率兵而东,与沙钵略相攻,于是分为东西部,自此分为二国焉。迭相侵掠。"[①]可见,《通典》作者确切地认为大逻便与沙钵略相攻,就是突厥汗国分裂为东西的原因。"西突厥汗国"形成于室点密时期之说,源于《新唐书·突厥传下》的记载,前文已指出,此说不足为据。学界有关"西突厥汗国"形成的其他诸说,都是根据前文分析史料中的某一个记载。那么,要分析"西突厥汗国"形成问题,先从史源材料即《隋书·西突厥传》入手,这应该是稳妥的研究方法。

《隋书·西突厥传》基本上记载了木杆可汗系内容,所以"西突厥汗国"的形成肯定与此有关。但《隋书·西突厥传》因未涉及室点密系内容,而不能认为"西突厥汗国"的形成与室点密系无关。其实,西突厥汗国的形成至少有几个发展阶段。其一,室点密守灶继承"家产",在西

---

① 《通典》卷197《突厥上》,第5405页。

域相对自主地治国；其二，土门系内讧，木杆可汗之子大逻便（即阿波可汗）与室点密系合流；其三，木杆系另立旗帜，与土门系分支乙息记系分道扬镳；其四，室点密系夺取木杆系汗位，之后直至灭亡为止汗位掌控在室点密系[①]。独立的"西突厥汗国"形成，即从土门系汗国完全分离出去，应在泥撅处罗可汗时期，从此与居于东边的乙息记可汗系突厥分疆而治，独立自主地发展。当然，乙息记系后裔并不承认所谓的"西突厥汗国"的独立存在，他们始终将其视为突厥汗国不可分割的一部分。

二、室点密继承"家产"及扩张势力

突厥人的崛起之地为准噶尔盆地，起初与铁勒诸部杂居。之后，突厥战胜铁勒，成为准噶尔盆地的主人。552年，阿史那土门东征蒙古高原，推翻柔然汗国，占据其地，建立了新的汗国。那么，土门建国东迁后，其原来的根据地准噶尔盆地是由谁来统治的？对此，学界尚未给出确切答案，多认为理应由土门统治，因为土门是整个汗国的统治者。但事实并非如此简单。

按《新唐书·突厥传》记载，土门父为吐务，突厥臣服柔然汗国时期任大叶护。吐务有两个儿子，即土门和室点密。土门东征时吐务已过世。按照游牧民族分家产观念，土门和室点密都要分得相应的"份子"。土门东征占据了蒙古高原。对室点密的情况，史料没有明确记载。土门东征时，也没有室点密随同出征的信息。在汉文史料中，由于有关室点密的记载甚少，所以，《旧唐书·突厥传》的一条史料就显得尤为重要，其曰：

> 初，室点密从单于统领十大首领，有兵十万众，往平西域诸胡国，自为可汗，号十姓部落，世统其众[②]。

学界一般认为，突厥大可汗派遣室点密率十万军西征，当他征服西域之后自为可汗。甚至更认为，是木杆可汗派遣了室点密率领十万军西

[①] 吴玉贵、朱振宏持此观点，但本文有些方面与其有所不同。吴玉贵：《突厥汗国与隋唐关系史研究》，第33—37页；朱振宏：《西突厥与隋朝关系史研究（581—617）》，第27—123页。
[②] 《旧唐书》卷194下《突厥传下》，第5188页。

征。仔细推敲这段史文，似另有新意。"初，室点密从单于统领十大首领，有兵十万众"之后应点句号①，这是室点密分得的"份子"，是从父亲吐务继承所得。在西方史料中把室点密称之为jibou即叶护，可见其西征时号为叶护（详后）。室点密叶护之号，应继承自其父亲，这也能说明室点密继承了父亲的家产。史料未载吐务具体有几个儿子，室点密是否有弟弟不清楚。假如室点密是幼子，按照游牧民族"幼子守灶"的家产继承习俗，他本应该继承父亲的大部分财产、属民及土地等。由此观之，室点密的"十大首领，有兵十万众"是继承家产所得，而不是哪个可汗派遣所致。那么，准噶尔盆地应该是室点密继承父亲而留守的故地。其实，室点密是因守灶继承了十大首领、十万军队及准噶尔盆地，并以此为基础"往平西域诸胡国，自为可汗，号十姓部落，世统其众"。换言之，室点密所统治的西域是在继承家业基础上进一步发展的结果，并不是从土门系分裂而出，更不是在土门之后某个可汗分给的疆域②。至此，可以这样总结土门与室点密兄弟二人的各自发展意图，大致为土门向东、室点密向西，之后各自建立政权，世袭统治，相对自主，互不干涉。把室点密与土门各自建立的政权，并不能视为分裂，这是游牧政权特有的封建统治制度。按照游牧民族"长者为尊"的传统，土门系为宗主，土门系可汗为"大可汗"，室点密系要服从，两者为宗主与从属关系。

按照《旧唐书·突厥传》所记"往平西域诸胡国，自为可汗"，室点密是征服西域诸胡国后才"自为可汗"。那他具体什么时候，又如何征服西域诸胡的呢？有关室点密西征，在汉文史料中仅有一条记载，但不能据此理解为室点密西征一次就成功了。按常理，西征应持续一段时间且多次交战之后才能完成。当时"西域诸胡"受嚈哒国统治。嚈哒国亦称滑国，"元魏之居桑乾也，滑犹为小国，属芮芮。后稍强大，征其旁国波斯、盘盘、罽宾、焉耆、龟兹、疏勒、姑墨、于阗、句盘等国，开地千余里"③。嚈哒国鼎盛时期占据着阿尔泰山之西、天山之南以及兴都库什山脉地区。嚈哒国南与波斯国为邻，经常因贸易纠纷而互相攻伐。突厥汗

---

① 中华书局点校本，在"有兵十万众"之后点逗号，应为句号才是。朱振宏：《西突厥与隋朝关系史研究（581—617）》，第69页。
② 朱振宏：《西突厥与隋朝关系史研究（581—617）》，第69页。
③ （唐）姚思廉：《梁书》卷54《滑国传》，中华书局，1973年，第812页。

国建立之初，也与嚈哒国因贸易问题而产生矛盾。于是，突厥汗国与波斯国联手夹击了嚈哒国。汉籍史料记载："俟斤又西破嚈哒，东走契丹，北并契骨，威服塞外诸国。其地东自辽海以西，西至西海万里，南自沙漠以北，北至北海五六千里，皆属焉。"① 俟斤即木杆可汗，土门之子，在位二十年（553—572）。据这条记载，征服嚈哒国是在木杆可汗时期，但实际征服者为室点密。

关于突厥西征，西文史料有记载。《陀拔（Tabari）纪年》记载："Sindjibou 可汗为最勇健之突厥可汗，统军最众，败嚈哒而杀其王者，即为其人。"对此，据沙畹考证，Sindjibou 就是汉文史料所记室点密叶护。《弥南之希腊史残卷》中说"Silziboul 可汗与嚈哒之战事甫终，即于562年宣告，行将往击 Avares"，还说"Dizaboul 可汗之使者，于568年来告嚈哒已灭"。Silziboul、Dizaboul 即 Sindjibou，该词之 ziboul、djibou 即"叶护"，此人应为室点密。如是，室点密击破嚈哒国的时间为 563—567年。当时突厥可汗嫁女于波斯王，与其联姻，夹击嚈哒。突厥与波斯战胜嚈哒国后瓜分其土，大致以阿姆河流域的铁门关为界，阿姆河以南波斯占领，阿姆河以北突厥占据。但后来突厥势力愈发强大，越过阿姆河，直达罽宾（Kaplica，喀布尔河流域地域）界，几乎占据了嚈哒国之全部领土②。

突厥西征者不是木杆可汗，通过汉文史料也可以印证。据西文史料记载，突厥西征的大致时间为 563—567年。在这段时间内，木杆可汗在蒙古高原，正与北周商讨联姻一事，准备联手攻打北齐。史载："（563年）周杨忠拔齐二十余城。齐人守陉岭之隘，忠击破之。突厥木杆、地头、布离三可汗以十万骑会之。"③ 木杆可汗是大可汗，而地头和布离是汗国左右小可汗。据记载，此战一直持续到次年。《周书·武帝阿史那皇后传》记载："保定五年（565）二月，诏陈国公纯、许国公宇文贵、神武公窦毅、南安公杨荐等，奉备皇后文物及行殿，并六宫以下百二十人，

---

① 《周书》卷50《突厥传》，第909页。
② 〔法〕沙畹著，冯承钧译：《西突厥史料》，第200—202页。
③ 《资治通鉴》卷169《陈纪三》文帝天嘉四年，第5237页。《周书·杨忠传》："突厥木汗可汗控（也）〔地〕头可汗、布（虽）〔离〕可汗等，以十万骑来会。"（《周书》卷19《杨忠传》，第318页）

至俟斤（即木杆可汗）牙帐所，迎后。"又载："天和三年（568）三月，后至，高祖行亲迎之礼。"①可见，565—568年木杆可汗在牙帐，一直与北周皇帝因嫁女问题而斡旋，不可能在此时间段率军西征。由此得知，突厥率军西征者不是木杆可汗，而只能是室点密。当然，室点密西征是在木杆可汗时期，木杆又是宗主、"大可汗"，所以，史料把这一史事记在了木杆可汗（即俟斤）身上也毫无问题。

室点密西征，战胜了嚈哒国，从而占据了阿尔泰山以西、天山南北麓、阿姆河以北、咸海以东的广大地区。室点密的更多史事，因史料匮乏而难以知晓。室点密卒于576年，其子玷厥即位，号达头可汗。其时更加强盛。达头可汗的强盛原因，与土门系内讧即阿波可汗的投奔不无关系。阿波可汗是木杆可汗之子，因未能继承汗位而与大可汗沙钵略发生矛盾，遂投奔于达头可汗。这就是前文所说的583年突厥内讧之事。达头可汗让阿波可汗居于准噶尔盆地一带。后来，阿波逐渐强盛，势力向外延伸，大致掌控蒙古高原西部、阿尔泰山地区以及东部天山南北地区。阿波投靠达头可汗，无疑使达头势力大增。当时突厥汗国的局势，"玷厥之于摄图，兵强而位下，外名相属，内隙已彰，鼓动其情，必将自战"②。玷厥即达头可汗，摄图即沙钵略可汗。"玷厥之于摄图，兵强而位下"，表明达头可汗虽然从属于沙钵略，但他已人马众多，比沙钵略实力强大。

达头与阿波联合东击，把沙钵略逼入漠南地区，沙钵略投靠了隋朝。沙钵略可汗卒，其弟处罗侯继位，号叶护可汗。叶护可汗以隋朝为后盾，西击阿波，并擒获之。之后，叶护可汗再次西击，大败西突厥，也曾攻入波斯③。在此次西击过程中，叶护可汗"中流矢而卒"，其时间为588年。继承叶护可汗者为沙钵略之子，即都蓝可汗。达头可汗与沙钵略可汗敌对，当然与其子都蓝可汗也不和，遂攻伐不断。但后来叶护可汗之子启民可汗投降于隋朝，对抗都蓝可汗。局势的转变使都蓝可汗与达头可汗化敌为友，联手对付启民可汗和隋朝。大约599年或600年，都蓝

---

① 《周书》卷9《武帝阿史那皇后传》，第144页。
② 《隋书》卷51《长孙晟传》，第1330页。
③ 岑仲勉：《突厥集史》（下），第511页。

可汗卒，于是达头可汗"夺取"土门系大可汗之位，号步伽可汗。这样，达头可汗成为突厥汗国的"大可汗"。室点密系即位"大可汗"且统治土门系汗国，实属史无前例。抛开达头即位突厥大可汗位是否"合法"，达头势力确实达到鼎盛，有继承大可汗的实力。但达头继承大可汗之位，破坏了突厥传统的治国体例，违背了祖先的汗位继承制，所以其内部矛盾加深，已至爆发的边缘。不仅土门系后人反对达头，达头"老营"也出现了反叛者。所以，达头刚即位步伽可汗，各种矛盾冲突就爆发，其统治很快瓦解，他自己本人也走投无路，逃亡于吐谷浑。

三、木杆可汗系与西突厥汗国的形成

达头即位步伽可汗，与启民可汗和隋朝交战，结果战败。按常理，达头战败后逃回本部，但奇怪的是他逃至吐谷浑。其实，这也是达头的无奈之举，因当时西突厥发生了统治贵族内讧以及铁勒诸部叛乱。达头可汗东征时，把后方交给泥利可汗和自己儿子叶护。泥利是鞅素特勤之子，在阿波可汗被捕后由其"国"人立为可汗。关于鞅素特勤身世，史料漏载。从"特勤"之号以及其"国"立其子泥利为可汗等情况来看，他应该是阿波可汗的直系亲属，即木杆可汗子孙。《通典·突厥下》中说，射匮可汗是泥撅处罗可汗即曷萨那可汗之"叔父"①。泥撅处罗可汗是泥利可汗之子，如此则射匮和泥利同辈。又，射匮是达头可汗之孙，都六之子；泥利是鞅素特勤之子。按《通典》说法，如果射匮可汗真是泥撅处罗可汗之"叔父"，那泥利可汗之父鞅素特勤则是达头之子。据此有学者更认为，都六和鞅素特勤是同一人，即室点密之孙②。对此，学者已指出，《通典》所记"叔父"不能理解为"胞叔父"，应是"从叔父"，都六和鞅素特勤不是同一人，鞅素特勤是木杆可汗系人③。这符合实际。

达头可汗约576年即位，603年投奔吐谷浑；泥利可汗587年或588年即位，约600年或之后被杀。可见，达头可汗和泥利可汗同时在位一

---

① 《通典》卷199《突厥下》，第5455页。
② 《西突厥史料》中说"鞅素特勤应为达头可汗之子。"〔法〕沙畹著，冯承钧译：《西突厥史料》，第19页。
③ 岑仲勉：《西突厥史料补阙及考证》，第120页。

段时间。如果泥利是达头之孙，那就是爷孙俩同时在位。这就难解为何达头可汗的儿子们或其他孙子们（如射匮）不能成为可汗，而唯独泥利成为可汗？若泥利是达头之孙，爷爷和孙子同时在位可汗也不符合游牧政权的汗位继承传统。更难解的是，泥利可汗继位于阿波可汗，是由阿波可汗的"国"人即阿波可汗的属民推举为可汗。阿波可汗是木杆可汗之子。如果泥利可汗是达头之孙，阿波可汗属民不可能推举他为可汗。因为游牧民族看重自己首领的血统与世系。所以，泥利可汗不是达头之孙，而是木杆可汗系人。

有关泥利可汗事迹，史料记载甚少。在土门系都蓝可汗时期，都蓝之妻大义公主曾与泥利可汗联合，欲攻隋朝。大义公主始终有报复隋朝的想法。她不仅劝说了都蓝可汗，也想联结泥利可汗。从大义公主欲联手泥利可汗来看，当时泥利可汗势力已很强大，在汗国有相当的统治力。

约600年或之后，泥利可汗卒，其子达漫立①，号泥撅处罗可汗。《隋书·西突厥传》记载："处罗可汗居无恒处，然多在乌孙故地。复立二小可汗，分统所部。一在石国北，以制诸胡国。一居龟兹北，其地名應娑。"②此处"复立二小可汗"值得推敲。泥撅处罗可汗"复"立二小可汗，说明在其父泥利可汗时期已设有二小可汗。"立二小可汗"，其上应有大可汗，也就是泥利可汗曾任"大可汗"。对于泥撅处罗可汗当"大可汗"还有一条史料可以证明。达头可汗之孙射匮为了击败泥撅处罗可汗而遣使至隋请婚，求支援。隋朝皇帝对射匮使者说："处罗不顺之意，称射匮有好心，吾将立为大可汗，令发兵诛处罗，然后当为婚也。"③可见，当时泥撅处罗可汗确实是大可汗。

位于新疆维吾尔自治区伊犁市昭苏县（Mongγol küriye）的突厥石人像两侧下方刻有粟特铭文（图五）。该铭文第6、7行记载："26年之后，

---

① 《隋书·西突厥传》记载："大逻便为处罗侯所执，其国立鞅素特勤之子，是为泥利可汗。卒，子达漫立，号泥撅处罗可汗。其母向氏，本中国人，生达漫而泥利卒，向氏又嫁其弟婆实特勤。"（《隋书》卷84《西突厥传》，第1876页）
《通典·突厥下》记载："其母向氏，本中国人，生达漫而泥利卒，而向氏又嫁其弟婆实特勤。"（《通典》卷199《突厥下》，第5453页）
② 《隋书》卷84《西突厥传》，第1876页。
③ 《隋书》卷84《西突厥传》，第1878页。

图五　泥利可汗石人像（作者拍摄于 2018 年 7 月）

木杆可汗之孙……年成为了大可汗。"①据大泽孝研究，"木杆可汗之孙"应指泥利可汗。如果此判断无误，泥利可汗任大可汗是事实。最近，从蒙古国辉素陀罗盖（Köisü toloγai）发现的婆罗米文碑铭已破译，其中也提及"泥利可汗"②。这说明当时泥利可汗确实有影响力，任大可汗可能属实。那么，泥利可汗什么时候成为大可汗？昭苏县石人像铭文中说"26年之后"，即木杆可汗死（572）后26年，那就是597年或其前后某个时间。

泥利可汗"成为大可汗"之时，突厥汗国局势非常动荡。597年时，突厥汗国有四位可汗，即达头可汗、都蓝可汗、泥利可汗和启民可汗。599年或600年都蓝可汗死，达头可汗夺位，成为突厥汗国的大可汗，即步伽可汗。不过，"达头自立为步迦可汗，其国大乱"③。"其国大乱"，史料没有明确说明具体情况，根据以后的发展局势来看，应指铁勒诸部

---

① 〔日〕大澤孝：《新疆イリ河流域のソグド語銘文石人について—突厥初世の王統に関する一資料》，第 327—378 頁。
② Alexander Vovin. An Interpretation of the Khüis Tolgoi Inscription. Journal Asiatique 2018, 306(2):141-151.
③ 《隋书》卷 84《突厥传》，第 1873 页。

叛乱和统治贵族内讧。如"是岁（仁寿元年，即601年），泥利可汗及叶护俱被铁勒所败"①。泥利可汗和叶护（达头之子）是达头可汗东征时镇守西域者，可见此时他们已被铁勒诸部所攻破。又，"开皇末（600），婆实共向氏入朝，遇达头乱，遂留京师，每舍之鸿胪寺"②。向氏，泥利可汗之妻，泥利死后，其弟婆实收继。婆实与向氏入朝后，因"遇达头乱"而不敢返回，说明向氏夫人与达头可汗之间有矛盾。这等于说泥利可汗与达头可汗有矛盾，其根源应该是争夺大可汗之位。也就是说，泥利可汗的确与达头可汗争夺过突厥大可汗之位。

据考古勘察，昭苏县石人像附近有大型墓葬遗址，研究者认为，这属于泥利可汗，说明泥利可汗常在昭苏县及其周围地区居住。昭苏县位于天山山脉中的盆地，高山草原，其北为伊犁河谷，其南就是塔里木盆地。学界一般认为此即"乌孙故地"。泥撅处罗可汗牙帐就在"乌孙故地"，在此继任大可汗。泥撅处罗可汗应该继承了泥利可汗时期的机制，即自己任大可汗，其下又设两小可汗，分统汗国东、西部。其西部小可汗居于"石国北"，即今乌兹别克斯坦首都塔什干之北，统治阿姆河以北地区；东部小可汗居于"龟兹北"，即今新疆维吾尔自治区库车县之北，统治天山以南地区。泥撅处罗可汗统治范围东起阿尔泰山、西达咸海的广阔地区，这就是以前的室点密和达头可汗的统治疆域。可以这样理解，此时泥撅处罗可汗已经"霸占"了室点密时期的统治地域。

泥撅处罗可汗对官制及祭祀仪式也做了改革，如"官有俟发、阎洪达，以评议国事，自余与东国同。每五月八日，相聚祭神，岁遣重臣向其先世所居之窟致祭焉"③。可见，泥撅处罗可汗独立自设汗国官制，又定祭祀神及祖先的礼仪制，其统治体系与"东国"即启民可汗统治的汗国相同。在此特别注意，泥撅处罗可汗自定祭祀神及祖先的仪式，说明他们已经独自祭拜祖先，与居于东边的突厥似无瓜葛。

从泥撅处罗可汗继任大可汗及自设二小可汗、官制、祭祀仪式等来看，泥撅处罗可汗时期已经完全独立于居东的突厥汗国，可以认为西突

---

① 《隋书》卷84《突厥传》，第1874页。
② 《隋书》卷84《西突厥传》，第1876页。
③ 《隋书》卷84《西突厥传》，第1876、1877页。

厥汗国形成之始。其实,居东的启民统治汗国也无力辖制泥撅处罗可汗。达头可汗死后,隋朝扶持启民继位突厥大可汗。不说启民可汗臣属于隋朝,隋朝也一直实施"远交而近攻"的策略,不愿看到突厥汗国统一的局面。在这种情况下,泥撅处罗可汗和启民可汗的分道扬镳,各自独立发展,无论从内在的矛盾还是外部环境来看都是不争的事实。另外,当时居于准噶尔盆地的铁勒诸部叛乱,将泥撅处罗可汗和启民可汗阻隔为二,他们想联络也难以实现。从此以后,史料中也很少出现东西部突厥进行联络、结盟的记载,一般是以征伐、交战的形式出现,说明他们已经彻底决裂、各自为政。

综上分析,西突厥汗国真正形成应在泥撅处罗可汗时期,也许在他的父亲泥利可汗时期已形成雏形。泥利可汗和泥撅处罗可汗是木杆系后裔,不是室点密系后裔。虽然按照突厥祖先体例,土门系和室点密系东西分疆治国,土门之子木杆系后裔不能直接统治室点密系部众,但这不能成为西突厥汗国形成与否的衡量标准。西突厥汗国的成立不是只看他的可汗血统问题,而是能否独立自主治国以及与宗主突厥汗国有无瓜葛才是真正的衡量标准。当然,作为宗主的土门系启民可汗及其后裔肯定不承认西突厥独立自主的存在,但事实面前他们也无能为力。更重要的是,室点密系射匮可汗在隋朝的扶持下夺取了泥撅处罗可汗之位,遂臣属于隋朝。这样,土门系汗国和室点密系汗国都臣属于隋朝。按照隋朝对突厥的策略,不可能将突厥汗国合二为一,二者并存才是隋朝所希望的。

四、室点密系夺位与西突厥汗国的兴衰

据史料记载,泥撅处罗可汗治国过于严苛,从而招致其属部的反抗。605年,泥撅处罗可汗打击铁勒诸部,加重税收,又疑薛延陀等部谋反,杀其酋长百余人。这直接导致铁勒诸部的反叛。铁勒契苾歌楞自称易勿真莫何可汗,居贪汗山(今天山东支博格达山),以薛延陀俟斤为小可汗,宣布独立,对抗突厥汗国。铁勒莫何可汗势力逐渐强盛,占领伊吾、高昌、焉耆等地,基本掌控了东部天山以及准噶尔盆地等地区。而泥撅处罗可汗战败,其势力向西收缩。

与此同时,泥撅处罗可汗也遭遇室点密系后裔的抵抗。达头可汗之子为都六(或作咄六),都六之子为射匮。射匮继承室点密系的可汗位,

但被泥撅处罗可汗压制，常有怨言。隋朝欲招降泥撅处罗，但他凭借汗国强盛，又以路途遥远为由，不为所动。反而，射匮欲得到隋朝支援，以谋取大可汗之位。这对于隋朝而言是个插手西突厥汗国的绝佳机会。610年，射匮使者来到隋朝求婚。隋炀帝许婚，并送密信至射匮，让射匮袭击泥撅处罗，隋朝从后方支援。射匮得到隋朝支持后，发兵攻泥撅处罗。泥撅处罗战败奔高昌，后又降隋，隋封为曷萨那可汗。唐朝建立之后，泥撅处罗又降唐，被封为归义郡王。之前，泥撅处罗与东突厥始毕可汗不和。因此，始毕可汗要求唐斩泥撅处罗，唐高祖无奈杀之。

泥撅处罗降隋后，射匮成为西突厥汗国的大可汗。这也意味着室点密系得到了大可汗之位。从此，西突厥汗国内部斗争有所缓和，势力开始复苏。射匮"即立后，始开土宇，东至金山，西至海，自玉门已西诸国皆役属之。遂与北突厥为敌，乃建庭于龟兹北三弥山"①。可见，射匮可汗统治着玉门关以西的西域地区。泥撅处罗可汗时期反叛的铁勒契苾、薛延陀部，此时也称臣于射匮。"西突厥射匮可汗强盛，延陀、契苾二部并去可汗之号以臣之。"②618年，射匮可汗卒，其弟统叶护可汗继位。

统叶护可汗有勇有谋，能攻善战，其实力更加强盛，称霸西域。统叶护可汗北并铁勒、西拒波斯、南接罽宾，征服西域诸国。统叶护任命西域诸国首领为颉利发，并派遣吐屯一官进行监督统治。统叶护统治初期，牙帐也设在乌孙故地。但他在统治后期，把牙帐移至碎叶城（今吉尔吉斯斯坦托克马克市一带），夏都设在石国北之千泉（今塔拉斯河流域）。统叶护可汗强盛时，东突厥颉利可汗也很强大，双方时和时分。627年，西突厥汗国统治下的葛逻禄反叛，与此同时，颉利可汗也威胁着统叶护可汗。不久，统叶护被其伯父杀害，西突厥汗国爆发内乱，属部反叛离散，贵族争夺汗位。

统叶护可汗被杀，居于阿尔泰山地区的铁勒薛延陀部首领夷男趁机叛离，率众东走，投靠颉利可汗。629年，夷男又与漠北铁勒诸部一起反叛颉利。随后，夷男称霸蒙古高原，建立了薛延陀汗国。夷男率众离开，无疑使西突厥汗国势力受损。除了铁勒，西域诸国也纷纷脱离西突

---

① 《旧唐书》卷194下《突厥传下》，第5181页。
② 《旧唐书》卷199下《铁勒传》，第5344页。

厥的控制。对于西突厥汗国而言更致命的威胁来自于统治贵族内部斗争，因而无暇顾及治国，逐步走向分裂、衰亡。

统叶护可汗的伯父原先是西突厥的小可汗。他杀统叶护后，自立为大可汗，号莫贺咄侯屈利俟毗可汗。西突厥属部之一弩失毕，欲以泥孰莫贺设为可汗，但泥孰推辞不受。统叶护可汗之子咥力特勤因莫贺咄（统叶护伯父）而避难于康居国。后来，泥孰迎咥力特勤，立为可汗，号乙毗钵罗肆叶护可汗。肆叶护可汗是统叶护可汗之子，所以得到部众的拥戴，莫贺咄可汗的部下也多来归附。由此，西突厥汗国形成了肆叶护和莫贺咄争夺大可汗位的局面。经一番较量，最终肆叶护获胜，成为西突厥汗国的大可汗。

肆叶护成为大可汗后，东与薛延陀汗国开战，结果战败。据史料记载，肆叶护没有雄才大略，且疑心过重，常常冤杀部下。当时西突厥汗国有乙利小可汗，无罪而被肆叶护杀死，且灭其族。当初，功臣泥孰把肆叶护推上可汗之位。但肆叶护即位后，忌惮泥孰，始终有除去之心。泥孰无奈躲避于焉耆。因此事，西突厥官民震骇，人心慌乱。632年，西突厥属部没卑达干和弩失毕二部联合袭击了肆叶护，肆叶护遁逃康居，不久卒。西突厥部众迎泥孰，立为大可汗，号咄陆可汗，亦称大渡可汗。咄陆可汗之父莫贺设，曾隶属于统叶护可汗①。咄陆可汗在位不长，于634年卒。之后，其弟同娥设立，号沙钵罗咥利失可汗。

咥利失可汗继位后，重新整治了汗国的统治体系。他把西突厥分为十部，每部一统帅，号称十设；每部赐一箭，故亦称"十箭（on oq）""十姓"等。他把十箭部落又分为左右厢，一厢为五部；左厢号五咄六部，置五大啜；右厢号五弩失毕部，置五大俟斤。五咄六部居于碎叶水（今楚河）以东，五弩失毕部居于碎叶水以西②。咥利失可汗想通过制度改革来转变颓势，但长年积累的错综复杂的矛盾短时间内无法调和。咥利失可汗改革不久就出现了反对者。咥利失被统吐屯（身份不明）袭击，无奈逃奔其弟步利设，保焉耆而居。统吐屯与阿悉吉阙俟斤欲立欲谷设（身份不明）为大可汗，以咥利失为小可汗。但是，统吐屯被人杀

---

① 《旧唐书》卷194下《突厥传下》，第5183页。
② 《旧唐书》卷194下《突厥传下》，第5184页。

死，欲谷设军也被打败，称汗未遂。咥利失可汗复得旧地，部落有所归附。638年，西突厥西部立欲谷设为乙毗咄陆可汗。乙毗咄陆可汗与咥利失可汗交战，难分胜负，两败俱伤。从此，西突厥汗国一分为二，以伊列河（今伊犁河）为界，伊犁河以西属乙毗咄陆可汗，伊犁河以东属咥利失可汗。

639年，咥利失可汗部下吐屯俟利发与欲谷设合谋作难，咥利失可汗奔拔汗那（今费尔干纳），不久去世。弩失毕部酋帅迎咥利失可汗之弟伽那之子薄布特勤为可汗，号乙毗沙钵罗叶护可汗。沙钵罗叶护可汗与乙毗咄陆可汗相攻，最终被乙毗咄陆击杀。从而乙毗咄陆可汗控制了整个西突厥汗国。但弩失毕部不满，不服从其统治。乙毗咄陆自恃兵强，攻破吐火罗，又攻唐朝安西都护府统辖之地。乙毗咄陆因部下泥孰啜擅自取物而杀之，于是泥孰啜部下胡禄居袭击乙毗咄陆，国内大乱。641年，西突厥屋利啜等酋帅请求唐朝废乙毗咄陆而立新可汗。唐朝遂以莫贺咄乙毗可汗（乙屈利失乙毗可汗）①之子立为可汗，即乙毗射匮可汗。乙毗射匮可汗即位，弩失毕部复得势。乙毗射匮派遣弩失毕部袭击了乙毗咄陆可汗，乙毗咄陆西奔吐火罗国。653年，乙毗咄陆可汗卒。乙毗射匮可汗后来也被阿史那贺鲁所替代。

阿史那贺鲁是室点密后裔②，曳步利设③射匮特勤之子。贺鲁原属乙毗咄陆可汗，任叶护一职，居于多逻斯川（今塔拉斯河）。当乙毗射匮可汗攻打乙毗咄陆可汗时，贺鲁被迫降唐，时为648年。唐朝让贺鲁居于庭州（今新疆维吾尔自治区吉木萨尔一带）。650年冬，贺鲁与子咥运叛唐西逃，占据乙毗咄陆可汗之地，自称沙钵略可汗，建牙于双河（塔

---

① 岑仲勉认为，此应该是小可汗。岑仲勉：《西突厥史料补阙及考证》，第128页注22。
② 《新唐书·突厥传下》记载，贺鲁是室点密可汗五世孙（《新唐书》卷215下《突厥传下》，第6060页）。岑仲勉质疑此说。无论从汉文史料对后代的计数法，还是从室点密到贺鲁的时间来看，贺鲁不可能是室点密五世孙，而四世孙即玄孙是有可能的（岑仲勉：《西突厥史料补阙及考证》，第121—123页）。岑仲勉又指出，阿史那步真、阿史那弥射也不可能是室点密五世孙，有可能是四世孙。
③ 沙畹指出，此人即咥利失可汗之弟步利设。对此，岑仲勉反驳，此二人不可能为同一人。岑仲勉：《西突厥史料补阙及考证》，第123、124页。

拉斯河流域），夏营地为千泉。贺鲁以子咥运为莫贺咄叶护。贺鲁把西突厥部众重新编制为十姓，与咥利失可汗时期相同。652年，唐将梁建方、契苾何力率领回纥军攻破贺鲁。653年，乙毗咄陆可汗之子真珠叶护与弩失毕五部袭击贺鲁，破之。657年，唐遣苏定方、任雅相、萧嗣业以及瀚海都督府回纥婆闰等大军西击贺鲁，贺鲁败而出逃石国。石国人擒贺鲁，送唐军，唐军携回至京师。659年，贺鲁卒。至此，西突厥汗国的阿史那氏独立自主的统治基本结束。

自统叶护可汗之后，西突厥汗国一直处于内乱中。室点密系后裔或外部落首领为夺取大可汗之位而相互杀戮，有权有势的贵族或部落也参与其中，使局面变得混乱不堪。从627年统叶护可汗被杀到657年贺鲁被擒为止，短短三十年间，更替了七八位大可汗，其间也出现了相对独立的小可汗。正如唐朝皇帝所言"自西蕃罹乱，三十余年"①。在这内乱中有势力的部落充当重要的角色，如弩失毕部，很多可汗的登基与其有关。这从另一方面充分说明西突厥大可汗的权势在下降，而属部势力正在崛起。正因如此，西突厥汗国阿史那氏统治结束后出现强势部落当政，即突骑施部。当然，以前隶属于西突厥的其他部落也开始崛起，形成独占一方的部落联盟，如葛逻禄、拔悉密等。

五、西突厥的后续发展

657年，唐朝征服西突厥汗国，其地设六个都督府，其下又设州。六个都督府之上又设崑陵、濛池二都护府，其隶属于安西都护府。崑陵都护府以阿史那弥射（室点密五世孙）为都护，又号兴昔亡可汗，统辖五咄六部；濛池都护府以阿史那步真（弥射之族兄）为都护，又号继往绝可汗，统领五弩失毕部。662年（龙朔中），步真谋害弥射，吞并其部。步真死于乾封年间（666—668）。671年，唐朝让阿史那都支（身世不详）安抚西突厥。677年，都支自号十姓大可汗，与吐蕃联合叛唐。679年，唐裴行俭擒获都支，平息叛乱。此后西突厥势力日渐衰弱，二部之间隔阂加重，部落离散。

唐武则天临朝，西突厥基本处于无主状态，部落散失严重。685年，

---

① 《旧唐书》卷194下《突厥传下》，第5188页。

唐派遣弥射子元庆继任父亲官职，即崐陵都护府都护，统领五咄六部；步真子斛瑟罗继任父亲官职，即濛池都护府都护，统领五弩失毕部。692年，元庆被来俊臣谋害。693年，西突厥立阿史那俀子（身世不详）为可汗。俀子与吐蕃联合，经常寇唐朝边境。699年，唐朝以斛瑟罗为平西军大总管，镇抚西突厥。但此时突骑施首领乌质勒占领西突厥之地，斛瑟罗不敢归，率众六七万人居于唐。705—707年（神龙年间）斛瑟罗死于长安。

703年，唐朝任命元庆之子献继其父职，即崐陵都护府都护，兼任安抚招慰十姓大使。704年，斛瑟罗之子怀道继承父亲职位，即濛池都护府都护。但当时西突厥局面混乱，五咄六部落也被东突厥默啜可汗和突骑施乌质勒侵占，献始终不敢归旧地。怀道也虽然即位，但他也不敢返回五弩失毕部。献死于长安。

自唐垂拱年间（垂拱元年为685年）开始，西突厥之地逐渐被东突厥默啜和突骑施部乌质勒所侵占。虽然唐朝任命元庆和斛瑟罗继承其父亲官职，继续统辖崐陵、濛池都护府，但实际上其地被默啜和乌质勒侵占，他们无法回本部。此时，突骑施乌质勒已自称可汗，占领了原西突厥汗国的大部分领土。突骑施统治三十余年，即突骑施苏禄于739年死后数年，唐朝又以怀道之子昕为十姓可汗，想恢复阿史那氏的统治。唐朝遣兵护送昕至碎叶城，但被突骑施莫贺达干所杀。昕被杀，意味着西突厥室点密系阿史那氏的统治彻底终结。正如《新唐书》作者所言，"西突厥遂亡"①。照实说，阿史那氏从元庆和斛瑟罗开始就已失去在原西突厥汗国领土上的统治，其后的继承者只是在唐朝的扶持下存名而已。取代西突厥阿史那氏统治的突骑施是西突厥分支。

突骑施是西突厥十姓之一，首领乌质勒时开始强盛。乌质勒原属于斛瑟罗部，任莫贺达干。斛瑟罗统辖部落无道，滥用酷刑，部民恐慌。乌质勒招慰部众有方，远近部落归附者较多，势力日渐崛起。乌质勒居于碎叶城，其下设十二个都督，每都督领兵七千人。他的领地东北到突厥（指突厥第二汗国），西南接诸胡，东南与唐朝接壤。708年，乌质勒卒，其子娑葛代统其众。709年，娑葛之弟遮弩因获得的领地较少而叛入突厥，且为默啜可汗向导，攻娑葛。默啜可汗在遮弩的引领下，率军

---

① 《新唐书》卷215下《突厥传下》，第6066页。

攻突骑施，大破之，杀娑葛。与此同时，默啜以不忠君主为名杀死了遮弩。之后，娑葛部下苏禄收集突骑施部众，自立为可汗。

苏禄是突骑施别种首领，原娑葛之车鼻施啜。苏禄治国有方，赏罚分明，绥抚有法，遂部落多来投服，众有十二万。苏禄对外尽量避免交战，以和睦为主。他与唐朝、突厥和吐蕃皆建立了联姻关系，娶三国公主为可敦。苏禄在位将近三十年间，突骑施内部相对稳定，发展稳步。苏禄非常节俭，爱护部下，所得财物尽量平分，与众共享。苏禄分封数子为叶护，任其领地内自由统辖。在这种统治模式下，突骑施势力发展迅速，成为西域地区不可忽视的力量。但这种统治模式在当时的游牧封建社会当中存在着隐患，就是国库储备较少，中央集权过于松散。一旦发生危机或战争，就会措手不及，难以应对。苏禄晚年也意识到这一隐患，于是想改革制度，把所得收入集中积存于国库。但对以前制度习以为常的属部而言，这种改革肯定会导致不满。后来，苏禄病倒，人心涣散，其属部不像以前一样效忠于苏禄。当时，苏禄部下中势力较强者为莫贺达干和都摩度。739年，莫贺达干、都摩度杀死了苏禄。之后，都摩度背叛莫贺达干，立苏禄之子吐火仙为可汗，居于碎叶城，与莫贺达干对峙。莫贺达干与唐军联合打败了都摩度和吐火仙。从此，莫贺达干统领突骑施，自为可汗。后来，唐安西节度使夫蒙灵詧击杀了莫贺达干。

这时突骑施百姓也分为黑姓、黄姓，娑葛之后为黄姓，苏禄之后为黑姓①。先是黑姓占优。742年，突骑施部以黑姓伊里底密施骨咄禄毗伽为可汗；753年，黑姓又以登里伊罗密施为可汗，统领突骑施。756—758年（至德年间）开始，突骑施分裂，黑姓、黄姓各自立可汗，自相攻伐。766—779年（大历年间）以后，突骑施衰弱，葛逻禄强盛。突骑施领土逐渐被葛逻禄占据，部众也逐渐被吞并。

葛逻禄属铁勒部之一，原居于阿尔泰山北部地区的车鼻施部之西。葛逻禄由三姓部落组成，即谋落（或谋剌）、炽俟（或婆匐）和踏实力，故亦称之为"三姓叶护"。葛逻禄逐渐强盛之后，征服突骑施，南迁至天山之北，牙帐设于碎叶城，成为新的西域霸主。至此，西突厥分支突骑施的统治也退出了西域，葛逻禄取而代之。

---

① 《新唐书》卷215下《突厥传下》，第6068页。

第四章 突厥的政治制度

突厥汗国的政治制度主要继承于前代政权，尤其是继承自柔然汗国者多，但也保留着自身的特色。突厥祭祀圣地"于都斤"是汗国政治制度内容之一。突厥社会的基本组织形式为部落制，汗国统治模式为左右翼分封制。突厥大可汗的继承制度，应该是游牧部落联盟推举首领的传统与汗国建立后阿史那氏专政统治相互糅杂的结果。

第一节 突厥祭祀圣地"于都斤"

"于都斤"之地对于突厥人而言意义重大，此地不仅是突厥汗国的政治中心，也象征着突厥汗国的存亡。突厥人把"于都斤"之地视为"地神"，汗国每年祭祀此地（关于祭祀时间和地点，见第六章第一节突厥的宗教信仰）。可以认为，突厥汗国祭祀圣地"于都斤"已成为政治制度，以此达到巩固统治和提升汗国凝聚力的目的。

一、"于都斤"对突厥汗国的意义

对于突厥汗国而言，"于都斤"是个圣地，象征其存亡。对此，史料记载有佐证，"初，延陀将灭，有丐食于其部者，延客帐中，妻视客人而狼首，主不觉，客已食，妻语部人共追之，至郁督军山，见二人焉，曰：'我神也，薛延陀且灭。'追者惧，却走，遂失之。至是果败此山下"[①]。"狼首"神人应指突厥人，因突厥人的祖先为狼，他们崇拜狼。突厥第一汗国灭亡的主要原因是薛延陀人的反叛及攻击，所以突厥人始终有报复薛延陀之想法。突厥人用此故事寓意，薛延陀汗国将在于都斤山（郁督军山）之下灭亡，突厥人在此地复活。可见，突厥人把于都斤山当

---

① 《新唐书》卷217下《薛延陀传》，第6139页。

作自己存亡的象征。

《阙特勤碑》南面第 3 行记载（《毗伽可汗碑》北面第 2 行）："türk qaγan ötükän yïš olursar iltä buŋ yoq（如果突厥可汗居住在于都斤山林，国家没有忧愁）"；南面第 4 行记载（《毗伽可汗碑》北面第 3 行）："il tutsïq yir ötükän yïš ärmiš（建立国家之地是于都斤山林）"；南面第 8 行记载（《毗伽可汗碑》北面第 6 行）："ötükän yïš olursar bäŋgü il tuta olurtačï sän türk bodun toqraqïq sän（如果住在于都斤山林，你们将建立永久的国家而居住，你们突厥百姓将满足）"。这些足以证明，在突厥人的心目中，永居于都斤山林就意味着拥有无忧无虑的生活，代表着国家将永存。

圣地"于都斤"是突厥汗国的政治中心，是突厥大可汗的牙帐所在地。突厥以"于都斤"之地为统治中心，当然考虑到了它的自然环境和交通便利条件等，但还有个更重要的因素是，通过共同的祭祀达到汗国统一和加强凝聚力的目的。从这个角度而言，于都斤山是突厥人崇拜的圣山，也是部落与汗国统一的象征。突厥阿史那氏通过祭拜圣山，达到加强统一思想和汗国凝聚力。"于都斤"一词本义为"地神"，这也符合突厥阿史那氏以"神力"加强统治的需求。

二、"于都斤"前人研究的评述

"于都斤"，汉文史册亦作"都斤""乌德犍""乌德建""德建""乌特勤""乌都鞬""乌罗德健""郁督军""乞督军"等①。这些不同汉字皆音译于突厥语 ötükän 一词，对此，学界已基本达成共识。但学界对"于都斤"的地望考释仍是众说纷纭，莫衷一是。概括起来主要有《水道提纲》的杭爱山东脉说，俞浩《西域考古录》的于都斤乃阿尔泰山、乌德犍乃杭爱山说，丁谦的都兰哈拉山说，汤姆森（Thomsen）的杭爱山或南阿尔泰山东部说，夏德（F. Hirth）和白鸟库吉的元代和林山说，伯希和、王国维和山田信夫的杭爱山总称说，岑仲勉的杭爱山主峰说，冯承钧的塔米尔河及鄂尔浑河发源处之杭爱山一部说，薛宗正的克鲁伦河发

---

① 在引文材料或特别说明之处保持原文的写法之外，文章中将统一采取"于都斤"之写法。

源地巴音乌拉山说等①。

把于都斤山和乌德犍山认为两山之说，不符史料记载。《资治通鉴》载："考异曰：勣传作'乌德犍山'。唐历云即'郁督军山'；房语两音也。铁勒传云：'至于天山。'今从唐历。"②郁督军山即于都斤山。可见，胡三省已指出"于都斤山"和"乌德犍山"实指一山，同名异译。

把于都斤山考证为阿尔泰山的观点也存在疑问。《突厥语大辞典》解释ötükän一词："鞑靼沙漠中的地名，离回鹘较近。"③《突厥语大辞典》成书于11世纪70年代。当时回鹘已退出蒙古高原，大部分西迁至东部天山一带，蒙古高原被鞑靼所占据。所以，喀什噶里所谓的"鞑靼"是指蒙古高原上的蒙古语族部落，所谓的"回鹘"是指以高昌（今新疆维吾尔自治区吐鲁番市）为中心的回鹘部落。从"鞑靼沙漠中的地名"可知，于都斤山位于蒙古高原，而不可能在西域。所以，把于都斤山考订为阿尔泰山说不能成立。

于都斤山在克鲁伦河发源地说，依据为此地有温都尔汗城。"温都尔"即蒙古语ündür，词义为"高"。ündürkän（ündür+kän）与ötükän音近，故有此说。但没有其他史料作为依据，仅凭音近而得出的结论，难以让人信服。

于都斤山即都兰哈拉山说也很难成立。都兰哈拉山位于土拉河与鄂尔浑河汇流处，无论从史料记载还是考古发掘来看，于都斤山不可能位于都兰哈拉山一带。

通过以上排查，诸说中只剩下杭爱山说，这也是目前学界基本公认的一种说法。但问题是，杭爱山连绵千里，所谓的于都斤山是指全部山

---

① 以上诸说，参见岑仲勉：《外蒙于都斤山考》，《突厥集史》（下），第1076—1090页；〔苏联〕波塔波夫：《古突厥于都斤山新证》，《唐代九姓胡与突厥文化》，第231—247页；〔日〕山田信夫：《テュルクの聖地ウトュケン山——ウトュケン山に関する覚書1》，《北アジア遊牧民族史研究》，第59—71頁；刘义棠：《突回研究》，第499、500页；冯承钧原编，陆峻岭增订：《西域地名》（增订本），中华书局，1980年，第72页；薛宗正：《突厥史》，第132页。

② 《资治通鉴》卷198《唐纪十四》贞观二十年，第6238页。

③ Mahmūd al-kāšγarī. Compendium of the Turkic dialects(Dīwān Luγāt at-Turk), I. p. 159.

脉，还是指部分山脉，还是特指某个山峰或某山林地区。另外，ötükän 之词义，以及"于都斤"和"于都斤山"概念有没有区别，学界也没有透彻的解释。这些是学者争论的焦点。

三、"于都斤"地望

关于"于都斤"之地，《周书·突厥传》记载内容极为重要：

> 可汗恒处于都斤山，牙帐东开，盖敬日之所出也。每岁率诸贵人，祭其先窟。又以五月中旬，集他人水，拜祭天神。于都斤四五百里，有高山迥出，上无草树，谓其为勃登凝黎，夏言地神也①。

考释于都斤山者皆引用这条史料，但理解不尽相同。后代史书引用或转抄这条史料时，有所改动。《北史》《通典》《册府元龟》等史书把"于都斤四五百里"的"四"当作"西"②。有学者指出《北史》等后代史书的修改正确③。支持此说者，把"于都斤"或"都斤"先设定为某座山，然后以此山为坐标再寻找所谓的"西五百里，有高山迥出"的"勃登凝黎"山。据此观点，"于都斤山"和"勃登凝黎"山是两座山。那么，"高山迥出"的"勃登凝黎"山是指今杭爱山之最高峰的话，"于都斤山"位于此山之东五百里。这就是"于都斤山"指杭爱山脉东部观点的来源。

实际上，在这条史料所记"于都斤山"和"勃登凝黎"山的关系，当为"于都斤山"绵延"四五百里"，或是某山脉中的"四五百里"，突厥活动于其中。而"迥出"之"勃登凝黎"为"可汗恒处"之山，是大可汗牙帐所在，也属于"于都斤"山林。这座山在整个山脉中"迥出"，按照词义解释，当为"迥耸""迥拔"之意，在山脉中比较突出、耸高，且特点为"上无草树"。其实，史料本义为，在"于都斤"之中就有"高山迥出，上无草树"的"勃登凝黎"山。

---

① 《周书》卷50《突厥传》，第910页。
② 《周书》卷50"列传第四十二"校勘记〔一三〕，第923页。
③ 〔法〕伯希和著，冯承钧译：《中亚史地丛考》，《西域南海史地考证译丛》，第122页。

"勃登凝黎"之"登凝黎"音译于 täŋri 一词。täŋri 即"神"或"天"之义。"勃登凝黎"山可以理解为天山或天神山。果然，汉文史料记载了位于蒙古高原上的天山，如"寻又领兵击九姓突厥于天山"①。又，"勋率九姓铁勒二万骑至于天山"②。这里所说天山不是指位于今新疆维吾尔自治区境内的天山，而是指位于蒙古高原漠北地区的天山③。"登凝黎"山即天山，可见，"勃登凝黎"山也就是天山。又，前引《资治通鉴》胡三省注释，于都斤山即天山。那么，所谓的"天山""于都斤山""勃登凝黎"山实指一山。由此看来，把"勃登凝黎"山和"于都斤山"当作两山的观点不符实际。所以，质疑《北史》《通典》《册府元龟》等所记"于都斤西五百里"即把"四"改为"西"的说法没有依据。

突厥卢尼文碑铭上 ötükän 一词经常与 yiš、yir 词连在一起使用。突厥语 yiš，《突厥语大辞典》解释为"斜坡、倾斜"④，通常也翻译为"山林"；突厥语 yir 即"地"之义。那么，ötükän yiš 即"于都斤山坡"或"于都斤山林"，ötükän yir 即"于都斤之地"。由此可见，ötükän 一词不是仅指某个山峰⑤。前引《突厥语大辞典》ötükän 词条中说 ötükän 是指"鞑靼沙漠中的地名"，《史集》亦载克烈部冬营地有 ötükän 河⑥。显然，"于都斤"不是某个山峰之专称，而是指有山有水的一片区域。那么，《周书·突厥传》所记"于都斤四五百里"确有道理，是指于都斤之地面有四五百里。《北史》《通典》《册府元龟》作者可能由于"于都斤"的"于"字而误解史源材料本义。《周书》之后成文的史书，记载"于都斤山"时，有时把"于都斤"的"于"字删除，如《隋书·突厥传》中记"治都斤山"、《新唐书·突厥传》中记"建廷都斤山"等。显然，这

---

① 《旧唐书》卷 83《薛仁贵传》，第 2781 页。
② 《旧唐书》卷 199 下《铁勒传》，第 5348 页。
③ 岑仲勉：《外蒙于都斤山考》，《突厥集史》（下），第 1080、1081 页。
④ Mahmūd al-kāšγarī. Compendium of the Turkic dialects(Dīwān Luγāt at-Turk), Ⅱ. p. 221.
⑤ 〔日〕山田信夫：《テュルクの聖地ウトュケン山—ウトュケン山に関する覚書 1》，《北アジア遊牧民族史研究》，第 59—71 页。
⑥ 〔波斯〕拉施特著，余大钧、周建奇译：《史集》（第一册第一分册），商务印书馆，1983 年，第 207 页。

些记载把"于"字理解成了虚词。对此,学者已指出,古人译音,择字不严,《隋书》作"都斤",显是修书者误"于"为表义,故从删削①。

考释于都斤山地望,《蒙古游牧记》中有条线索。张穆引方观承《松漠草诗》来解释杭爱山,其曰:"颃霭为喀尔喀境内名山,松多、泉美,其最高峰曰鄂讬浑腾格里,译言少天也。"②颃霭山即今杭爱山。"腾格里"是 täŋri 之音译,即登凝黎山、天山。"鄂讬浑",张穆解释为"少"。蒙古语 otqun 就是"幼""少"之义,如幼子即 otqun köbegün。如今蒙古国仍把杭爱山最高峰称为"鄂特冈腾格里峰(Отгон Тэнгэр)"(图六),此名即《蒙古游牧记》所记"鄂讬浑腾格里"峰。可见,这就是汉文史料所记位于蒙古高原的天山,即"勃登凝黎""于都斤山"。otqun 词义为"守灶""守家""守土"等,täŋri 即"神""天神",那 otqun täŋri

图六　鄂特冈腾格里峰(Отгон Тэнгэр)(蒙古国国立大学巴图图拉嘎教授提供图片)③

---

① 岑仲勉:《外蒙于都斤山考》,《突厥集史》(下),第 1077 页。
② (清)张穆撰,张正明、宋举成点校:《蒙古游牧记》,山西人民出版社,1991年,第 151 页。
③ Battulga Tsend, Mönhtulga Rinçinhorol, Fatma Albayrak. Moğolistan'da Türk Ayak İzleri(Turkic Footprints in Mongolia). p.18.

（少天）词义应该是众神中守家或守土之神，这与《周书·突厥传》所记"勃登凝黎山"即"地神"完全吻合（详后）。

于都斤山不可能是指杭爱山的东部山脉即和林山。《亦都护高昌王世勋碑》记载："数与唐人相攻战，久之乃议和亲，以息民而罢兵。于是唐以金莲公主妻可汗之子葛励的斤，居和林别力跛力答（哈），言其常所居山也。又有山曰天哥里干答哈，言天灵山也；南有石山曰胡的答哈，言福山也。"① 此碑上半部分损坏，幸好《道园学古录》《元文类》《武威县志》等收录其全文。此碑内容《世界征服者史》《元史·巴而术阿而忒的斤传》等也曾引用。学者认为，"天哥里干答哈"的"干"是"于"字之误，即"天哥里于答哈"，是 täŋri ötükän 之音译。其实不然，学界公认"胡的答哈"是突厥语 qut taq（突厥语 qut 即"福"之义，taq 即"山"之义）之音译，"答哈"即 taq 之音译。那"天哥里干答哈"的"答哈"也应该是 taq 的音译，"天哥里干"是 täŋrikän（täŋri+kän）之音译，词缀 -kän 是对山的尊称。täŋrikän taq 即碑文中所说"天灵山"，这与《周书·突厥传》所记"登凝黎山"不谋而合。可见，此"天灵山"就是汉文史料中的漠北天山，即于都斤山。"和林别力跛力山"应位于今蒙古国哈拉和林苏木一带，即今杭爱山脉东部地区。此碑明确记载，"和林别力跛力山"和"天灵山"是指两座山，不能视作同一座山。

于都斤山具体地理位置，新旧两《唐书》有记载。《旧唐书·回纥传》记载："开元中，回鹘渐盛，杀凉州都督王君㚟，断安西诸国入长安路，玄宗命郭知运等讨逐，退保乌德健山，南去西城一千七百里，西城即汉之高阙塞也。"② 《新唐书》参考了这条记载，其曰："后三年，袭破拔悉蜜，斩颉跌伊施可汗，遣使上状，自称骨咄禄毗伽阙可汗，天子以为奉义王，南居突厥故地，徙牙乌德鞬山、昆河之间，南距西城千七百里，西城，汉高阙塞也。"③ 《新唐书·地理志》记载："东有平野，西据乌德鞬

---

① 黄文弼：《亦都护高昌王世勋碑复原并校记》，《文物》1964 年第 2 期，第 34—39 页。
② 《旧唐书》卷 195《回纥传》，第 5198 页。
③ 《新唐书》卷 217 上《回鹘传》，第 6114 页。

山，南依嗢昆水，北六七百里至仙娥河，河北岸有富贵城。"① 乌德鞬山即于都斤山，嗢昆水即今鄂尔浑河。据考古发掘，位于今蒙古国后杭爱省哈拉和林苏木的哈喇八剌哈孙（qara balɣasun）古城遗址就是回鹘汗国都城。此古城位于鄂尔浑河上游和杭爱山之间，与"西据乌德鞬山，南依嗢昆水"所记吻合。按照这一记载，于都斤山是指鄂尔浑河上游地区即杭爱山东部是没有问题的。但问题在于回鹘建国之初可汗牙帐并不在鄂尔浑河上游一带，而是在色楞格河上游或其支流地带。哈喇八剌哈孙古城是后来迁居的都城。《新唐书》记载是把后来的都城位置当做了回鹘汗国刚建立时期的可汗牙帐所在地。关于回鹘可汗牙帐所在及其迁徙，卢尼文碑铭中有相关记载。

《铁尔痕碑》西面第 1 行记载："ötükän kedin učïnta tez bašïnta örgin\\\\（在于都斤之西端，在 tez 河源，牙帐……）。"突厥语 kedin 是"后方、西方"之义，ötükän kedin 即于都斤之西或后方。tez 河，今蒙古国境内的特斯（тэс）河，发源于杭爱山西段，注入乌布苏湖（убс нуур）。突厥语 örgin 有宝座、御座、王位、帝位等义，在此是指可汗所居牙帐。由此得知，回鹘牙帐最初在"于都斤"之西，特斯河之源。可见，于都斤山是在特斯河之源以东地区。《铁尔痕碑》西面第 2 行记载："ulu yïlïqa ötükän ortusïnta aš öŋüz baš\\qan ïduq baš kedinintä yayladïm örgin bunta yaratïtdïm（龙年，在于都斤之中，在 aš öŋüz 河源、…qan ïduq baš 之西，我过了夏天。牙帐在这里建了）。""龙年"即 752 年。此 ötükän ortusïnta（在于都斤之中）的牙帐，应该是把于都斤之西的牙帐迁至此地。此牙帐的具体位置在 ïduq baš 之西。突厥语 ïduq 义为"圣"，baš 义为"头""山峰"，ïduq baš 可以翻译为"圣峰"。…qan ïduq baš 的 qan 前面的字符损坏，具体指什么并不清楚。《磨延啜碑》东面第 9 行中说："\\\\ aš öŋüz bašï anta ïduq baš kedintä yavaš toquš bältirintä anta yayladïm örgin anta yaratïtdïm（……在 aš öŋüz 河源那里，在 ïduq baš 之西 yavaš 河和 toquš 河汇流处，那里我过了夏天。牙帐那里我建了）。"从"在 ïduq baš 之西 yavaš 河和 toquš 河汇流处"来推测，ïduq baš 确指某个山峰，翻译为"圣峰"没有问题。ïduq baš（圣峰）位于于都斤之地，这应该是

---

① 《新唐书》卷 43 下《地理志七下》，第 1148 页。

杭爱山最高峰即"天灵山""天山""勃登凝黎"山，也就是《蒙古游牧记》所记"鄂託浑腾格里"①。

从卢尼文碑铭所记"于都斤之西"和"于都斤之中"可知，当初"于都斤"之地包括杭爱山脉中西段，以圣峰"勃登凝黎""天山""于都斤山"即今"鄂讬浑腾格里"为中心的地带，而不是单指杭爱山脉东段。

四、"于都斤"释义

学界对 ötükän 词义的解释有很多种，如汤姆森的 Kazan-Tatar 语 ütkin（锋利），拉德洛夫（Radloff）的回鹘语 ötü（选择、选举），班格（Bang）的经行之山，白鸟库吉的满语或达斡尔语 učiken（小），岑仲勉赞同白鸟库吉说②，也有 ötükän 一词最初含义是"女主宰，火的女主宰"③，等等。符拉基米尔佐夫利用古蒙古语材料，把 ötükän 词义考释为"土地、土地圣母、地神"，亦指出"萨满之神"这一可能④。伯希和也认为 ötükän 一词肯定与蒙古语 ätükän、itükän（萨满教之土地女神）有关⑤。在符拉基米尔佐夫和伯希和的研究基础上，波塔波夫充分利用现代图瓦族和阿尔泰山地区的民族学材料，进一步论证了此观点⑥。但前人没有解答古代突厥人为何把杭爱山最高峰称为"于都斤"的原因。

《周书·突厥传》记载"勃登凝黎，夏言地神也"。"登凝黎"（täŋri）

---

① 《辽史·游幸表》："（924年）次回鹘城。猎于野鸟笃斡山，幸回鹘城。"（元）脱脱等：《辽史》卷68《游幸表》，中华书局点校本，1974年，第1039页。回鹘城，即回鹘汗国都城哈喇八剌哈孙，学界认定即今位于蒙古国后杭爱省哈拉和林苏木古城。据岑仲勉考证，"鸟笃斡山"乃"乌笃斡山"之讹，此山即隋唐人所说的于都斤山。岑仲勉：《外蒙于都斤山考》，《突厥集史》（下），第1083页。
② 以上诸说，见岑仲勉：《外蒙于都斤山考》，《突厥集史》（下），第1087页。
③ 阿扎提·依佐拉：《试谈古代突厥语 ötükän 一词词源》，《语言与翻译》1996年第2期，第64—67页。
④ 〔苏联〕波塔波夫：《古突厥于都斤山新证》，《唐代九姓胡与突厥文化》，第235、236页。
⑤ 〔法〕伯希和著，冯承钧译：《中亚史地丛考》，《西域南海史地考证译丛》，第123页。
⑥ 〔苏联〕波塔波夫：《古突厥于都斤山新证》，《唐代九姓胡与突厥文化》，第237—245页。

即"天""神"之意。关于"勃"字，暂且无法释读①。"勃登凝黎"即"地神"之义，那"于都斤"也应有此意。古蒙古语 ätügän、ötükän 就是"地""地母"之意②。据学者研究，蒙古语 ätügän 应该是个突厥语单词，源于突厥卢尼文碑铭中的 ötükän③。可见，突厥语 ötükän 之义也是"地""地母"，此即"地神"。

总之，ötükän 音译为"于都斤"，其义为"地""地母""地神"。"勃登凝黎"即"天山""天灵山"，位于"于都斤"之地，故亦称之为"于都斤山"。"勃登凝黎"即今杭爱山脉最高峰"鄂讬浑腾格里"峰。鄂讬浑腾格里峰常年积雪，这与《周书·突厥传》所说"高山迥出，上无草树"完全吻合。于都斤之地或于都斤山林，是指以鄂托浑腾格里为中心的山林及周围地区。这是"于都斤"地理概念的最初本义。但后出史书一般把"于都斤山"概念用于泛指今整个杭爱山脉，与原义稍有区别。

突厥人祭拜圣地"于都斤"有着深远的政治意义。举国祭拜于都斤山，代表着有共同的地神，突厥大可汗以此号召诸部落，达到汗国统一、团结部族目的，各部落也以此表示认同、服从统治的意愿。所以认为，突厥祭祀圣地"于都斤"也是汗国政治制度内容之一。

第二节 突厥的社会结构与官职

突厥社会的基本组织结构为部落制，官制除了自己特有的部分之外，

---

① 伯希和曾把它构拟为 bod，其义为"帝位"，或者广义上可训为"国土"。但又指出，虽然把"勃"解释为国土，"勃登凝黎"即国土之神，这也很难让人满意。在此认为，该词可能与蒙古语 boqta 同源。蒙古语 boqta 具有"顶峰""圣峰"之意。
② 《元朝秘史》第 113 节有"额客额秃格（äkä ätügän 母地行）"，第 190 节有"温都儿额秃格惕（öndür ätügäd 高处）"，第 201 节有"温都儿额秃坚（öndür ätügän 高地）"，第 245 节有"答亦儿额秃格（dair ätügän 大地）"，第 254 节有"阔里速台额秃坚（kürisütei ätügän 地皮地）"，第 255 节有"斡脱坚额客（ötögän äkä 地母）"等。《元朝秘史》有时把"额秃坚"记为"斡脱坚"，这是在蒙古语口语中，词首元音 ä 经常被词中元音 ü 所逆同化而变成 ö 元音，如 äbül → öbül（冬天）、ädür → ödür（白天）等。
③ 宝音德力根：《成吉思汗葬地"大斡秃克"及相关的几个问题》，《内蒙古社会科学》1997 年第 2 期，第 29—35 页。

其他基本上继承于前代政权，尤其是继承自柔然汗国者多。

一、突厥的社会结构

突厥社会由牧民、家族、氏族、部落等几个层次构成，其社会组织为部落制。《暾欲谷碑》第二石东面第5、6行记载："özüm qazyantuqïm üčün il yämä il boltï bodun yämä bodun boltï（我自己努力的缘故，国家成为国家，人民成为人民）"。这条史料非常典型地体现了突厥汗国的"国"与"人民"概念。突厥语 el 或 il 表示"国"，汉文史料中音译为"伊利""颉利"等。据学者研究，el 是具有政治含义的一个有权力的机构、组织、秩序的国家概念[①]。根据突厥卢尼文史料记载，el 不仅用于国家概念，也用于指某个分封地或某个地域，可见，el 亦有"领地"或"地域"等意。因此，把 el 可以理解为"国家""领地""地域"等，是包含一定的地域及相应的属民，有组织或有君主、有统领的行政概念。

古突厥语 bodun 具有"人民""百姓"之意。bodun 词干 bod 则直接反映着突厥社会组织的基本特征，即部落制。《暾欲谷碑》第二石北面第2行记载："türk sir bodun yirintä bod yämä bodun yämä kisi yämä idi yoq ärtäči ärti（在突厥—薛人民的土地上，差点没有 bod、bodun 和 kisi）"。bod、bodun（人民）和 kisi（人）是由大往小排列，可见，在这里 bod 一词用于"氏族""部落"。bod 一词后来读音变为 boy，以表示氏族部落之义而普遍使用于突厥语族部落中。由 bod 派生的词 bodun，即"人民""百姓"之义。bodun 一词也用于"国家""政权""民族"概念，如 türk bodun（突厥）、tabɣač bodun（中国）、taŋyut bodun（党项）等。游牧社会以"人"为基础，所以"国家""政权"等概念一般基于"人群"。与此相仿，蒙古语的 ulus（国）一词也具代表性。ulus 本义为"人群"，但一般用于"国家"概念。蒙古语中称呼人民或百姓为 irgen，在古代社会中也用于"政权""国家"等政治概念。由此可见，"人"是古代游牧社会结构的最基本要素。正因如此，古代游牧政权，在此地消亡而彼地复燃，往往此消彼长。如突厥政权之外，匈奴、柔然、回鹘、契丹、蒙古等游牧政权，在蒙古高原上的政权覆灭，而在其他地方复燃新的政权，

---

① 〔日〕護雅夫：《古代トルコ民族史研究》第一卷，第95頁。

其根本在于社会组织以"人"为基础。对于游牧民族而言，统治地域虽然被占领，但只要"人民"不消亡，其政权和社会组织仍在，就可以在他处重建。

el 指"国"，bodun 指"百姓"，这两个词都可用于表示国家和人民的意思。在此仔细推敲后认为，el 表达土地概念为主，即表示"国土""领地"；而 bodun 表达人众概念为主，即表示"国民""百姓"。

突厥社会的组织结构为部落制。所谓的部落制，是以单个或多个氏族形成部落，部落成为基本的行政单位。氏族以血缘为纽带，以男性世系为干系。突厥语中表示"姓氏"或"氏族"之义的词为 oγus。oγus 词根 oγ，意为"根源"。蒙古语 oγ 也是"根源""源头"之义。在突厥语中，有时以 oq 一词表示"姓氏""氏族"，如 on oq（十箭）。oq 一词本义为"箭"，用于指以氏族为单位的军事组织机构。这也体现了游牧社会一般以氏族部落为军事组织单位的特性。西突厥 on oq 是以十个氏族部落组成的行政单位，也是军事组织机构。

突厥"部落"，由"落"组成"部"。在汉文史料中，有关突厥"落"的记载较多，实指牧户，或军事组织的最小单位。例如，唐常山王承乾"又好突厥言及所服，选貌类胡者，被以羊裘，辫发，五人建一落，张毡舍，造五狼头纛，分戟为阵，系幡旗，设穹庐自居，使诸部敛羊以烹，抽佩刀割肉相啖。承乾身作可汗死，使众号哭剺面，奔马环临之"[①]。"五人建一落，张毡舍""设穹庐自居"等记载来看，所谓的"落"是指突厥牧户或军事组织，且每"落"大概由五人组成。实际上，游牧民族的成年男性就是武士，所以在古代游牧社会中牧户和军事组织也难以明确区分。突厥语 är 是指男人，也指武士，这说明成年男性就是武士。由此可见，突厥社会是由血缘关系的氏族形成"部"，"部"由一定数量的"落"构成，从而形成中央和地方的基本行政与军事单位。

突厥社会有 ordu 制。ordu 所在地称为 yurt。《阙特勤碑》北面第 9 行记载："toquz ärin sančdï orduγ birmädi ögüm qatun ulayu öglärim äkälärim käliŋünim qunčuylarïm bunča yämä tirigi küŋ boltačï ärti ölügi yurtda yolta yatu qaltačï ärtigiz（把九人刺杀了。把 ordu 没给他们。我的母亲可敦和

---

① 《新唐书》卷 80《常山王承乾传》，第 3564、3565 页。

母亲们①、姐姐、妻子、公主们等，你们将有生命的成为奴婢，死去的则留在yurt里)"。这是阙特勤打退了敌人，保护住了ordu和yurt以及人们之后所说的一句话。据此可以看出，ordu里居住着可敦、母亲、姐姐、妻子、公主等可汗家族的女性。从敌人欲袭击ordu来看，ordu应该有相应的财产和军队。又依据游牧经济特点来推理，ordu拥有相当富饶且较为广阔的游牧领地。据记载，ordu所在地称为yurt，可以理解为"营地""驻地"等。在《史集》中yurt一词常出现，一般指某个部落的领地或驻地。现代突厥语中yurt一词是"国家"概念。由此可知，yurt一词是指可汗或部落首领牙帐所在地或领地，具有"营地""驻地""领地"等义，甚至可以表达"国土""国家"等。那么，可敦拥有ordu，也拥有相应的财产和军队，也有相应的领地yurt。

突厥汗国的行政制度为分封制，以可汗牙帐为中心，向外形成层层的统治圈。突厥整个汗国是"阿史那氏"黄金家族的所有财产，更为具体说的话，即属于土门和室点密家族。阿史那土门和室点密家族是突厥社会的核心，其他所有氏族部落都要服从他们的统治。突厥汗国的分封制，主要分三个内容。其一，汗国的直辖区域内施行分封阿史那氏家族成员，分给相应的领地和属民，封号为"可汗"（即小可汗）或"设"等。其二，对于周边从属部落则派遣"吐屯"官员，与当地部族官员一起统治，如对铁勒、契丹、室韦等部族的统治。其三，对于相对独立或实力雄厚的部族，封其首领为"可汗"或其他官职，并以联姻的手段使其达到归顺目的，如对黠戛斯、葛逻禄、突骑施等部族的统治②。

"联姻"是阿史那氏所采取的统治方式之一。阿史那氏与较有实力或较为古老的氏族，以建立联姻方式，达到有效控制目的。在突厥汗国中，与阿史那氏联姻的氏族地位相对较高，有时也辅佐阿史那氏的统治。在这种联姻统治模式中，阿史德氏就是个典型的例子。最为古老的突厥起源传说中就有阿史那先人与阿史德联姻的记载，在之后的史料中更是常见。阿史德氏在突厥汗国中的地位仅次于阿史那氏，且参与到汗国的统治阶层。

---

① ögüm qatun和öglärim：应该是亲生母亲和非亲生母亲。
② 以上三种分封制，参见〔日〕護雅夫：《古代トルコ民族史研究》第一卷，第95頁。

二、突厥的官职

突厥汗国的官职，部分因袭于柔然汗国，部分则本民族独有。关于突厥的官职，汉文史册有记载，其中较为集中且详细者为《周书》《通典》。

《周书·突厥传》记载：

> 大官有叶护，次（没）[设]，次特（勒）[勤]，次俟利发，次吐屯发，及余小官凡二十八等，皆世为之①。

《通典·突厥上》记载：

> 土门遂自号伊利可汗，后魏太武帝时，蠕蠕主社仑已自号可汗，突厥又因之。犹古之单于也，号其妻为可贺敦，亦犹古之阏氏也。其子弟谓之特勤，别部领兵者谓之设，其大官屈律啜，次阿波，次颉利发，次吐屯，次俟斤。其初，国贵贱官号凡有十等，或以形体，或以老少，或以颜色、须发，或以酒肉，或以兽名。其勇健者谓之始波罗，亦呼为英贺弗。肥粗者谓大罗便。大罗便，酒器也，似角而粗短，体貌似之，故以为号。此官特贵，惟其子弟为之。又谓老为哥利，故有哥利达官。谓马为贺兰，故贺兰苏尼、阙，苏尼，掌兵之官也。谓黑色者为珂罗便，故有珂罗啜，官甚高，耆年者为之。谓发为索葛，故有索葛吐屯，此如州郡官也。谓酒为匐你热汗，热汗掌监察非违，釐整班次。谓肉为安䔿，故有安䔿贝泥，掌家事如国官也。有时置附邻可汗，附邻，狼名也，取其贪杀为称。亦有可汗位在叶护下者，或有居家大姓相呼为遗可汗者，突厥呼屋为遗，言屋可汗也②。

---

① 《周书》卷50《突厥传》，第909页。《隋书·突厥传》记载："官有叶护，次设，次特勤，次俟利发，次吐屯发，下至小官，凡二十八等，皆世为之。"（《隋书》卷84《突厥传》，第1864页）关于此段突厥官职的记载，其他后出史书，均转抄于《周书·突厥传》《隋书·突厥传》。

② 《通典》卷197《突厥上》，第5402、5403页。

对于上引史料内容，学者已做详细考证①。尤其是关于突厥不同官号的来源，即《通典》所记"或以形体，或以老少，或以颜色、须发，或以酒肉，或以兽名"等，韩儒林先生考证得非常详细，此不赘述。在此主要对可汗、可敦、特勤、设、俟斤、俟利发、吐屯、叶护等官号做简明扼要的考述，也对个别官号做些词义探源。

可汗 《通典》记载"土门遂自号伊利可汗，犹古之单于也"。"伊利"即il或el的音译，"国"之义。"可汗"即qaγan之音译，就像古代匈奴政权之最高首领"单于"。"可汗"是突厥汗国的最高首领，由阿史那氏世袭。

对于突厥"可汗"之号，《通典》作者杜佑解释说"后魏太武帝时，蠕蠕主社仑已自号可汗，突厥又因之"。这等于说，突厥"可汗"之号因袭于柔然汗国。的确，柔然汗国的建立者社仑"自号丘豆伐可汗"，从此"可汗"成为国家最高首领的称号。"可汗"等于中原王朝的"皇帝"，即"'可汗'犹魏言皇帝也"②。按"蠕蠕之俗，君及大臣因其行能即为称号，若中国立谥，既死之后，不复追称"③，可汗生前就有"号"，犹比中原王朝的"谥"，如社仑可汗号"丘豆伐"、斛律可汗号"蔼苦盖"等。

虽说表示汗国首领之"可汗"号始于柔然，但"可汗"号在柔然之前就已存在，比如鲜卑人就用此号。据《魏书·吐谷浑传》记载，吐谷浑因"马斗相伤"而与其弟若洛廆产生矛盾，率部西迁，之后若洛廆后悔，派遣使者七那楼追至吐谷浑，欲让他返回，七那楼"乃跪曰：'可汗，此非复人事。'"④吐谷浑是若洛廆之兄，同父异母，慕容鲜卑人。吐谷浑率众迁徙至今天的青海湖附近，后来形成了吐谷浑族。七那楼把吐谷浑称为"可汗"，说明这是慕容鲜卑人对部落酋长的称呼。《宋书·吐谷浑传》又载："楼（七那楼）喜拜曰：'处可寒。'虏言'处可寒'，宋

---

① 韩儒林：《突厥官号考释》，《穹庐集》，第355—378页；〔日〕護雅夫：《古代トルコ民族史研究》中相关官职的专题考释。
② 《魏书》卷103《蠕蠕传》，第2291页。
③ 《魏书》卷103《蠕蠕传》，第2291页。
④ 《魏书》卷101《吐谷浑传》，第2233页。同传又载："伏连筹死，子夸吕立，始自号为可汗。"（《魏书》卷101《吐谷浑传》，第2240页）可见，吐谷浑也把自己首领称为"可汗"。

言尔官家也。"① 据此,"处"即"尔"(你),类似于现代蒙古语 či (你); "可汗"即"官家",是指部落首领。"处可汗"应为 či qaγan,意思为 "你是可汗"。前引《通典》记载:"亦有可汗位在叶护下者,或有居家大姓相呼为遗可汗者,突厥呼屋为遗,言屋可汗也。""遗"应该是突厥语 äb(后来变为 äv)的音译,其义为家、屋。据此可知,"可汗"之号也用于家族之首领。由此可总结出,"可汗"最初用于家族、氏族、部族之首领,后来则用于国家首领。

拓跋鲜卑也把自己的首领称为"可汗"。443 年,北魏皇帝祭祀祖先的嘎仙洞石壁祝文中有"可寒""可敦"词汇②,证明拓跋鲜卑人确用此号。拓跋鲜卑人主中原前及建立北魏之初,他们把自己的首领称为"可汗"。后来,北魏逐渐接受中原王朝的正统思想,把"可汗"号改为"皇帝"。

突厥汗国之后,在蒙古高原上兴起的回鹘汗国、大蒙古国等都用"可汗"之号称呼自己的最高首领。今天的蒙古人仍使用 qaγan 一词。

可敦　"号其妻为可贺敦,亦犹古之阏氏也","可贺敦"音译于 qatun,指可汗之夫人,相当于匈奴政权的"阏氏",中原王朝的"皇后"。前引嘎仙洞祀文中亦有"可敦"一词,说明拓跋鲜卑人也用此称。《南齐书·索虏传》记载拓跋鲜卑人称皇后为"可孙",《魏书·吐谷浑传》作"恪尊",《魏书·蠕蠕传》作"可贺敦"等。这些足以证明"可敦"之称与"可汗"一样,在鲜卑人当中使用。"可敦"之称原先也应该指家族、氏族、部族酋长之夫人。

特勤　"其子弟谓之特勒","特勒"即"特勤"之误③。"特勤"音译于 tigin,突厥汗国中用于可汗之子弟。据《突厥语大辞典》tegin 此条解释,"特勤"一词原义为"奴隶",后来逐渐演变为可汗家族子弟们专用尊称。其转变过程,如可汗子弟们请示某一件事或写奏折时,谦称自己为"奴隶",这样该词就成了他们的专用的尊称④。这与中原皇子自称"儿

---

① 《宋书》卷 96《鲜卑吐谷浑传》,第 2369 页。
② 米文平:《鲜卑石室寻访记》,山东画报出版社,1997 年,第 55 页。
③ 韩儒林:《突厥官号考释》,《穹庐集》,第 370—372 页。
④ Mahmūd al-kāšγarī. Compendium of the Turkic dialects(Dīwān Luγāt at-Turk), I. p.314.

臣"相似，"臣"在其最初之意就是"奴隶"，而后成为尊称。

"特勤"是可汗子弟的专称，但随着突厥汗国的势力强盛，他们为招降外势力而把此号授予异族之人。例如，《资治通鉴》所记"突厥意欲降之，遣使谓崇曰：'若来降者，封为特勒。'"胡三省注曰："特勒，突厥达官。"①"特勒"应为"特勤"。可见，降服于突厥汗国者也可以授予"特勤"之号。

嚈哒国中有"敕懃"，即"特勤"②，看来该词可能源于粟特语，或波斯语，或东伊朗语族的某一种语言。从史料记载所透露的信息来看，突厥"特勤"可能只是个号，代表着可汗子弟的显贵身份，而并不是实质的官职。这只是推测，有待进一步研究。后代政权也沿用了"特勤"之号，如回鹘有"狄银""的斤"，契丹有"惕隐"等。

设 亦作"察""杀""煞"等，音译于 šad 一词。《通典》解释"别部领兵者谓之设"，可见"设"是武官。"设"官见于史料，就与突厥阿史那氏紧密联系在一起，如突厥起源传说中的"讷都六设""阿贤设"等。突厥汗国建立之后，"设"官专属于阿史那氏，其他氏族人一般不能任此官。从《通典·突厥下》所记"其官有叶护，有设，有特勤，常以可汗子弟及宗族为之"③可知，"设"官的人选来源于突厥可汗的子弟及宗族人员。那么，突厥汗国的"设"官专属于可汗之子弟及宗族人员，是统领军队的武官。

"别部领兵者谓之设"，其中理解"别部"最为关键。在汉文史料中，记录北方民族族源时一般用"别部""别种"等，"别"当解为"分""支"等。所谓的"部"，前文已解释，就是突厥社会的基本组织单位。突厥汗国施行分封制，可汗把汗国的氏族部落分封给自己的子弟及宗族人员。那么，所谓的"别部"与突厥分封制有关，应指分封的领地或属部。由此看来，"设"应是汗国分封主官号，其下有相应数量的氏族部落。游牧社会的分封制是军政合一，因此"设"官既是武官，也是行政官。

---

① 《资治通鉴》卷175《陈纪九》长城公至德元年，第5466页。
② 韩儒林：《突厥官号考释》，《穹庐集》，第372页。
③ 《通典》卷199《突厥下》，第5453页。

"设"官专由可汗子弟及宗族人员担任，是"封建"采邑（即 il）之主，其不仅有统兵权力，也有在采邑内征税、课敛等权力，其下拥有相应的部族长"俟斤"或"俟利发"①。如此，则"设"官与中原王朝的"诸侯"极其相似。据研究，突厥语 šad 可能与波斯语 shāh 同源，其义为"君长""帝王"②。

"设"官也是突厥汗国左右翼之首领。例如，突厥第二汗国建立之后，骨咄禄"以其弟默啜为杀，咄悉匐为叶护"，分管汗国东西部；默啜可汗即位后分封左右厢"察（设）"；毗伽可汗沿用默啜可汗的左右厢"察"制。众所周知，突厥第二汗国继承了突厥第一汗国的行政制度，所以突厥第一汗国时期的左右翼首领也应该是"设"。不过，随着突厥汗国分封制的变动，"设"官的具体数量及职能也有所变化。突厥汗国建立之后，施行大、小可汗制，"设"官服从于大、小可汗。突厥汗国往往发生争夺汗位的内战，其根源就是因分封制而产生的权力失衡局面。突厥大可汗针对于此，对分封制有时调整，宗旨就是可汗集权。有关分封制的调整，在突厥第一汗国启民可汗之子始毕可汗时期较为显著，具体措施为撤销诸小可汗，而置"设"官。例如，始毕可汗立其弟为"俟利弗设"，处罗可汗立弟为"步利设"、又立子为"奥射设"，颉利可汗立子为"欲谷设"等。西突厥汗国初期也施行大、小可汗制，尤其是从咥利失可汗调整行政体系，在汗国内置十个"设"官，即"十姓"或"十箭"。看来，突厥"设"官，其职能和数量也随着时代不同而有所变化。

俟斤 亦作"颉斤"，音译于 irkin 一词。突厥汗国建立之初，就有"俟斤"官称。《周书·突厥传》记载："科罗死，弟俟斤立，号木汗可汗。"③ 可见，木杆即位可汗之前任是"俟斤"，说明突厥人很早就使用此官称。

据汉文史料记载，"俟斤"一职是部落首领的官称，即部落之长。关于突厥诸部及属部任"俟斤"官的史料很普遍，如西突厥汗国十姓部落

---

① 〔日〕護雅夫：《突厥第一帝国における šad 号の研究》，《古代トルコ民族史研究》第一卷，第 373 页。
② 韩儒林：《突厥官号考释》，《穹庐集》，第 373 页。
③ 《周书》卷 50《突厥传》，第 909 页。"木汗可汗"，即木杆可汗。

中西厢五弩失毕任"俟斤"，铁勒诸部及驳马、黠戛斯、契丹、库莫奚、室韦等的部落首领皆为"俟斤"。这些足以证明"俟斤"就是部落之长的官称。《古今姓氏书》"俟斤"条下记载："后魏匹孤之后，其官曰俟利，犹中国方伯也。后以官为氏。"① 按照中原王朝的行政体制来看"俟斤"相当于"方伯"。"俟斤"之中也有"大俟斤"，应是势力相对雄厚的部落、部族才拥有此官称。"俟斤"属于"设"或"小可汗"，也就是说，"设"或"小可汗"统辖着数量不等的"俟斤"和"大俟斤"。

突厥"俟斤"官亦沿袭于前代政权。《魏书·蠕蠕传》记载：延昌"四年（513），遣使俟斤尉比建朝贡"；"婆罗门遣大官莫何去汾、俟斤丘升头六人将兵二千随具仁迎阿那瓌"②。胡三省对"俟斤"做注解："俟斤，柔然大臣之号。"③ 柔然政权之外，其他部族中也有俟斤一职。《南齐书·魏虏传》记载："又有俟勤地何，比尚书。"④ "俟勤"即"俟斤"，可见，其职能与中原官职"尚书"相当。

突厥汗国之后，辽朝、金朝也沿用了"俟斤"官。《辽史·国语解》记载："夷离堇 统军马大官。会同初，改为大王。"⑤ "夷离堇"即"俟斤"。《金史·国语解》记载："详稳、移里堇，本辽语，金人因之而稍异同焉。"⑥ 看来，辽金之"夷离堇""移里堇"官，源于"俟斤"，其职能稍有不同。

俟利发 亦作"俟力发""颉利发""俟利罚""俟列弗""俟列发""希利发"等，均是 eltäbär 或 iltäbär 一词的不同音译。"俟利发"与"俟斤"一样，也是部落首领所任之官。据学者研究，"俟利发"与"俟斤"的区别在于"俟利发"一般是实力雄厚、人数较多的部族拥有，而"俟斤"一般为实力相对弱、人数较少的普通部落拥有⑦。《隋书·突厥传》

---

① （宋）邓名世撰，王力平点校：《古今姓氏书辩证》，江西人民出版社，2006年，第230页。
② 《魏书》卷103《蠕蠕传》，第2297、2301页。
③ 《资治通鉴》卷148《梁纪四》梁武帝天监十六年，第4633页。
④ 《南齐书》卷57《魏虏传》，第985页。
⑤ 《辽史》卷116《国语解》，第1534页。
⑥ 《金史》卷135《国语解》，第2892页。
⑦ 〔日〕護雅夫：《鉄勒諸部における eltäbär、irkin 号の研究》，《古代トルコ民族史研究》第一卷，第398-436頁。

记载："寻遣其弟子（达头可汗弟子）俟利伐从碛东攻启民。"[1] 突厥属部回纥、仆骨、同罗、拔野古以及昭武九姓等都曾拥有"俟利发"官称。"俟利发"之中也有"大俟利发"[2]，可能是部族势力超雄厚或部落联盟之类的才能拥有。

突厥"俟利发"之官也因袭于前代政权。柔然汗国的统治体系也是部落制，其部落首领一般被称为"俟力发""俟斤"等[3]。据史料记载，"俟力发"是在柔然汗国中掌军事权的重要官员。《魏书·蠕蠕传》记载"立经十日，其族兄俟力发示发率众数万以伐阿那瓌，阿那瓌战败，将弟乙居伐轻骑南走归国"；"阿那瓌来奔之后，其从父兄俟力发婆罗门率数万人入讨示发，破之"；"九月，蠕蠕后主俟匿伐来奔怀朔镇，阿那瓌兄也"[4]。据此可知，在柔然汗国中"俟力发"掌兵马，应该是分封主之类的官职，与突厥"俟利发"官的职能相同。

吐屯 音译于 tutun 一词，亦作"吐屯发"。前引《通典》记载"谓发为索葛，故有索葛吐屯，此如州郡官也。""吐屯"与中原王朝的州郡官相等。又，《太平广记》引《唐御史台记》说："突厥号御史为吐屯。"[5] 可见，"吐屯"官亦与中原王朝的"御史"一职相仿。的确，突厥汗国设"吐屯"官于属部，其主要任务就是监督。《隋书·契丹传》记载"突厥沙钵略可汗遣吐屯潘垤统之"[6]；《隋书·室韦传》记载"并无君长，人民贫弱，突厥常以三吐屯总领之"[7]。"吐屯"官还有个重要职责就是从属部征税。《旧唐书·突厥传》记载："其西域诸国王悉授颉利发，并遣吐屯一人监统之，督其征赋。"[8] 突厥汗国对其他诸属部，派遣"吐屯"官"监

---

[1] 《隋书》卷84《突厥传》，第1873页。
[2] "大俟利发"，即史料所记"胡禄俟利发"或"月禄俟利发"，其音译于uluγ eltäbär。突厥语 uluγ，"大"之义。
[3] 《南齐书·芮芮传》中记有"国相希利亹""国相邢基祇罗回"。"国相"，应该是南朝史家按照本国的官号记载了柔然政权的官职。
[4] 《魏书》卷103《蠕蠕传》，第2298、2300、2301页。
[5] （宋）李昉等：《太平广记》卷250"侍御史"，第5册，中华书局，1961年，第1935页。
[6] 《隋书》卷84《契丹传》，第1882页。
[7] 《隋书》卷84《室韦传》，第1882页。
[8] 《旧唐书》卷194下《突厥传下》，第5181页。

统之",同时也"督其征赋"。

突厥"吐屯"之官也因袭于前代政权。《北史·蠕蠕传》记载"三年四月,阿那瓌遣吐豆登郁久闾瞥浑、俟利莫何折豆浑侯烦等奉马千匹,以为聘礼,请迎公主";"阿那瓌遣其吐豆登郁久闾匿伏、俟利阿夷普掘、莆提弃之伏等迎公主于新城之南";"阿那瓌遣其吐豆登郁久闾瞥掘、俟利莫何游大力送女于晋阳";"阿那瓌遣其吐豆发郁久闾汗拔姻姬等送女于晋阳"①。"吐豆发"(或"吐豆登")就是"吐屯发""吐屯"之官。柔然"吐豆发"官主要由郁久闾氏担任,可见其重要性。

叶护 《通典》记"大官有叶护","叶护"音译于yabγu一词。学界基本认为,"叶护"一名来源于匈奴、大月氏、乌孙时代的"翕侯"②。突厥汗国建立之前,其首领吐务称"大叶护",后来室点密也称"大叶护"。《隋书·突厥传》记载"初,摄图以其子雍虞闾性愞,遗令立其弟叶护处罗侯";"处罗侯竟立,是为叶护可汗。以雍虞闾为叶护";"其后处罗侯又西征,中流矢而卒。其众奉雍虞闾为主,是为颉伽施多那都蓝可汗"③。突厥第二汗国建立者骨咄禄"以其弟默啜为杀,咄悉匐为叶护"。由此可见,突厥"叶护"官是个部落或部落联盟之主,也是汗国分封制中的左右翼之主,与"设"官性质基本相似。但对于"叶护"与"设"之间的明显区别,尚待进一步研究。

第三节 突厥的分封制

游牧政权的行政制度相对简单,一般使用分封制。以氏族部落为单位、逐水草而迁徙的游牧社会,最适合的统治模式为分封制。在蒙古高原上建立的匈奴、鲜卑、柔然、突厥、回鹘、契丹、蒙古等游牧政权,无一不实施分封制。

游牧政权的所有财产属于最高首领④家族。分封制的本质为最高首领

---

① 《北史》卷98《蠕蠕传》,第3265页。"吐豆登"的"登"可能是"發(发)"字之误。
② 韩儒林:《突厥官号考释》,《穹庐集》,第372页。
③ 《隋书》卷84《突厥传》,第1870、1871页。
④ 游牧政权的最高首领,匈奴时期为"单于",柔然汗国及其后为"可汗"。

自己拥有部分领地和属民，其余则要分封给自己的子弟和宗族人员，从而形成诸多封建之主。封建主为世袭，各自治理自己的领地和属民，也可以把分到的领地再分给自己的子孙或亲属。这样，游牧政权形成一个宝塔式的分封制，塔顶为最高首领，其下为等级不同的诸多封建主，形成层层管理的隶属关系。封建主有一定的自治权，如军队、税收等方面相对自主。各封建主平时管辖自己的领地和属民，但要商议诸如选举可汗、制定税收、祭祀祖先、军事活动等国家重大事件的时候，封建主们必须要参加。

纵观游牧政权的分封制，最高首领驾驭各分封主，封建主们要服从命令，且各封建主自治领地和属民，也要完成交税、出兵等任务。如此看来，游牧政权的分封制并不是高度集权的专制，而是权力下放的分权制。这种统治制度容易导致最高首领对中央集权的失控，从而与封建主发生矛盾冲突，由此爆发叛乱或内讧，甚至演变为独立战争。

突厥汗国实施分封制。突厥分封制的实质为左、右翼制，就是可汗直辖一部，可汗子弟分领两翼的制度。这种制度本身就是军政合一、兵民合一特点的军事政治制度[①]。突厥脱离柔然汗国统治即创建独立汗国之初，两大家族就开始各自为政，互不干涉彼此内政。例如，当初土门家族在东，占据蒙古高原；室点密家族在西，留居故地准噶尔盆地。土门系政权又分三部，即大可汗居中，两小可汗分统左右翼。室点密系政权分十姓统治，也把十姓分为东西厢各五部。这就是突厥汗国分封制的总体框架[②]。

一、土门系与室点密系各自为政

突厥建国之后，土门和室点密兄弟二人各自为政、分地而治。对于土门系汗国的自主治国，学界熟知，不必过多解释。但对于室点密系的政权性质问题，学界则有不同的看法。例如，认为室点密只是土门系汗

---

① 袁刚、张久和：《突厥的左、右翼制度述论》，《论草原文化》（第十四辑），内蒙古教育出版社，2018年，第209—225页。

② 关于突厥第一汗国分封制，護雅夫研究有所涉及，见〔日〕護雅夫：《突厥第一帝国におけるqayan号の研究》，《古代トルコ民族史研究》第一卷，第227-298頁。

国的西面可汗，与汗国的其他小可汗没什么不同；也有认为室点密与其他小可汗不一样，自主治国；甚至认为，从室点密时期开始就已经是完全独立自主的汗国，与土门系汗国毫无相干，等等。分析室点密系政权性质之前，需要弄清一个问题，即室点密所得领地和属民到底是谁给的？是土门建立汗国之后分封的？学界一般认为，土门系汗国派遣室点密西征，于是让室点密统治新开拓的西域之地。这等于说，新开辟的西域也是土门系汗国领地，室点密只是被派遣的代理统治者而已。如前文，室点密的领地与属民继承自父亲的"家产"，而非从土门系汗国分得的财产。

在史料中，关于室点密的记载极少，前揭"初，室点密从单于统领十大首领，有兵十万众。往平西域诸胡国，自为可汗，号十姓部落，世统其众"①是叙述室点密五世孙阿史那弥射时所记内容。这条史料不能理解为土门系汗国派遣室点密西征，而是室点密自己主导西征后获得了"西域诸胡国"。这条史料所记"初"，是室点密"从单于统领十大首领，有兵十万众"的时间。那么，"初"具体指什么时间？"单于"又是指谁？"初"应当是土门建立汗国前后时期。而关于"单于"则有三种可能性：室点密父亲吐务大叶护②、室点密兄土门可汗、室点密侄子木杆可汗。学界一般认为，"单于"是指土门或木杆。假如"单于"是指土门或木杆可汗，那为何不直接称呼其名或号，而称之为"单于"？土门东征时，从相关史料中基本看不到室点密的身影。同样，在木杆可汗时期，也见不到室点密与木杆可汗在一起的记载。这至少可以说明，室点密不经常活动在土门和木杆可汗身边。在汉文史料中有关室点密的记载不多，这也能说明他与中原政权交往甚少，居地相对远。经以上排除后，所谓的"单于"就剩下室点密父亲吐务了。吐务是突厥汗国的奠基者，当时的号为"大叶护"，后人把他称为"单于"是合情合理的。吐务到底有几个儿子无法考证，在史料中就出现土门和室点密。室点密是土门之弟，

---

① 引文中"有兵十万众"之后中华书局点校本点逗号，应点句号（详见第三章第三节"西突厥汗国历史"）。

② 《新唐书·突厥传下》记载："西突厥，其先讷都陆之孙吐务，号大叶护。长子曰土门伊利可汗，次子曰室点蜜，亦曰瑟帝米。"（《新唐书》卷215下《突厥传下》，第6055页）据此，室点密父为"吐务"，其号为"大叶护"。

也有可能是幼子。游牧民族有幼子继承父亲家产的习俗。那室点密跟随父亲率领军队,从而继承父亲时的十大首领和十万军队并不足为怪。西文史料中记 Sindjibou,学界认定此即"室点密叶护",这能证明室点密继承父亲的"叶护"之号。所以,室点密的"十大首领""十万军队"以及居地是继承了其父亲的遗产,而非土门或木杆可汗所派遣或分封。室点密以此"家产"为基础,"往平西域诸胡国",之后自为可汗,世统其众,自治汗国。

由此可见,室点密守炉灶,继承父亲家产,统治故地;而土门是兄长,率领部分军队,开辟新领地。土门向东发展,与西魏(北周)联合推翻了柔然汗国,霸占蒙古高原,建立了新的汗国。室点密以故地为营,向西发展,与波斯联手,征服嚈哒国,统治西域,也自建汗国。如此看来,室点密是故地镇守者,土门是开辟新领地者。土门和室点密汗国是在游牧政权的"分财产"制基础上,持续发展的结果。突厥人自己叙述开国历史时,把土门和室点密并提,说明在开国贡献方面二位同样重要。《阙特勤碑》东面第 1 行记载:"özä ačüm apam bumïn qaɣan istämi qaɣan olurmïš(之上我的祖先 bumïn 可汗和 istämi 可汗即位了)。"① 学者普遍认为 bumïn 可汗即土门可汗,istämi 可汗即室点密可汗。这里把兄弟二人并提,说明在阿史那氏后人记忆里土门和室点密同样是开创汗国者。

游牧民族习俗为尊兄长。土门是兄长,所以他所建汗国是宗主国,室点密系要听从土门系汗国的领导。但对于汗国内政,则各自为政,自治其国,互不干涉。土门系和室点密系政权各自又实施分封制。

土门和室点密是开国者,他们应该制定了治国策略,且要求继承者恪守。《阙特勤碑》东面第 1 行记载:"olurïpan türk bodunïŋ ilin törüsin tuta birmis iti birmis(即位后把突厥人民的国家和体例给建立了、制定了)。"② 把 ilin törüsin tuta birmis iti birmis 一句,更具体理解的话是 ilin tuta birmis(给建立了国家)和 törüsin iti birmis(给制定了体例)。突厥语 törü 一词的意思有制度、礼仪、习惯、法制等。在本条史料中,把 törü

---

① 《毗伽可汗碑》东面第 2、3 行记载同。
② 《毗伽可汗碑》东面第 3 行记载同。

理解为国家的"体例"或"制度"最贴切。可见，土门和室点密建立汗国之后，制定了治国体例。但遗憾的是对于治国体例的具体内容，因史料未载，不得详知。不过，从他们的继承者治理汗国的理念来看，祖先们制定的 törü 中肯定有分封制内容。

二、土门系政权的分封制

土门可汗与继承者其子乙息记可汗，建国后不久就都离世，所以史料中不见有关他们治国方面的记载。对于第三位可汗木杆和第四位可汗他钵（又作佗钵）时期的分封制，史料有明确记载。木杆可汗时期，"木杆分国为三部：木杆牙帐居都斤山，地头可汗统东方，步离可汗统西方"①。"地头可汗"即木杆之弟库头②，也就是后来的他钵可汗。布（步）离可汗身份，史料未载。但从后来在他钵可汗时期，继任布离可汗者为褥但可汗之子，可知，木杆可汗时期的布离可汗应该是褥但可汗，即木杆可汗之弟。他钵（即佗钵）可汗时期，"佗钵以摄图为尔伏可汗，统其东面，又以其弟褥但可汗子为步离可汗，居西方"③。摄图，即乙息记可汗之子；褥但可汗，即他钵可汗之弟。据此可知，土门系汗国的分封制框架为大可汗居中，两小可汗分别居于汗国左右翼。又，在木杆、他钵可汗时期分封的两个小可汗是大可汗之弟，小可汗死后，其子继任。这样看来，土门系汗国的分封制是大可汗分封自己的弟弟或侄子（大可汗之弟去世，其子继任）为左右翼小可汗，分统汗国的东西部。

土门系汗国从第五位可汗沙钵略开始内讧，左右翼分封制开始崩坏。汗国发生内讧，说明大可汗的中央集权受到挑战，诸分封主的势力开始增强。甚至有实力的分封主开始自称可汗，不服从大可汗命令，威胁其权威。在沙钵略可汗时期，汗国之内的小可汗数量开始增多，这说明大可汗为了平衡局势，分封了更多的小可汗。

他钵可汗死后，土门儿子辈都已去世，孙子辈开始继承大可汗。按

---

① 《资治通鉴》卷169《陈纪三》文帝天嘉四年，第5237页。
② 《周书·杨荐传》记载："突厥可汗弟地头可汗阿史那库头居东面。"（《周书》卷33《杨荐传》，第571页）
③ 《隋书》卷84《突厥传》，第1864、1865页。

照他钵可汗的遗嘱,继任大可汗者为其侄子即木杆可汗之子大逻便(也就是后来的阿波可汗)。但国人以大逻便"母贱"为由反对,而欲推举他钵可汗之子菴罗为大可汗。当时在土门诸孙当中摄图最年长。在摄图的扶持之下,菴罗登上大可汗之位,但时常受到大逻便的威胁。最终菴罗把大可汗之位让给了摄图。摄图成为大可汗即沙钵略可汗后,封菴罗为汗国第二可汗,居独洛水(今土拉河)。沙钵略可汗以弟弟为突利可汗,统辖汗国左翼。又为了平衡局势,沙钵略可汗以大逻便为阿波可汗,"还领所部"。沙钵略可汗时期右翼小可汗为谁,史料没有具体记载,但从相关事迹来看应该是阿波可汗。若是,沙钵略可汗时期仍保持着左右翼分封制,但内涵开始"变味"。因沙钵略受到阿波的威胁,故分封阿波可汗实属无奈。当然,阿波可汗想得到的是属于自己应得的"份子"。沙钵略可汗分封阿波为小可汗,已经不是遵循原来的分封制,而是权力斗争之后出现的"新格局"。在这种情况之下,无论是大可汗的权威还是小可汗的忠诚,都会受到影响,出现裂痕是必然的。果然,土门系政权分裂就从沙钵略和阿波开始,究其根本原因就是大可汗之位的争夺,其中也夹杂着一些分封制的因素。沙钵略可汗时期阿波可汗成为右翼小可汗,打破了木杆、他钵可汗时期左右翼小可汗由大可汗家族人担任的体例。

沙钵略可汗时期,分封制最大的变化就是出现了"第二可汗"。"第二可汗"本身就是内斗后为平衡权力而出现的结果。"第二可汗"仅次于大可汗,应与汗国的东西小可汗有区别,但具体权力及管辖范围等史料未载。不仅如此,沙钵略可汗时期还出现了贪汗可汗,其具体居地及管辖范围等不详。此时出现这么多新势力,说明大可汗的中央集权日渐下降,原先的分封制也不断遭到破坏。当阿波叛沙钵略而投靠室点密之子达头可汗之后,土门系汗国的左右翼分封制彻底崩坏,汗国西部成为相对独立势力,从此不服从于大可汗。

他钵可汗后裔,从菴罗之后很少出现于史册,可以认为基本退出了汗位继承之列。木杆可汗之子阿波可汗离开沙钵略可汗,另树旗帜。这样,土门系政权大可汗位落到乙息记可汗一系(摄图是乙息记之子),于是他们成为汗国的统治家族。沙钵略大可汗以弟处罗侯为突利可汗,统辖汗国东部。沙钵略可汗去世,处罗侯继位,即叶护可汗。"处罗侯竟立，是为叶护可汗。以雍虞闾为叶护。"① 雍虞闾即沙钵略可汗之子。叶护可汗在位不久，继任者是雍虞闾，即都蓝可汗。都蓝可汗以叶护可汗之子染干为突利可汗，居于"北方"。史料记载为"北方"，但从"突利"之称来看，应居于汗国东部，即东部小可汗。后来，都蓝可汗与染干之间发生矛盾冲突，染干南迁降隋。之后，汗国东部的统治者为谁则不得而知。都蓝可汗死，乙息记系大可汗位被室点密之子达头抢夺，即步伽可汗。步伽可汗在位时，突厥汗国混乱不堪，根本没有像样的统治体系。

从沙钵略可汗到都蓝可汗为止，还能保持着大可汗家族统治的分封制，即大可汗分封自己的弟弟或侄子、堂兄弟等为小可汗。但此时间段内右翼小可汗在史料中基本不出现，大概是阿波系居汗国西部自主治理的缘故。

步伽可汗之后，启民可汗继位，土门系政权已转入启民家族的统治。启民可汗继位后，突厥汗国内部局势有所稳定。启民可汗之后，其子始毕、处罗、颉利先后继位大可汗。史料中一般不见启民、始毕和处罗可汗分封左右翼小可汗的记载，但设置"设"官的数量明显增多。例如，始毕可汗之子什钵苾为"泥步设"，始毕可汗之弟即后来的处罗可汗原先为"俟利弗设"，处罗可汗之弟"步利设"，处罗可汗之子"奥射设"，处罗可汗之弟咄苾即后来的颉利可汗原先是"莫贺咄设"，等等。这些"设"官，大多为可汗之子弟。"设"官有自己的封地，如"咄苾莫贺咄设"的牙帐在"五原之北"，应该在漠南阴山之北一带。

启民可汗及继承者仍执行左右翼分封制，但所分封的不是小可汗，而是"设"官。例如，始毕可汗之子泥步设"使居东偏，直幽州之北"②，统辖汗国东部地区；从处罗可汗之弟步利设的"步利"称号来看，他应该统辖汗国西部地区，因木杆、他钵可汗时期"步利（或作布离、步离）"一般统治汗国西部。由此看来，从启民可汗开始土门系政权不分封小可汗，而是分封"设"。可以认为，这是启民可汗对汗国分封制所做的改革，其目的就是加强中央集权。

处罗可汗之后，其弟颉利可汗继位，其时又出现了小可汗。颉利可

① 《隋书》卷84《突厥传》，第1870、1871页。
② 《通典》卷197《突厥上》，第5407页。

汗以始毕可汗之子什钵苾为突利可汗。突利可汗牙帐仍在幽州之北，统治汗国东部地区的铁勒诸部及奚、霫等十余部。突利可汗虽然统治汗国东部，但这与之前的东部小可汗有所不同。从相关记载来看，其已是权势仅次于颉利可汗的"第二可汗"。什钵苾在其父始毕可汗时期是"泥步设"，而颉利可汗时期则成为突利可汗。突利可汗的自主权越来越大，逐步形成相对自主的统治格局。最终正是这一格局出现了裂痕，颉利可汗未能逃出突厥第一汗国末代可汗的厄运。

颉利可汗的远属阿史那骨咄禄复兴了突厥汗国。骨咄禄大约686年之后占据漠北，从而统治了整个蒙古高原。骨咄禄"以其弟默啜为杀，咄悉匐为叶护"①，分管汗国东西部。由此可见，骨咄禄仍然实施从启民可汗开始的分封"设"官制，也保持着从祖先传下来的大可汗家族的统治模式。

骨咄禄的继承者默啜可汗，"立其弟咄悉匐为左厢察，骨咄禄子默矩为右厢察，各主兵马二万余人。又立其子匐俱为小可汗，位在两察之上，仍主处木昆等十姓兵马四万余人，又号为拓西可汗，自是连岁寇边"②。默啜可汗把自己的儿子匐俱封为"小可汗"（亦称"移涅可汗"），号"拓西可汗"，位于左右厢二察之上。在突厥汗国历史上，大可汗直接把自己儿子封为仅次于自己的第二可汗，默啜此举实属首次。这不像是从祖先传下来的分封制体例。默啜可汗有把大可汗之位一直留在自己一系的想法，即父子世袭。但默啜可汗的此设想未如愿。

默啜可汗立己子为"拓西可汗"，与他的向西开拓疆域有关。拓西可汗"主处木昆等十姓兵马四万余人"③，可见其统治疆域是原西突厥的领土。默啜可汗有一统东西突厥的想法，当时他已经掌控了西突厥汗国的东部地区。西突厥的西部地区则被突骑施掌控。默啜可汗也曾击败过突骑施、黠戛斯等，但很快失去其统治。所以，拓西可汗的统辖范围大概在阿尔泰山脉地区以及东部天山以北的部分地区。这样看来，默啜可汗想让自己的儿子统辖原西突厥领土，故封为"拓西可汗"。默啜可

---

① 《旧唐书》卷194上《突厥传上》，第5167页。
② 《旧唐书》卷194上《突厥传上》，第5169、5170页。
③ 《通典》卷198《突厥中》，第5436页。

汗的远大志向随着他的去世而破灭，其子也被骨咄禄之子阙特勤杀害。阙特勤发动政变，拥立了兄默棘连（亦作"默矩"）为可汗，即毗伽可汗。

默棘连在默啜可汗时期为西厢察，汉文史料又记为"小杀"。毗伽可汗即位之时，西突厥突骑施苏禄已自立为可汗。默啜可汗时期的"拓西可汗"统辖之地也被苏禄所占领，所以毗伽可汗的统治地域仅剩蒙古高原。毗伽可汗是通过"政变"登上可汗之位，其国由毗伽可汗和阙特勤二人统治。毗伽可汗是大可汗，治理汗国百姓；阙特勤为"左贤王"，专管汗国兵马①。默啜可汗时期默棘连是"左贤王"。毗伽可汗即位后，以阙特勤为"左贤王"，其下又设"二设"官，如《毗伽可汗碑》东面第21行记载："äki šad inim kül tigin sözläšdimiz（我同二设及我弟阙特勤商谈了）。"汉文史料也记载："登利从叔父二人分掌兵马，在东者号为左杀，在西者号为右杀，其精锐皆分在两杀之下。"②登利可汗是毗伽可汗之子，其"从叔父"应该是毗伽可汗的兄弟或堂兄弟。从登利"从叔父"任左右厢"杀"（即设官）可知，毗伽可汗分封了自己的兄弟或堂兄弟，可见仍保持着家族式分封制的统治模式。毗伽可汗时期统治有变化之处，就是让自己亲弟阙特勤任"左贤王"一职，且位于"二设"之上，仅次于大可汗之位，专管汗国兵马军事。

毗伽可汗的继承者登利可汗沿用了左右厢杀制。但不久登利可汗及其母与左杀、右杀之间出现内斗，汗国爆发内讧。之后，拔悉密、葛逻禄、回纥等部落反叛，推翻其统治。从登利可汗到灭亡为止，内乱不断，无暇顾及内政与治国，分封制也随之终止。

纵观土门系政权的分封制，基本上是大可汗居中，左右两翼分封小可汗，后来小可汗由"设"来代替；左右翼封建主基本上由大可汗的兄弟、侄子或堂兄弟等担任，也就是大可汗家族式统治；大可汗的继任者一般从左右翼封建主中选择，而且由左翼（左贤王）继任者居多③。

---

① 《旧唐书》卷194上《突厥传上》，第5173页。
② 《旧唐书》卷194上《突厥传上》，第5177页。
③ 土门系汗国的大可汗之位由左翼封建主中出任者居多，如他钵可汗、沙钵略可汗、处罗侯可汗、都蓝可汗、启民可汗、毗伽可汗等均是曾任左翼封建之主。

三、室点密系政权的分封制

室点密和达头可汗时期的统治制度情况,史料没有明确记载,只能从间接史料中窥其大概。如前文,室点密继承了父亲遗产,应该沿用了原来统治模式。据突厥起源传说记载,突厥由十个氏族组成,阿史那氏是其中之一。又,据《旧唐书·突厥传》记载,"室点密从单于统领十大首领"。还有,西突厥从咥利失可汗开始以"十姓"组织。这些并不是历史巧合,所透露的信息就是室点密系政权的基本组织结构为"十姓"或"十箭",并以此为基础再定分封制。遗憾的是有关室点密和达头可汗的分封制,史料没有更为具体的记载,故无法详知。

西突厥政权的形成比较复杂,汗国奠基者为室点密及达头可汗,之后可汗位转到土门可汗之子木杆系子孙,最终又回到了室点密系后裔手中。在木杆系掌权期间,西突厥的统治模式与土门系政权很相似。木杆系泥撅处罗可汗掌控整个西突厥之后,实行左右翼分封制,如"处罗可汗居无恒处,然多在乌孙故地。复立二小可汗,分统所部。一在石国北,以制诸胡国。一居龟兹北,其地名应娑"①。"处罗可汗"是泥利可汗之子。"复立二小可汗"②,可以理解为处罗可汗也与土门系汗国一样立二小可汗,也可以理解为处罗可汗与泥利可汗一样再立二小可汗。如果按后者理解,处罗可汗之前的泥利可汗时期就已立二小可汗。从新疆维吾尔自治区昭苏县发现的石人像粟特文内容来看,泥利可汗时期就已立二小可汗的可能性(见第三章第三节"西突厥汗国历史")。若是,泥利可汗就已分封左右翼二小可汗,其子泥撅处罗可汗沿用之。

泥撅处罗可汗常住于"乌孙故地"。"乌孙故地"大致是指今伊犁河流域及支流特格斯河流域地区。泥撅处罗可汗所立二小可汗分别居于"石国北"和"龟兹北"。石国即今乌兹别克斯坦首都塔什干,"石国北"即塔什干之北某地;龟兹即今新疆库车,"龟兹北"即库车县之北某地。西突厥汗国中部大可汗统治着突厥和铁勒诸部;西部小可汗"以制诸胡国",统治着阿姆河和锡尔河流域及以北地区;东部小可汗统治着东部天

---

① 《隋书》卷84《西突厥传》,第1876、1877页。
② 《通典·突厥下》删"复"字。《通典》卷199《突厥下》,第5453页。

山南北地区。西突厥汗国的东西部小可汗由谁来担任，史料未载，无从得知。

泥撅处罗可汗的继任者是达头可汗之孙射匮可汗，可汗之位又回到室点密系。有关射匮可汗的治国方针，史料未载。射匮可汗的继任者为统叶护可汗。统叶护可汗即位之初仍居乌孙故地，后来把汗庭迁移至碎叶城（今吉尔吉斯斯坦托克马克市附近）。统叶护可汗被伯父所杀，其伯父"先分统突厥种类，为小可汗，及此自称大可汗"①。可见，统叶护可汗时期也分封了小可汗。

统叶护可汗伯父夺位，号莫贺咄可汗。与此同时，统叶护之子亦被立为大可汗，号肆叶护可汗。两个大可汗对立交战，最终肆叶护战胜莫贺咄。肆叶护可汗也立小可汗，如"有乙利可汗者，于肆叶护功最多，由是授小可汗"②。

肆叶护可汗之后咄陆可汗即位，但在位不长。之后，咄陆可汗之弟继位，号咥利失可汗。咥利失可汗对汗国统治体制进行了重大改革。《通典·突厥下》记载："俄而其国分为十部，每部令一人统之，号称十设。每设赐以一箭，故称十箭焉。又分十箭为左右厢，一厢各置五箭。其左厢号为五咄陆部，置五大啜，一啜管一箭；右厢号为五弩失毕部，置五大俟斤，一俟斤管一箭。其后或称一箭为一部落，大箭头为大首领。五咄陆部落居碎叶（今楚河）以东，五弩失毕部落居于碎叶以西，自是都号为十姓部落。"③正因此，西突厥亦被称为"十箭（on oq）"或"十姓"。这一改革把汗国分为"十姓"部落，再分封左右小可汗，各统领五部。咥利失可汗的分封十姓统治，可能恢复了室点密时期的统治模式。

西突厥汗国西部欲谷设自立为可汗，号咄陆可汗，与咥利失可汗对立。双方以伊犁河为界，伊犁河以西属咄陆可汗，以东属咥利失可汗。咥利失死后，其侄子即位，即叶护可汗，仍与咄陆可汗对立。咄陆可汗战胜叶护可汗，吞并其地，派遣叶护统之。史载："阿史那步真既来归

---

① 《通典》卷199《突厥下》，第5456页。
② 《通典》卷199《突厥下》，第5456页。
③ 《通典》卷199《突厥下》，第5457页。

国，咄陆可汗乃立贺鲁为叶护，以继步真，居于多逻斯川，在西州直北千五百里，统处月、处密、姑苏、葛逻禄、弩失毕五姓之众。"① 可见，咄陆可汗当时是派遣叶护统治其五姓部落。此时，"叶护"成为仅次于大可汗的官员，分统汗国的部分地区。贺鲁继位大可汗后，重新恢复了十姓部落制。贺鲁也以其子咥运为叶护，分管汗国部分领地。贺鲁被唐军擒获，西突厥汗国亡。

纵观西突厥汗国分封制，最初以十姓部落为基础统治；泥利可汗或泥撅处罗可汗时期实施左右翼分封制，与土门系政权相似；从咥利失可汗开始恢复十姓部落制，且分封左右厢各五部；后来，左厢五部首领亦称为"叶护"，直到灭亡。

第四节　突厥的可汗继承制

分析相关史料记载，突厥大可汗继承制并不清晰，父子继承、兄终弟及、叔侄相传等并存。这应该是游牧部落联盟推举首领的传统与建立汗国后阿史那氏专政统治相互糅杂的结果。

一、土门系大可汗继承状况

阿史那土门自称伊利可汗，建立汗国。伊利可汗之后，他的三个儿子先后继可汗位。"土门死，子科罗立。科罗号乙息记可汗。"② 乙息记可汗之后，其弟木杆可汗和他钵可汗先后继位。对比《周书·突厥传》和《隋书·突厥传》所记关于这两位可汗的继承内容，发现突厥可汗继承制的一些情况。《周书·突厥传》记载："科罗死，弟俟斤立，号木汗可汗。"③ "木汗"即"木杆"。本书同传又记："俟斤死，弟他钵可汗立。"④ 同样内容，《隋书·突厥传》载："（科罗）病且卒，舍其子摄图，立其弟

---

① 《通典》卷199《突厥下》，第5459页。
② 《周书》卷50《突厥传》，第909页。《隋书·突厥传》记载，伊利可汗"卒，弟逸可汗立。"（《隋书》卷84《突厥传》，第1864页）学界已考证，《隋书·突厥传》所记"弟"误，即"逸可汗"不是土门之弟，而是土门之子。
③ 《周书》卷50《突厥传》，第909页。
④ 《周书》卷50《突厥传》，第911页。

俟斗（斤），称为木杆可汗。"① 又载："（俟斤）卒，复舍其子大逻便而立其弟，是为佗钵可汗。"②《隋书》的"舍其子摄图""复舍其子大逻便"而"立其弟"的说法，可能是中原史家出于"父子世袭"传统思想的看法。而《周书》未记"舍其子"说法，可能说明在游牧民族政权中普遍存在兄终弟及的传统。

他钵可汗之后就出现了叔侄相传的状况。《隋书·突厥传》记载：

> （佗钵）在位十年，病且卒，谓其子菴罗曰："吾闻亲莫过于父子。吾兄不亲其子，委地于我。我死，汝当避大逻便也。"及佗钵卒，国中将立大逻便，以其母贱，众不服。菴罗母贵，突厥素重之。摄图最后至，谓国中曰："若立菴罗者，我当率兄弟以事之；如立大逻便，我必守境，利刃长矛以相待矣。"摄图长而且雄，国人皆惮，莫敢拒者，竟立菴罗为嗣。大逻便不得立，心不服菴罗，每遣人骂辱之。菴罗不能制，因以国让摄图。国中相与议曰："四可汗之子，摄图最贤。"因迎立之，号伊利俱卢设莫何始波罗可汗，一号沙钵略。治都斤山。菴罗降居独洛水，称第二可汗。大逻便乃请沙钵略曰："我与尔俱可汗子，各承父后。尔今极尊，我独无位，何也？"沙钵略患之，以为阿波可汗，还令所部③。

这段记载中有很多有关突厥汗位继承的信息。首先，他钵（即佗钵）可汗遗嘱自己儿子菴罗，要把汗位让于木杆可汗之子大逻便。这是叔侄相传。木杆可汗在位时可能与其弟他钵有约定，诸如木杆让他钵继位，但他钵之后要把汗位还回于木杆之子。对于他钵可汗的"遗嘱"，汗国内出现争执，支持者和反对者兼有。反对者以"母贱"为由发难，这说明突厥选可汗十分看重母亲的出身。最终"长而且雄"的摄图表态，他支持菴罗而反对大逻便，于是国人立菴罗为可汗。"尊长"是游牧民族的传统，突厥选可汗时也不例外。摄图是"长"者，但更重要的是"雄"，拥

---

① 《隋书》卷84《突厥传》，第1864页。《通典·突厥上》记载与《隋书》同。《通典》卷197《突厥上》，第5404页。
② 《隋书》卷84《突厥传》，第1864页。
③ 《隋书》卷84《突厥传》，第1865页。

有强大的势力，这才"莫敢拒者"。不过，当时大逻便的势力也不弱，虽然菴罗即位，但大逻便常常辱骂之。这说明突厥可汗继位，与候选人的真实势力有着直接的关系。继可汗之位的候选人都是封建主，有自己的领地、属民和军队。在摄图的支持下最终菴罗即位，但菴罗在大逻便的逼迫之下，无奈提及让位于摄图，随后"国人"议论"四可汗之子"①，决定推举摄图，原因为"摄图最贤"。由此看出"四可汗之子"都具备继位可汗的条件，但最终还是由"国人"推选。"国人"推选是突厥选可汗中最重要的一环。

这番汗位争夺的过程较为复杂，梳理后可归纳出选可汗的几个必备要素：已故可汗的子弟都具备继位条件，已故可汗的"遗嘱"，新任可汗的生母出身，尊长者、贤者，势力雄厚者有话语权，最终由"国人"推举等。游牧政权实施分封制，可汗的子弟都是封建主，都有相应的实力，所以在条件符合的情况下，实力雄厚者往往占得先机，出任可汗的概率较大。

沙钵略可汗之后，其弟处罗侯即位。"初，摄图以其子雍虞闾性懦，遗令立其弟叶护处罗侯；雍虞闾遣使迎处罗侯，将立之。"②"其后处罗侯又西征，中流矢而卒。其众奉雍虞闾为主，是为颉伽施多那都蓝可汗。"③沙钵略可汗不让自己儿子雍虞闾继位的理由为"性懦"，即怯弱。但处罗侯可汗死后，"其众奉"雍虞闾为可汗，而且，雍虞闾即位可汗之后，将与唐朝和西突厥达头可汗之间的关系处理得游刃有余，他不像是不能胜任大可汗之位的人。换言之，沙钵略可汗之后处罗侯和雍虞闾都有继任大可汗的资历。在这种情况下，二人的品性决定了谁先继位大可汗的命运。雍虞闾可能暴露了"性懦"，所以他在与处罗侯的可汗之位竞争中处于下风。这也说明了处罗侯是智勇双全，他在竞争中更胜一筹。这样，处罗侯先继位大可汗，之后雍虞闾继任，二位是叔侄相传，与他钵可汗

---

① "四可汗"：其中三可汗明确，即乙息记可汗、木杆可汗、他钵可汗。第四位可汗应该是指他们三个的弟弟褥但可汗。他钵可汗以其弟褥但可汗之子为步离可汗，统治汗国西部。可能他钵继位之时，褥但可汗已经去世。从"四可汗之子"一句来看，当时步离可汗也有继位的可能。
② 《隋书》卷84《突厥传》，第1870页。
③ 《隋书》卷84《突厥传》，第1871页。

之后出现的叔侄相传情况一样。雍虞闾的"性愞",反映了在突厥可汗继承制中"智勇双全"也是继任大可汗的最重要条件之一。

都蓝可汗之后的步迦可汗和启民可汗,都不是按照突厥继承制继位,而是"篡位"或被其他势力扶持上位。突厥"师未出塞,而都蓝为其麾下所杀,达头自立为步迦可汗,其国大乱"①。达头可汗是"自立"为步迦可汗,而不是众人或国人推举为可汗。达头可汗是室点密之子,他在土门系汗国任大可汗,这不符合突厥的继承制体例。达头继位步迦可汗后不久就"其国大乱",这可能与他的"非法"继位有关,可以视为"篡位"。步迦可汗之后,启民可汗也在隋朝的扶持下称汗。"步伽奔吐谷浑。启民遂有其众,岁遣朝贡。"②启民可汗是处罗侯可汗之子③,他凭借隋朝势力得大可汗之位。

启民可汗之后,他的三个儿子先后继位。启民可汗"疾终,上为之废朝三日,立其子咄吉世,是为始毕可汗"④。"始毕卒,其子什钵苾以年幼不堪嗣位,立为泥步设,使居东偏,直幽州之北。立其弟俟利弗设,是为处罗可汗"⑤。始毕可汗之子什钵苾未能继位的理由是"年幼",此说法有些疑问。什钵苾虽未被立为可汗,但立为统治汗国东部的"泥步设"。如果是"年幼"的原因,什钵苾能统辖汗国东部?另,处罗可汗在位仅一年就去世,其弟颉利可汗继位。颉利可汗封什钵苾为突利可汗。换言之,什钵苾从"泥步设"成为"突利可汗"仅间隔一年时间。因此,什钵苾未能即位大可汗的原因并不是"年幼"这么简单。

处罗可汗之后,其弟咄苾继位,如"俄而处罗死,义成公主以其子奥射设丑弱,废不立之,遂立处罗之弟咄苾,是为颉利可汗,又纳隋义

---

① 《隋书》卷84《突厥传》,第1873页。
② 《隋书》卷84《突厥传》,第1874页。
③ 《隋书·突厥传》记载:"时沙钵略子曰染干,号突利可汗,居北方。"(《隋书》卷84《突厥传》,第1872页)《通典·突厥上》记载:"沙钵略之弟处罗侯之子,名染干。"(《通典》卷197《突厥上》,第5406页)据此可知,染干不是沙钵略之子,而是沙钵略之弟处罗侯之子。岑仲勉:《突厥集史》(下),第512页。
④ 《隋书》卷84《突厥传》,第1876页。
⑤ 《通典》卷197《突厥上》,第5407页。《旧唐书》卷194上《突厥传上》内容与《通典》同。《新唐书》卷215上《突厥传》内容与《通典》个别用词不同之外,意思相同。

成公主为妻"①。处罗可汗之子奥射设因"丑弱"不能继位，其因实属怪异。处罗可汗死后，应是义成公主临时掌控大局。义成公主显然利用了突厥兄终弟及的规则，不立自己儿子而先立始毕可汗之弟处罗，后又立处罗之弟，其目的就是继续成为新任可汗之妻，从而干涉朝政。因此，她以"丑弱"为借口不立自己儿子奥射设为可汗。

突厥第二汗国的建立者"骨咄禄，天授中卒。默啜者，骨咄禄之弟也。骨咄禄死时，其子尚幼，默啜遂篡其位，自立为可汗"②。"篡其位"，按照字面意思理解就是默啜非法夺取了可汗位。不过，"篡其位"的说法应该是中原史家的看法。默啜继位可汗是因骨咄禄之子"尚幼"。骨咄禄死于691年。骨咄禄长子默棘连（又作默矩），次子阙特勤。默棘连生于684年或685年，可见，骨咄禄死时默棘连才六七岁，实属年幼。按照游牧民族首领继承制，六七岁的孩子不能继位。《毗伽可汗碑》东面第14行记载："ol törüdä üzä äčim qaγan olurtï äčim qaγan olurupan türk bodunuγ yiča itdi igiti（根据那体例，上面我叔父可汗即位了。我叔父可汗即位后，把突厥百姓重新组织了、抚养了）。"叔父可汗，即指默棘连的叔父默啜可汗。ol törüdä 应理解为"根据那体例"，即指突厥的可汗继承制。由此可见，默啜可汗是根据突厥可汗继承制即位，并不存在篡位行为。那"篡其位"说法应另有隐情。因骨咄禄子年幼，先让默啜即位可汗，但等到骨咄禄之子成年或默啜可汗去世后，要把可汗位"还回"骨咄禄之子。这也许是默啜即位时的"诺言"。但默啜可汗在位时把自己儿子封为移涅可汗（即小可汗），号拓西可汗，统辖汗国西域地区，其地位在默棘连之上。很明显，默啜可汗根本不想让默棘连继位，而是想让自己的儿子继位。正因为此，当默啜可汗死于716年时，汗国发生政变，阙特勤杀死默啜之子移涅可汗，拥立兄默棘连为可汗，如"骨咄禄之子阙特勤鸠合旧部，杀默啜子小可汗及诸弟并亲信略尽，立左贤王默棘连，

---

① 《通典》卷197《突厥上》，第5408页。《旧唐书》卷194上《突厥传上》、《新唐书》卷215上《突厥传》内容与《通典》同。
② 《通典》卷198《突厥中》，第5435页。《旧唐书》卷194上《突厥传上》内容与《通典》同。《新唐书·突厥传》记载基本同，只是把"篡其位"改为"篡位数年"（《新唐书》卷215上《突厥传上》，第6045页）。

是为毗伽可汗"[1]。据此看来，出现"篡其位"的说法也许是因为中原王朝的父子世袭传统观念，也有可能是默啜即位之时曾"约定"将可汗位归还骨咄禄之子。

毗伽可汗之后，突厥汗国内乱迭起，继承制遭到破坏，可汗之位由实力决定。阙特勤先死，两年后毗伽可汗也被部下毒死。毗伽可汗"既卒，国人立其子为伊然可汗"[2]。"无几，伊然病卒，又立其弟为登利可汗"[3]。登利可汗年幼即位，朝政由其母即暾欲谷之女掌控，也因此爆发了汗位争夺战。

登利可汗以后，汗位继承混乱无章，如"俄而登利与其母诱斩西杀，尽并其众，而左杀惧祸及己，勒兵攻登利，杀之，自立，号乌苏米施可汗"[4]。据此，"左杀"即乌苏米施可汗。但《新唐书·突厥传》记载与此不同，其曰："可汗与母诱斩西杀，夺其兵，左杀惧，即攻登利可汗，杀之。左杀者，判阙特勤也，遂立毗伽可汗子，俄为骨咄叶护所杀，立其弟，旋又杀之，叶护乃自为可汗。天宝初，其大部回纥、葛逻禄、拔悉蜜并起攻叶护，杀之……国人奉判阙特勤子为乌苏米施可汗……米施遁亡。"[5] 按照此说，登利可汗之后，毗伽可汗的另外两位儿子先后继位，此外，骨咄叶护也自立为可汗。《旧唐书》说左杀即乌苏米施可汗，而《新唐书》说乌苏米施可汗是左杀之子。分析前文，可能左杀之子也继承了左杀之位，因而造成了史书记载混乱。不管怎么说，乌苏米施可汗以武力夺取汗位属实，并不是按照可汗继承制继位。

乌苏米施可汗之后，其弟白眉可汗继位，如"三载，拔悉蜜等杀乌苏迷施，传首京师，献太庙。其弟白眉特勤鹘陇匐立，是为白眉可汗"[6]。白眉可汗是突厥第二汗国末代可汗。

---

[1] 《通典》卷198《突厥中》，第5439页。《旧唐书》卷194上《突厥传上》、《新唐书》卷215上《突厥传》内容与《通典》同。
[2] 《旧唐书》卷194上《突厥传上》，第5177页。《新唐书》卷215下《突厥传下》记载同。
[3] 《旧唐书》卷194上《突厥传上》，第5177页。
[4] 《旧唐书》卷194上《突厥传上》，第5177页。
[5] 《新唐书》卷215下《突厥传下》，第6054页。
[6] 《新唐书》卷215下《突厥传下》，第6055页。

二、室点密系可汗继承状况

室点密可汗之后,其子达头继位可汗①。达头可汗东征其间及其死后,室点密汗国曾一段时间被木杆可汗后裔泥利可汗和泥撅处罗可汗所掌控。泥利可汗和泥撅处罗可汗以武力霸占了室点密系汗国,所以谈不上是否遵循可汗继承制问题。

泥撅处罗可汗之后,达头可汗之孙射匮夺回可汗之位。《通典·突厥下》记载:"射匮者,都六之子,达头之孙达头旧为西面可汗,初与沙钵略有隙,遂分为别部,因东可汗雍虞闾死后,自立为步迦可汗。达头死后,其孙射匮微弱,不得为可汗。代为可汗,君临西面。今闻其失职,附隶于处罗,故遣使来以结援耳。"②射匮"代为可汗,君临西面",是说室点密系汗国的可汗。杜佑所说"达头死后,其孙射匮微弱,不得为可汗",是指射匮虽然继承了室点密系政权的可汗,但当时泥撅处罗成为西突厥大可汗,掌控室点密系政权,所以射匮才"失职,附隶于处罗"。射匮为了打败泥撅处罗可汗,请求隋朝支援,后如愿得到了西突厥大可汗之位。泥撅处罗可汗之后,"其国人遂立萨那之叔父射匮为可汗"③。可见,射匮是"国人"推举为可汗,说明他是按照继承制即位。

射匮可汗"寻卒,弟统叶护可汗代立"④。统叶护可汗之后,发生了汗位争夺。统叶护可汗"为其伯父所杀而自立,是为莫贺咄侯屈利俟毗可汗。……时统叶护之子咥利特勤避莫贺咄之难,亡在康居,泥熟遂迎而立之,是为乙毗钵罗肆叶护可汗"⑤。统叶护可汗的伯父杀害统叶护可汗,而自立为可汗,号莫贺咄可汗。此时,泥熟(身份不详)按传统立统叶护可汗之子咥利特勤为肆叶护可汗,与莫贺咄可汗对立。最终,肆叶护可汗战胜莫贺咄可汗,成为西突厥大可汗。

肆叶护可汗统治后期,即"其后设卑达官与突厥弩失毕二部豪帅潜

---

① 达头可汗有个异母之弟叫 tourxanth。〔法〕沙畹著,冯承钧译:《西突厥史料》,第 201 页。
② 《通典》卷 199《突厥下》,第 5453 页。
③ 《通典》卷 199《突厥下》,第 5455 页。
④ 《通典》卷 199《突厥下》,第 5455 页。
⑤ 《通典》卷 199《突厥下》,第 5456 页。

谋击之，肆叶护以轻骑遁于康居，寻卒。国人迎泥熟于焉耆而立之，是为咄陆可汗"①。可见，咄陆可汗是由"国人"立之。"明年，泥熟卒，其弟同娥设立，是为沙钵略咥利失可汗"②。咄陆可汗和咥利失可汗应该是遵循了可汗继承制。咥利失可汗在位时，西突厥汗国的西部另立新可汗，与其对立，即"西部竟立欲谷设为乙毗咄陆可汗"③。从此，西突厥汗国一分为二，拉开了争夺大可汗之位的战幕。

咥利失可汗时期，弩失毕等实力雄厚的部落干涉朝政，拥立新可汗，如"十三年，咥利失为吐屯俟利发与欲谷设通谋作难，咥利失穷蹙，奔于拔汗而死。弩失毕部落酋帅迎咥利失弟伽那之子薄布特勤而立之，是为乙毗沙钵罗叶护可汗"④。后来，咄陆可汗击杀叶护可汗，吞并其地。此时，唐朝也扶立乙毗射匮可汗，如"贞观十五年，部下屈利啜等谋欲废咄陆，各遣使诣阙，请立可汗。太宗遣使赍玺书立莫贺咄乙毗可汗之子，是为乙毗射匮可汗"⑤。乙毗射匮可汗最终战胜咄陆可汗，成为整个西突厥汗国的大可汗。乙毗射匮可汗继任者为贺鲁，即"贺鲁反叛，射匮部落为其所并。阿史那贺鲁者，曳步利设射匮特勤之子也"⑥。贺鲁与乙毗射匮可汗应该不是直系亲属。贺鲁被唐朝打败后，西突厥汗国灭亡。之后，西突厥的可汗都由唐朝来册封。

纵观西突厥可汗继位状况，除了个别几位按照继承制正常继位之外，其余大多数是经历一番斗争后产生，如大臣杀可汗自立，某个权臣拥立新可汗，属部或某个政权扶立傀儡可汗等。西突厥的可汗继位制与东突厥相比，较为复杂、杂乱无序，基本看不出其具体特点。但在总体上，西突厥可汗继位也要恪守突厥汗国即土门系汗国的基本体例。

三、突厥可汗继承制若干要点

突厥可汗继承制研究是个难度较大的课题，就目前史料条件，若要

---

① 《通典》卷199《突厥下》，第5456页。
② 《通典》卷199《突厥下》，第5457页。
③ 《通典》卷199《突厥下》，第5457页。
④ 《通典》卷199《突厥下》，第5457、5458页。
⑤ 《通典》卷199《突厥下》，第5458页。
⑥ 《通典》卷199《突厥下》，第5458、5459页。

把此制度的所有细节叙述清楚是不现实的。但认真仔细推敲相关史料后，若干要点还是值得思考的。

（1）土门系和室点密系可汗各成体系。突厥汗国建立之初就东西部各自为政，东部属于土门系，西部属于室点密系。东西部可汗世系，除了个别几位在特殊时期占据对方汗位之外[①]，其余基本遵循了土门系和室点密系各自世系的原则。从相关史料记载中看不出东西突厥彼此干涉可汗继承的情况，这说明他们选举可汗是独立自主的。由此看来，突厥汗国建立之初就形成了土门系和室点密系可汗各自世系且互不干涉的体例[②]。

（2）突厥汗国的可汗候选人只能从土门系和室点密系后裔中产生。突厥汗国的可汗继承制，从以前的部落联盟首领选举制演变形成。部落联盟首领的选举范围较广，并不只限于某个部族、氏族、家族，但突厥汗国的可汗只能从土门和室点密家族中产生。土门和室点密把可汗位传给自己的儿子。从第三位可汗开始就有难题了，就是传子还是传弟。纵观整个突厥汗国的汗位争夺，都是在叔侄或堂兄弟之间发生，这反映了土门和室点密家族的后人，只要符合条件者即可汗子弟都有继位的资格。沙钵略可汗继位时，"国人"曾说"四可汗之子，摄图最贤"。所谓的"四可汗"就是土门的四个儿子，且前三位都曾任大可汗，最后一位任小可汗。可见，凡是可汗的子弟都有继位权。

（3）"父子继承""以弟代兄"都是突厥可汗继承制的内容。研究突厥可汗继承制的难点是传位于弟弟还是儿子。纵观土门系和室点密系的可汗世系情况，除了几位可汗的身世不明之外，传位于弟弟和儿子的数量基本持平。那么，突厥汗国到底有没有明确的传弟或传子的制度呢？

---

① 突厥第一汗国时期，西突厥达头可汗曾夺取东突厥大可汗位；东突厥木杆可汗后裔泥利可汗、泥撅处罗可汗曾强占西突厥可汗位。除此之外，东西突厥可汗严格按照土门系和室点密系各自传承。

② 如果土门和室点密再没有兄弟的话，只能是他们的儿子继承汗位。但是，问题在于，土门死于552年，室点密死于576年，土门死时室点密还在世。假如以弟代兄制，那室点密也有可能继承土门之大可汗之位。正因为，土门系和室点密系各为政，室点密不能继位土门之位。从土门可汗死后室点密未继承大可汗之位来看，当时确实有土门系和室点密系可汗各自世系、互不干涉的原则。

对此，从史料中找不到确凿的证据，只能从相关记载中推测。《隋书·突厥传》记载：

> 处罗侯曰："我突厥自木杆可汗以来，多以弟代兄，以庶夺嫡，失先祖之法，不相敬畏。汝当嗣位，我不惮拜汝也。"雍虞闾又遣使谓处罗侯曰："叔与我父，共根连体，我是枝叶。宁有我作主，令根本反同枝叶，今叔父之尊下我卑稚！又亡父之命，其可废乎！愿叔勿疑。"相让者五六，处罗侯竟立，是为叶护可汗。以雍虞闾为叶护[①]。

据此记载，"先祖之法"不是"以弟代兄，以庶夺嫡"，而是父子继承、嫡系为先。突厥开国可汗土门和室点密把汗位分别传给了己子乙息记和达头。按照处罗侯的看法，破坏"先祖之法"者为乙息记之弟木杆可汗，即木杆继位可汗是不合法的。但我们也不能完全相信处罗侯的话，他有为自己继承可汗的合法性辩护之嫌。众所周知，处罗侯是摄图（即沙钵略可汗）之弟，他继承了摄图之位，本身就是"以弟代兄"。那他为何发难"以弟代兄"为不合法呢？因为，摄图和处罗侯是乙息记可汗之子，他们当然对叔父木杆可汗的"篡位"有所不满，觉得可汗之位本属于自己家族。所以，他们以"以弟代兄，以庶夺嫡"不合法为由，为乙息记可汗一系的合法化寻求"先祖之法"的依据。

突厥第二汗国的毗伽可汗也认为"以弟代兄"不是"先祖之法"。《阙特勤碑》东面第4、5行记载（《毗伽可汗碑》东面第5、6行记载同）："antaɣ külüg qaɣan ärmis anta kisrä inisi qaɣan bolmïs ärinč oɣlïtï qaɣan bolmïs ärinč anta kisrä inisi äčisin täg qïlïnmaduq ärinč oɣlï qaŋïn täg qïlïnmaduq ärinč biligsiz qaɣan olurmïs ärinč yablaq qaɣan olurmïs ärinč（曾是那样英明的可汗。此后，其弟成为可汗，其诸子成为可汗。此后，其弟不像兄，其子不像父。无智的可汗即位了，无能的可汗即位了）。"这段话是紧接着布民可汗（即土门可汗）和室点密可汗的史事之后记载的。很明显，碑文作者毗伽可汗是以埋怨的口气记述，他认为，汗国的发展越来越不景气就是因为可汗的弟弟及其诸子继位造成的。毗伽可汗虽然

---

① 《隋书》卷84《突厥传》，第1870、1871页。

没有明确说可汗之弟继位不合法，但从埋怨的口气来看，他还是不认同"以弟代兄"的做法。毗伽可汗的这种看法是有历史原因的，也是为自己的可汗之位合法性而辩护。毗伽可汗是继承了叔父默啜可汗，且通过政变夺位。在这种背景下，毗伽可汗是以"以弟代兄"不合法为由，为自己可汗之位的合法性进行辩解。

在突厥汗国时期的突厥人观念里，"父子继承"符合体例。例如，突厥大可汗遗嘱继任者时，即使不让自己儿子继任，也要先说明缘由。据史料记载，大可汗不让己子继位时一般是以"舍其子""性懊""丑弱""年幼"等缘由，这恰恰也能说明他们还是优先考虑己子。还有，如果大可汗的儿子正常继位，突厥"国人"一般不反对，很少出现汗位争夺情况。这些现象可以说明，无论在突厥可汗心里还是"国人"目中，父子继承是天经地义。

突厥可汗继承制中"以弟代兄"也是常态。这应该是游牧社会的传统继承制，是从游牧部落联盟时期的首领选举制发展而来。游牧部落联盟的首领选举，要遵守长者优先的规则。这种观念深深地烙在了突厥达官贵族及每个牧民的脑海里。在前引史料中雍虞闾说"叔与我父，共根连体，我是枝叶。宁由我作主，今根本反同枝叶，令叔父之尊下我卑稚"，充分体现了兄弟为重及长者为尊的传统观念。其实，这种传统观念是草原游牧民族的共性，有时将兄弟亲情看得比父子感情还重。众所周知，古代游牧社会是以氏族部落组成，实施氏族外婚制，且常以部落首领之间联姻。在这种婚制之下，部落首领之子的后台往往是势力雄厚的舅家。因此，某个有强势舅家背景的儿子继位，很容易被母亲或舅家所操控或干涉其内政。这种游牧社会的部落结构和联姻背景，有时使同母兄弟之间的亲情显得格外重要，这也许是"以弟代兄"的原因之一。

（4）突厥可汗继承制中年幼者不能继位。这是游牧民族继位制的传统。游牧社会生存条件艰苦，加之游牧部落之间的冲突矛盾以及周围政权之间的交涉等，需要强有力的首领，而年幼者不能堪此重任。那么，当可汗儿子"年幼"时，可汗之弟"代立"为可汗。最典型的例子就是，突厥第二汗国建立者骨咄禄去世时，因其子年幼而使其弟默啜继位。当然，也存在有权有势的大臣以年幼的可汗之子为傀儡，而自己在幕后把持大权，但这不是可汗继承制固有的内容，此不讨论。等到原可汗之子长大，其叔父可汗去世后，汗位要归还给原可汗之子（即叔父可汗的侄子），这就是游牧社会的"叔侄相传"。"叔侄相传"有时事先有约定，有时则武力夺回。

（5）突厥可汗继承制要遵循已故可汗的"遗嘱"。前引《旧唐书·突厥传》中沙钵略之子雍虞间说"又亡父之命，其可废乎"。"亡父之命"是指沙钵略选继任者遗嘱。除了沙钵略可汗，明确嘱咐继任者还有他钵可汗。当然，有些可汗去世突然，病卒或在战争中去世，在这种情况下来不及留下遗嘱。已故可汗留遗嘱时，优先考虑智勇双全者，而"性懊""丑弱"者以后再考虑。突厥汗国实施分封制，可汗子弟都有自己的领地、军队和属民。如果大可汗所选的继任者能力较弱，那后来肯定会被强者胁迫。摄图、菴罗、大逻便三人的汗位争夺就是最好的例子。如果大可汗自己的儿子能力强大，自然没有问题。但大可汗之子能力较弱，那大可汗留下"遗令"时，要与弟弟商谈"叔侄相传"之事，就是先让弟弟继位，之后要归还己子。当然，大可汗遴选继任者时要考虑整个汗国的未来，而不能只考虑个人喜好或恩怨。假如大可汗固执己见，选出一位并不出众的继任者，部落离散就不远了。

（6）突厥新可汗由"国人"推举产生。大可汗的遗嘱固然重要，但新可汗的产生不一定完全取决于遗嘱。遵循遗嘱基础上，由"国人"推举后才能最终成为可汗。"国人"推举是突厥可汗继承制的最重要且最终的环节。已故可汗遗嘱新任可汗候选人后，再由可汗家族及贵族大臣们聚集议论，从而推选出最终的新任可汗。一般情况下，"国人"推举已故可汗所遗嘱的继任者，但有时也有"违背"现象。"违背"遗嘱有很多理由，但本质就是权力斗争，一般是符合继位条件的、势力较强者策划此类预谋。

第五章　突厥的经济生活

突厥经济以饲养牲畜、四季游牧为主。突厥的养马业较为发达，马的种类较多。突厥拥有特点鲜明的手工品和日常用品，经营较为发达的草原丝路贸易。

第一节　突厥的游牧经济

对于每个民族而言，自然环境因素决定着其选择什么样的经济生活。突厥汗国鼎盛时期的疆域东自松嫩平原，西至里海北部，南邻沙漠地带（蒙古高原南缘沙漠、塔里木沙漠、阿姆河流域沙漠等），北靠西伯利亚森林地带①。这广袤地带以草原为主，也包括山林、戈壁、沙漠、绿洲、平原等不同的地貌。这种自然环境客观地造就了突厥人以"穹庐毡帐，随水草迁徙，以畜牧射猎为务"②的游牧生活。

游牧业最基本要素为饲养大量的牲畜，且在不同的季节随着水草而迁徙游牧。自然条件不同，饲养的牲畜种类也不一样，如干旱草原适合养羊，草甸草原适合养牛，沙漠戈壁适合养骆驼，高山草原适合养牦牛，森林地区适合养鹿，等等。对于突厥人的游牧业而言，从大兴安岭到里海的广袤地带，也是根据不同的自然环境而选择不同的牲畜饲养。大致分类说的话，大兴安岭及西伯利亚森林地区以养鹿为主，蒙古高原草原地带以养牛、羊为主，蒙古高原戈壁沙漠以及沿着丝绸之路的沙漠地带以养骆驼为主，阿尔泰山、天山、祁连山等高山草原以养牦牛为主，锡尔河以北的哈萨克草原也是以养羊、牛为主。

---

① 《周书·突厥传》记载："其地东自辽海以西，西至西海万里，南自沙漠以北，北至北海五六千里，皆属焉。"《周书》卷50《突厥传》，第909页。
② 《周书》卷50《突厥传》，第909页。

游牧畜群的饲养受自然环境影响较大。牧民们按春、夏、秋、冬四季逐水草游动，其中春、夏、秋三季依据每年的水草情况选择合适的地点，冬季的住所则相对固定。游牧社会是看天"脸色"生活，如果遇到雨水好、水草丰盛的年份则畜群旺盛，但碰到干旱、大雪等自然灾害的年份则会遭遇毁灭性的打击。例如，突厥曾有"每冬雷震，触地火生，种类资给，惟藉水草。去岁四时，竟无雨雪，川枯蝗暴，卉木烧尽，饥疫死亡，人畜相半"①。在一年四季中牧民们最难熬的是冬、春两季，尤其冬季遭遇雪灾则牲畜大规模死亡，从而引发饥荒。例如，突厥曾"频年大雪，六畜多死，国中大馁，颉利用度不给，复重敛诸部，由是下不堪命，内外多叛之"②。游牧社会遭遇自然灾害的后果不仅仅是畜群死亡，而由此引发饥荒，甚至导致整个社会动荡不安。可见，古代游牧业对自然条件有着绝对的依赖。

　　不同的地理环境导致饲养的牲畜不同，但马是各类游牧生活必有的牲畜。古代游牧经济离不开马，可以说，马是古代游牧社会生活的根基。游牧人的日常生活、政治外交、军事行动、商品贸易等各行各业无不仰赖马。突厥的养马业非常发达，这从突厥骑兵的数量就能看出。关于这方面，汉文史料记载的非常多，在此仅举颉利可汗时期为例说明情况。"四年四月，颉利自率万余骑"；"颉利遣数万骑与刘黑闼合军进围之"；"八年七月，颉利领十余万骑，大掠朔州"；"九年七月，颉利又率十余万骑进寇武功"③等。颉利可汗作战一般率领数万甚至十余万骑兵④，可见突厥养马业的发达。

　　突厥人非常注重养马业，对此，从他们制定的相关刑罚中可知。突厥"其刑法：反叛、杀人及奸人之妇、盗马绊者，皆死"；"盗马及杂物者，各十余倍征之"⑤。在突厥"刑法"中有保护牧民养马的条文，可见其对养马业的重视。

　　突厥牧场幅员辽阔、遍布各地，他们的马种也因地而异，种类较多。

---

① 《隋书》卷84《突厥传》，第1867页。
② 《旧唐书》卷194上《突厥传上》，第5159页。
③ 《通典》卷197《突厥上》，第5408、5409页。
④ 按照惯例，一名游牧骑兵带三四匹从马，可见其战马数量之多。
⑤ 《周书》卷50《突厥传》，第910页。

蒙古高原腹地及漠南地区的马种应为蒙古高原的本土马，即后人所谓的"蒙古马"。蒙古马身矮、腿粗，有耐力、耐寒，适合蒙古高原上的夏炎热干旱、冬寒冷冰雪的气候。《唐会要·诸蕃马印》记载："突厥马，技艺绝伦，筋骨合度，其能致远，田猎之用无比。史记匈奴畜马，即騊駼也。"①"筋骨合度，其能致远"正能反映蒙古马长距离奔跑的耐力特点，说明突厥人有"蒙古马"种。

《唐会要·诸蕃马印》又载："仆骨马，小于杖曳固（即'拔曳固'），与同罗相似，住在幽陵山南。""契马，与阿跌马相似，在阗洪达井已北，独乐水（即'土拉河'）已南。""回纥马，与仆骨相类，同在乌特勒山（即'于都斤山'）北安置。""阿史德马，与苏农执失同类，在阴山北，库延谷北。""思结马，碛南突厥马也。煨漫山西南，阗洪达井东南。""契苾马，与碛南突厥相似。"②阿史德属于突厥氏族，回纥、仆骨、契、思结、契苾等铁勒诸部从属突厥，这些部落居于蒙古高原鄂尔浑河、土拉河流域及漠南阴山一带。拔曳固马高大（见下文），仆骨马"小于拔曳固"马，可见其具备蒙古马特征。回纥、契、思结、契苾、阿史德马与仆骨马相类，也应是蒙古马的种类。

蒙古高原北部及贝加尔湖周围、叶尼塞河流域地区的马种为"驳马""骢马"。"驳马""骢马"是毛色斑驳，马身高大的马种。P. T. 1283敦煌文书《北方若干国君之王统叙记》③记载："其西方有突厥 ha-la-yun-log 族，是很幸福的种族。突厥良马均产自该地。"④ha-la-yun-log 即 ala-

---

① 《唐会要》卷72《诸蕃马印》，第1306、1307页。《山海经·海外北经》记载："北海内有兽，其状如马，名曰騊駼。"（袁珂校注：《山海经校注》，上海古籍出版社，1980年，第246页）
② 《唐会要》卷72《诸蕃马印》，第1306、1307页。
③ 《北方若干国君之王统叙记》，据伯希和研究，这是9世纪回鹘人的地理报告之藏文译本。现藏于法国巴黎国家图书馆，编号为 P. T. 1283，它是伯希和在1908年从敦煌带走的。据日本学者森安孝夫研究，该卷子成文年代为8世纪中叶以后至9世纪中叶，背景是吐蕃王朝为了解蒙古高原的情况而派遣五位回鹘使臣，这五位使臣各自按不同的路线考察了蒙古高原，并把所见所闻编纂成文。由此可见，这份卷子应该是以回鹘文写成的，之后才译成藏文。
④ 〔日〕森安孝夫：《チベット语史料中に现われる北方民族——DRU-GU と HOR》，《アジア·アフリカ言语文化研究》（第14辑），1977年，第28页。

yundluγ，就是汉文史料所记"贺兰""延陀""驳马"部①。《通典·驳马》记载"马色并驳，故以为国号"，可见"驳马""延陀"部是以驯养驳马而得名。《唐会要·诸蕃马印》记载："延陀马，与同罗相似，出骆马、骢马种。""杖曳固（即'拔曳固'）马，与骨利干马相类，种多黑点骢，如豹文。""骨利干马，本俗无印，惟割耳鼻为记。结骨马与骨利干马相似。""同罗马，与杖曳固（即'拔曳固'）川相类，亦出骢马种。"②可见，延陀、拔曳固（拔野古）、结骨（黠戛斯）、骨利干、同罗等部落居于贝加尔湖周围及叶尼塞河流域一带，饲养的马种为"骆马""骢马"。"骆马"是指白身黑鬃黑尾的青白马，"骢马"则指青白杂毛、身有"如豹文"的"黑点骢"，此马种身体高大，像骆驼一样。唐太宗李世民酷爱"骢马"。据《旧唐书》记载，骨利干遣使献良马十匹，唐太宗为之制名，号为十骥：一曰腾霜白、二曰皎雪骢、三曰凝露骢、四曰悬光骢、五曰决波騟、六曰飞霞骠、七曰发电赤、八曰流金騧、九曰翱麟紫、十曰奔虹赤③。可见，突厥属部畜养"骢马"种之状况。《阙特勤碑》中记载了阙特勤作战时的坐骑，如 boz at（骢马）、toruγ at（栗色马）、yaγïz at（褐色马）等，这也是突厥人的"骢马"种。

天山北麓伊犁河流域及阿姆河、锡尔河流域地区的马种为"天马""汗血马"。《史记·大宛列传》记载："多善马，马汗血，其先天马子也。……初，天子发书《易》云'神马当从西北来'。得乌孙马好，名曰'天马'。及得大宛汗血马，益壮，更名乌孙马曰'西极'，名大宛马曰'天马'云。"④乌孙居于天山特格斯河、伊犁河流域一带，大宛国位于今费尔干纳盆地。据此可见，西汉的好马一般来自天山特格斯河、伊犁

---

① 突厥语 ala 是"斑驳"之义，yund 是"马"之义，-luγ 是突厥语构词附加成分，表示"有……的"，ala-yundluγ 即"有斑驳马"，作为部族名称则表示"有斑驳马的人们"，即汉文史料所记"贺兰""延陀""驳马"部（包文胜：《薛延陀部名称与起源考》，《内蒙古大学学报》2010年第4期）。
② 《唐会要》卷72《诸蕃马印》，第1305、1306页。
③ 《旧唐书》卷199《铁勒传》，第5349页。
④ 《史记》卷123《大宛列传》，第3160、3170页；《史记·乐书》记载与此稍异："后伐大宛得千里马，马名蒲梢，次作以为歌。歌诗曰："天马来兮从西极，经万里兮归有德。承灵威兮降外国，涉流沙兮四夷服。"（《史记》卷24《乐书第二》，第1178页）

河流域的乌孙"天马"和费尔干纳盆地的大宛"汗血马"。据记载,"天马""汗血马"是杂交培育的。《汉书·西域传》记载:"言大宛国有高山,其上有马不可得,因取五色母马置,其下与集,生驹皆汗血,因号曰天马子云。"① 不仅如此,吐谷浑人也能培育"汗血马"。《魏书·吐谷浑传》记载:"青海周回千余里,海内有小山,每冬冰合后,以良牝马置此山,至来春收之,马皆有孕,所生得驹,号为龙种,必多骏异。吐谷浑尝得波斯草马,放入海,因生骢驹,能日行千里,世传青海骢者是也。"② 由此看来,大宛人和吐谷浑人用"五色马"和"波斯草马"与"天马"交配培育了"汗血马"和"青海骢"。

突厥人的起源及兴起之地可能在锡尔河流域、伊犁河流域及准噶尔盆地一带,这些地区正是"天马""汗血马"的故乡。所以,突厥人自然懂得培育"天马""汗血马"种。突厥人称呼此类马为 arγumaγ,其词干 arγun-arqun 指"杂种""混血"等。突厥语 arγumaγ 是指野公马与家养母马杂交后的一种马③。蒙古人称呼此种马亦为 arγumaγ saral。蒙古语 saral 指"黑白杂色""色不纯"的马。蒙古语另有与之密切相关的词 saγarmaγ-saarmaγ,指"杂种",其词义与突厥语 arγumaγ 完全相同④。

第二节 突厥的饮食住行

游牧生活不仅是"畜牧为事",也要按时节逐水草"游动"。不"游动"则不能称为游牧经济了。突厥"其俗畜牧为事,随逐水草,不恒厥处"⑤。"不恒厥处"而住穹庐,随逐水草而游牧,这是游牧生活的根本特点。骑马游牧则众所周知,除此之外,还要必备搬迁生活用品的交通

---

① 这是颜师古《汉书注》引孟康《汉书音义》对"天马子"的解释,参见《汉书》卷 96 上《西域传·大宛国》,第 3895 页。
② 《魏书》卷 101《吐谷浑传》,第 2240、2241 页。
③ Mahmūd al-kāšγarī. Compendium of the Turkic dialects(Dīwān Luγāt at-Turk), I. p. 136.
④ 宝音德力根、包文胜:《"驳马—贺兰部"的历史与贺兰山名称起源及相关史地问题》,《中国历史地理论丛》2017 年第 3 期。
⑤ 《隋书》卷 84《突厥传》,第 1864 页。

工具"车"。游牧人的车可以分为勒勒车、篷车、毡帐车、战车、货车等多种。游牧生活中勒勒车是最为普遍的交通工具。牧民们无论是搬迁生活所需品,还是草场转移,随时随刻用勒勒车。《汉书·扬雄传》记载:"砰輷輼,破穹庐。"对此,应劭注曰:"輷輼,匈奴车也。"颜师古注曰:"穹庐,毡帐也。"① 可见,游牧人的毡帐与车是分不开的。《盐铁论·散不足》记载:"若胡车相随而鸣。"② "胡车"是指匈奴车,"相随而鸣"的描述如同今天的蒙古高原上使用的勒勒车,也就是牧民转移游牧地时用很多套牛的车载物,车辆相连随行,且在最后一辆车的牛脖子上挂铃,随行走鸣响。据此可知,游牧生活中的勒勒车,自从匈奴时代就有记录,应为代代相传,时至今日仍在使用。

突厥人称呼勒勒车为 qaŋlï 或 qaŋlïq,汉语音译为"康里",意译为"高车"。史载"康里,即汉高车国也"③。高车之名源于"唯车轮高大,辐数至多"④。从力学角度出发,设计这样的车轮能载重货。所以,"高车"应指用于搬运货物的车辆。突厥语 qaŋlï/qaŋlïq,词干为 qaŋ(车),其后加形容词词缀 -lï/-lïq,就是"有车辆之人""善造车之人"的意思。现藏于法国巴黎国民图书馆的《乌古斯可汗的传说》记载:"在乌古斯可汗的军队里,有一个技巧熟练的军人。他的名字叫作 Barmaqlïɣ čosun billig,这个巧匠制造了一辆运货的车。在车上装载着战利品。在车的前面装载着活的俘虏。他们牵引着车离开了。所有的随从人员都见证了这一切。他们造了更多的(同样的)车。当车辆(行驶)发出 qaŋa qaŋa 的声音,因此被称为 qaŋa。乌古斯可汗看到这些车辆后笑着说道:'你用车,把死去的拥有了生命(意思为把所有战利品都带走了——译者),命名你为 qaŋaluq,让车给你带路。然后就离开了。"⑤ 这就是突厥语表示车之义

---

① (汉)班固撰,(唐)颜师古注:《汉书》卷87《扬雄传上》,中华书局,1962年,第3561、3562页。
② (汉)桓宽撰,王利器校注:《盐铁论校注》卷六《散不足·第二十九》,中华书局,1992年,第348页。
③ 《元史》卷130《不忽木传》,第3163页。
④ 《魏书》卷103《高车传》,第2308页。
⑤ Mehmet Ölmez:《oğuz 名称与〈乌古斯可汗传说〉研究》(待出版)。参见岑仲勉:《突厥集史》(下),第1118页。耿世民译:《乌古斯可汗的传说(维吾尔族古代史诗)》,新疆人民出版社,1980年。

的 qaŋa 一词由来。在此明确说 qaŋa 是装载货物的车，拥有这种车辆的人或部落被命名为 qaŋaluq（即 qaŋlïq 或 qaŋlï）。喀什噶里《突厥语大辞典》qaŋlï 词条释义："货车（四轮车），能载重货。"① 现代土耳其语 kağnı 亦指牛车。蒙古语中也有 qaŋ terge，其义为大车。蒙古语中还有 qaŋqai emegel（驮鞍）、qaŋqai terge（载货的车）、qaŋqai ger（空房，也指储藏室）等，都与搬迁或储藏货物等有关。蒙古语 qaŋqai 的词干当与突厥语 qaŋa 同源。可见，突厥 qaŋlï 是套牛的木制车，用于游牧日常生活和草场转移等。

突厥人的游牧生活也与其他游牧民族一样居住"穹庐毡帐""食肉饮酪"。"穹庐"形状，唐颜师古解释说："穹庐，旃帐也。其形穹隆，故曰穹庐。"② "穹庐毡帐"应与今天的蒙古包类似。制作"穹庐毡帐"的主要材料为毡。毡是游牧民族的手工品，以牲畜毛绒制作。"穹庐毡帐"的优点在于拆卸和安装容易，适合于"逐水草为居室"，不破坏牧场。突厥"穹庐向日开"，穹庐门朝东开，突厥人以日出的方向为正方、前方。

突厥语称呼普通的毡帐为 äb（äv）。"突厥呼屋为遗"③，"遗"即突厥语 äb（äv）之音译。突厥人也有把毡帐安置于车上，随时搬迁。此类毡帐车不用拆卸，直接可以挪动。室韦人"乘牛车，篷筚为屋，如突厥毡车之状"④，可见突厥人确有"毡车"。

突厥可汗居住的穹庐称为"牙帐"或"汗庭"。日本 Miho 博物馆收藏的粟特棺床屏风中有一幅可汗居于牙帐的画（编号为 C）⑤，西安发现的粟特安伽墓棺床屏风中有一幅突厥可汗与粟特萨宝在突厥可汗虎皮牙帐中座谈的画（图七）⑥。东罗马使臣 Zemarqua 曾亲眼见过西突厥可汗牙帐，据他描述可汗"坐于两轮金椅子上，行时以一马驾之，帐幕以杂色绸绢

---

① Mahmūd al-kāšγarī. Compendium of the Turkic dialects(Dīwān Luγāt at-Turk), II. p. 343.
② 《汉书》卷 94《匈奴传上》，第 3761 页。
③ 《通典》卷 197《突厥上》，第 5403 页。
④ 《隋书》卷 84《室韦传》，第 1882 页。
⑤ Miho Museum：《Miho Museum 南館図録》，第 250 页。
⑥ 荣新江、张志清主编：《从撒马尔干到长安——粟特人在中国的文化遗迹》，第 74 页。

图七 西安北周安伽墓棺床屏风图①

饰之"。他又说："可汗他日接见罗马使臣之二室，其一中有肖像，可汗卧于金床，室设金瓶金针金瓮；其一室有饰金木柱，有一金床，四金孔雀负。门首有车，满载银盘及银制动物肖像。"②玄奘也曾亲眼见过西突厥可汗的牙帐，他说"可汗居一大帐，帐以金华装之，烂眩人目。诸达官于前列长筵两行侍坐，皆锦服赫然，余仗卫立于后。观之，虽穹庐之君亦为尊美矣"③。可见，突厥可汗牙帐一般载于车，非常宽大、奢华。

突厥"食肉饮酪"，主要食物为肉和奶制品，饮品以乳汁品为主。玄奘曾在西突厥可汗牙帐见过突厥饮食物品，据他说可汗"命陈酒设乐，可汗共诸臣使人饮，别索蒲萄浆奉法师"，他又说"少时，更有食至，皆烹鲜羔犊之质，盈积于前。别营净食进法师，具有饼饭、酥乳、石蜜、刺蜜、蒲萄等。食讫，更行蒲萄浆，仍请说法"④。"蒲萄浆"应是葡萄酒，突厥语称为 bor。突厥的葡萄酒应来源于丝绸之路沿线的绿洲

---

① 陕西省考古研究所编著：《西安北周安伽墓》，文物出版社，2003年。
② 〔法〕沙畹著，冯承钧译：《西突厥史料》，第212、213页。
③ （唐）慧立、彦悰撰，孙毓棠、谢方点校：《大慈恩寺三藏法师传》卷2，中华书局，1983年，第28页。
④ （唐）慧立、彦悰撰，孙毓棠、谢方点校：《大慈恩寺三藏法师传》卷2，第28页。

地区。除了葡萄酒,突厥人也有"匐你"酒。突厥"谓酒为匐你热汗,热汗掌监察非违,蠿整班次"①。"匐你"酒就是波斯 bagni(bakni)酒②,来源于波斯。

突厥以马乳制作的饮品为马奶酒。高车人"俗无谷,不作酒,迎妇之日,男女相将,持马酪熟肉节解"③。突厥"男子好樗蒲,女子踏鞠,饮马酪取醉,歌呼相对"④。"马酪"就是发酵的马奶酒,元代称作"忽迷思(qumiz)"。东罗马使臣 Zemarqua 曾亲眼见过西突厥可汗喝马乳,他说"可汗饮之以酒,酒非葡萄所酿,似以马乳作之"⑤。

突厥衣食不仅仰赖于牲畜业,也依赖于狩猎业。突厥第二汗国时期,"暾欲谷曰:'不可。突厥人户寡少,不敌唐家百分之一,所以常能抗拒者,正以随逐水草,居处无常,射猎为业,又皆习武。'"⑥"射猎为业",说明在突厥生活中狩猎业占重要的比例。《暾欲谷碑》第一石南面第 1 行记载:"käyik yiyü tabïsɣan yiyü olurur ärtimiz bodun boγuzï toq ärti(我们吃着野鹿、野兔居住,百姓的肚子是饱的)。"⑦ 这条史料反映的是突厥第二汗国复兴之时的艰苦环境,反映了他们在没有稳定的食物来源时,以打猎维持生活。不过,突厥可汗或达官贵族等上层人物的狩猎,娱乐成分更多一些,也展示着英勇善战的一面,如"沙钵略一日手杀鹿十八头,齎尾舌以献"。山西省太原市发现的粟特虞弘墓中有一幅突厥人射杀狮子的画⑧,用于表现突厥可汗的勇敢。

突厥人的食品主要为肉类,但也依赖于农作谷物、蔬菜等。默啜可

---

① 《通典》卷 197《突厥上》,第 5403 页。
② 韩儒林:《突厥官号考释》,《穹庐集》,第 362、363 页。
③ 《魏书》卷 103《高车传》,第 2307 页。
④ 《隋书》卷 84《突厥传》,第 1864 页。
⑤ 〔法〕沙畹著,冯承钧译:《西突厥史料》,第 212 页。
⑥ 《旧唐书》卷 194 上《突厥传上》,第 5174 页。
⑦ 耿世民翻译此句为"我们吃野山羊(käyik)和兔子度日"。käyik 应当指"野鹿"。现代土耳其语"鹿"作 geyik。沙钵略可汗投降隋朝以后,曾"一日手杀鹿十八头,齎尾舌以献"(《隋书》卷 84《突厥传》,第 1870 页)来看,käyik 一词指"野鹿"是没有问题的。
⑧ 荣新江、张志清主编:《从撒马尔干到长安——粟特人在中国的文化遗迹》,第 84 页。

汗"又索此降户及单于都护府之地，兼请农器、种子。武太后初不许，默啜大怒，言辞甚慢，拘我使人司宾卿田归道，将害之。时朝廷惧其兵势，纳言姚璹建议请许其和亲，遂尽驱六州降户数千帐，并种子四万余石、农器三千事以上与之，默啜浸强由此也"①。这条史料虽然是非常时刻的状况，但也能反映出突厥对农作物的需求。

突厥人最为擅长的手工业是冶铁业，并以此为自豪。从史料所记突厥"居金山之阳，为茹茹铁工"②可知，冶铁业是突厥代表性手工业，甚至"突厥"一称也与冶铁业有关（见第二章第一节"突厥的族名"）。突厥的金银器手工制品也比较出名。突厥手工艺术一般体现在金银器上，喜好雕刻动物图案。前引东罗马使臣Zemarqua在西突厥可汗牙帐曾见过的突厥"金瓶金针金瓮"和"银盘及银制动物肖像"手工品，以及他所描述的可汗牙帐的装饰、金床形状、金柱形状中，都能看出突厥手工艺术的水准。突厥也有种类繁多的首饰、服饰等金银手工品。对此，蒙古国发现的毗伽可汗金冠代表着突厥高超的手工艺术（见第六章第二节"突厥的发式服饰"）。

第三节　突厥的丝绸贸易

突厥的经济虽然以游牧业为主，但商业对他们而言也非常重要，其地位仅次于游牧业。突厥兴起之地准噶尔盆地正处于丝绸商道，所以，他们不但不陌生商业，反而善于利用商业致富。突厥汗国建立之前，突厥人的经济来源之一就是商业。突厥土门时期"部落稍盛，始至塞上市缯絮，愿通中国"③。这条史料是大统十一年（545年）之前即突厥汗国建立之前的情况。"塞上市缯絮"是指边塞互市贸易，可见，突厥人此时就已与周边进行贸易。这种善于商贾的部族，建立汗国之后自然也会采取以经商带动经济的治国方针。《阙特勤碑》南面第8行记载："ötükän yir olurïp arqïš tirkiš ïsar näŋ buŋuy yoq（如果居住在于都斤地区，派遣商队的话，没有任何忧愁）。"这是毗伽可汗对唐朝采取的策略，他认为"派

---

① 《通典》卷198《突厥中》，第5435页。
② 《周书》卷50《突厥传》，第907页。
③ 《周书》卷50《突厥传》，第908页。

遣商队"与周边和平共处是发展汗国经济的正确方针。当然,"派遣商队"的策略并不是毗伽可汗首创,之前就已存在。

随着突厥汗国领地不断向外拓展,他们的经商地域范围日渐扩大,几乎囊括了亚欧大陆。从某种意义上讲,丝绸之路贸易促使着突厥汗国疆域的扩张。突厥汗国的疆域在鼎盛时期东至大兴安岭、西到里海附近,整个亚欧草原基本成为他们的统治地带。这样,突厥汗国与中原、波斯和拜占庭(东罗马)等地为邻,自然与其发生商业贸易关系。突厥人把这些有实力的政权用商业连在一起,其间进行贸易,自己则成为物品流通和文化交流的桥梁和"传递员"。突厥的商业发达主要体现在丝路贸易上,尤其在与中原、波斯和拜占庭之间的商业活动更为突出。

突厥的丝路贸易,最重要的部分是与中原政权之间的贸易。中原"朝廷既与和亲,岁给缯絮锦彩十万段。突厥在京师者,又待以优礼,衣锦食肉者,常以千数。齐人惧其寇掠,亦倾府藏以给之。他钵弥复骄傲,至乃率其徒属曰:'但使我在南两个儿孝顺,何忧无物邪。'"①史料记载,587年"上为废朝三日,遣太常吊祭焉。赠物五千段"。又载:"明年(588年),突厥部落大人相率遣使贡马万匹,羊二万口,驼、牛各五百头。寻遣请缘边置市,与中国贸易,诏许之。"②从这些记载可知,突厥与中原政权之间一般是"朝贡"与"恩赐"形式的官方贸易。这种官方贸易在突厥汗国历史中断断续续一直存在。尤其是,双方建立和亲关系时,官方贸易更为频繁,交换物品数量剧增。这种官方贸易不一定按市场价对等交换,而是政治意义更浓,出于某种政治目的互赠相应的物品。突厥与中原政权之间的交换物资,突厥以牲畜如马、羊等为主,而中原以丝绸、纺织品等物品为主。《册府元龟》所记"国家买突厥马羊,突厥将国家彩帛"③清楚地说明了这一情况,可见,是典型的官方"绢马"贸易。

除了官方贸易,突厥与中原政权之间也存在互市贸易。前引史料中记载"缘边置市,与中国贸易",可见,在边境上确实存在互市贸易。边境互市贸易应该以民间贸易为主,相对常态。史料记载:"唐高祖武德

---

① 《周书》卷50《突厥传》,第911页。
② 《隋书》卷84《突厥传》,第1870、1871页。
③ 《册府元龟》卷980《外臣部·通好》,第11511页。

初，以丰州绝远，先属突厥，交相往来，吏不能禁。隐太子建成议废丰州，虚其城郭，权徙百姓寄居于灵州，割并五原、榆平之地。"①"交相往来，吏不能禁"能说明至少在隋末唐初突厥汗国与中原政权有民间贸易往来，且交流很频繁，以至于唐朝"吏不能禁"。

当突厥和波斯联合击破嚈哒国后，中亚丝绸贸易基本掌握在突厥人手中。刚开始突厥和波斯关系友好，突厥可汗嫁女波斯王，双方联姻。原属嚈哒国的粟特人想借助新主人突厥势力，欲与波斯建立贸易关系。约在568年之前，突厥可汗派遣康国粟特人Maniach到波斯王Khosrou Anouschirwan处，表达了与其进行丝绸贸易的愿望。但波斯王Khosrou听从了国内嚈哒人建议，未允许突厥可汗的请求。突厥再派遣使者至波斯，同样也遭到拒绝②。随后，突厥与波斯交恶，建立贸易关系的可能性也随之破灭。粟特人Maniach又建议突厥可汗，与拜占庭建立丝绸贸易关系。当时拜占庭与波斯经常交战，关系并不好。当突厥使臣来到拜占庭时，拜占庭国王欣然答应其要求，且派使者与突厥使臣一同到突厥。之后，突厥与拜占庭多次互派使者，双方建立起了贸易关系。突厥与拜占庭丝绸贸易通道的大致路线为，从里海北边向西至黑海岸，之后有两条道可到拜占庭都城君士坦丁堡，一条为穿越高加索山脉、经小亚细亚，另一条为经克里米亚岛、巴尔干半岛，终点为君士坦丁堡③。这样，突厥汗国成功开辟了直接与欧洲经商的路线，完全掌控了欧亚草原丝路贸易。

从史料记载来看，突厥与波斯交恶，而与拜占庭友好。不过，这只是史料记载给我们的片面印象而已。突厥与波斯、拜占庭之间的政治关系好坏，或多或少影响商贸，但绝不是一直断绝贸易，没有任何贸易往来。也就是说，突厥与波斯、拜占庭之间的关系时好时坏，但贸易往来一直在持续，民间贸易仍然存在。

突厥掌控着草原丝路贸易，以与粟特人密切"合作"的模式经商，具体为粟特人经商，突厥人提供保护。突厥人在丝绸之路上经商，基本

---

① 《册府元龟》卷990《外臣部·备御》，第11633页。
② 〔法〕沙畹著，冯承钧译：《西突厥史料》，第208、209页。
③ 〔法〕魏义天著，王睿译：《粟特商人史》，广西师范大学出版社，2012年，第154—162页。

依靠粟特人，可谓离不开粟特人。同样，粟特人也需要突厥人的保护，不然他们的商队在丝路上无法畅通无阻地流动。所以，突厥人和粟特人在商业方面合作得亲密无间，彼此融为一体，获取更多利益。

突厥重用粟特人的原因，与粟特人的善于商贾以及外交能手的民族特征分不开。粟特人以经商为业是世人皆知。位于中亚丝路的康国属于粟特，其"生子必以石蜜纳口中，明胶置掌内，欲其成长口常甘言，常持钱如胶之黏物。俗习胡书。善商贾，争分铢之利。男子年二十，即远之旁国，来适中夏，利之所在，无所不到"①。粟特人居于中西交通枢纽，即阿姆河和锡尔河之间的河中地区。他们利用这种自然便利条件，活跃于中西之间的商贸活动，其足迹遍布亚欧大陆。

突厥汗国建立之前，在中央亚欧地区就已形成以商业为基础的"粟特网络"②。草原丝路形成较早，至少匈奴掌控亚欧草原时就已存在。中原政权与粟特人及西域诸国商业频繁往来，应始于东汉末期或三国时期。从魏晋南北朝时期开始，贯通中原—蒙古高原—西域—欧洲等地的丝绸之路贸易逐步形成。尤其是，北魏分裂为东、西魏后，复杂的国际关系促使了"粟特网络"的繁荣。东魏、西魏各自为了得到周边势力柔然、嚈哒、吐谷浑、突厥等的支持，频频遣使与其来往。在这复杂的关系网中，粟特人往往充当媒介，以使者身份穿梭于各国之间。当突厥汗国建立及掌控了以商业为基础的"粟特网络"支配权后，他们以指使或扶持粟特人作为手段，操纵着丝绸之路的商业贸易。

粟特人经商主要是以商队形式远程贩卖货物。因为是远程贩卖货物，所以商队的人数不可过少，且在路途中需要落脚点，于是形成了粟特人的"聚落"。粟特"聚落"遍布亚欧大陆各地，成为每个地区的商业据点。粟特"聚落"的首领在汉文史料中称作"萨宝"。粟特的商队及"聚落"必须有某个势力来保护，不然会遭到抢劫或偷盗等。突厥人掌控亚欧草原后，充当了粟特人商业活动的保护人角色。关于突厥人和粟特人"合作"的商贸模式，从最近发现的粟特人墓的石屏画中能看出一些情况

---

① 《旧唐书》卷196《康国传》，第5310页。
② 〔日〕森安孝夫著，张雅婷译：《丝路、游牧民与唐帝国：从中央欧亚出发，骑马游牧民眼中的拓跋国家》，八旗文化、远足文化事业股份有限公司出版，2018年，第116—123页。

（图八）。日本滋贺县 Miho 博物馆收藏的"棺床屏风"画（编号 D）[①]，是个"粟特驼队出行图"，内容为粟特人牵引驼队，突厥人骑马护送的场面[②]。从西安大明宫遗址北面发现的安伽墓石屏画中，雕刻着突厥首领到粟特萨宝处、粟特萨宝做客突厥可汗牙帐及其双方座谈的场面，其中也画着粟特商队的具体情况[③]。从这些画中可以大致了解，当时突厥与粟特的商业"合作"模式为粟特经商，突厥保护。

总之，突厥汗国建立之后不断扩张，征服了整个亚欧草原，掌控了草原丝路贸易。于是，他们把东方的中原政权和中亚的波斯、西方的拜占庭贯通，进行商贸活动，以期发展经济。突厥以与粟特人"合作"模式经商，粟特人负责经商事迹，突厥人则在幕后操控指使。突厥人把自己和周边各地的物资集中，再发放各地贩卖，从中获利。这样，以突厥人为"媒介"，连接东西方的丝路贸易网逐渐形成，突厥人从中获取大量的利润。这也客观上促进了不同地区的物品流通和文化交流。

图八　西安北周安伽墓棺床屏风图[④]

① Miho Museum：《Miho Museum 南館図錄》，第 251 页。
② 荣新江：《中古中国与粟特文明》，生活·读书·新知三联书店，2014 年，第 354、355 页。
③ 荣新江、张志清主编：《从撒马尔罕到长安——粟特人在中国的文化遗迹》，第 70、74 页。
④ 陕西省考古研究所编著：《西安北周安伽墓》，文物出版社，2003 年。

第六章　突厥的文化习俗

突厥的文化习俗既有草原游牧民族共有的特点，也保持了自己独有的特性。狼崇拜、信奉萨满是突厥固有的传统信仰，佛教、祆教则是后来传播的宗教。突厥的发式、服饰、婚丧等社会风俗十分独特，尤其是丧葬习俗，在草原上别具特色。突厥语言属于阿尔泰语系。突厥人先是借用其他民族文字，之后创造了自己的文字。

第一节　突厥的宗教信仰

突厥阿史那氏以狼为图腾，"故牙门建狼头纛,示不忘本也"①。可见，可汗牙帐门前有立狼头纛的习俗，且"旗纛之上,施金狼头"②。突厥人把侍卫也以狼命名，如"侍卫之士,谓之附离,夏言亦狼也"③。"附离"，突厥语 böri 之音译，"狼"之意。

突厥以狼为图腾的习俗，充分体现在他们的"狼起源传说"。蒙古国发现的《布古特碑》立于他钵可汗时期，据说其碑额为狼和小孩的雕刻。如是，这与《周书·突厥传》所载"狼传说"故事完全吻合。遗留文物与史料记载的吻合，可以证明突厥人确实以狼为图腾。当然，以狼为图腾不仅只有突厥一族，乌孙、高车、回纥（乌古斯）、蒙古等草原民族都有与狼有关的传说故事，这是北方草原游牧民族共有的传统④。

对于突厥人而言，狼代表着他们的兴亡。史料所记传说故事能说明问题，"初,延陀将灭,有丐食于其部者,延客帐中,妻视客人而狼首,

---

① 《隋书》卷84《突厥传》，第1863页。
② 《周书》卷50《突厥传》，第909页。
③ 《周书》卷50《突厥传》，第909页。
④ 韩儒林：《突厥蒙古之祖先传说》，《穹庐集》，第274—303页。

主不觉，客已食，妻语部人共追之，至郁督军山，见二人焉，曰：'我神也，薛延陀且灭。'追者惧，却走，遂失之。至是果败此山下"①。此故事内容预示着薛延陀汗国将要灭亡的征兆。从"狼首"和"郁督军山"（即于都斤山）来推断，"丐食"者是突厥人。灭亡突厥第一汗国的罪魁祸首正是薛延陀人。薛延陀人不仅推翻了突厥汗国，还以突厥人崇拜的圣地"郁督军山"为统治中心，建立了薛延陀汗国（629—646）。在此情况下，想必突厥后人无比敌视薛延陀汗国，从而编造故事，"诅咒"其国灭亡。那么，这故事寓意着"狼首"的突厥"丐食"者在圣地"郁督军山"预示薛延陀汗国的灭亡，也说明了突厥人以狼为图腾，狼是他们兴亡的预兆。

突厥人的原始信仰是本土"萨满"。简单理解萨满信仰，就是人们对原始自然万物的崇拜，尤其对日月、祖先、天神、地神等的祭拜。突厥"可汗恒处于都斤山，牙帐东开，盖敬日之所出也。每岁率诸贵人，祭其先窟。又以五月中旬，集他人水，拜祭天神。于都斤四五百里，有高山迥出，上无草树，谓其为勃登凝黎，夏言地神也"②。这条史料较为典型地体现了突厥人信奉萨满的情况。"牙帐东开，盖敬日之所出也"，敬畏太阳；"祭其先窟"，祭祀祖先；"拜祭天神"，对天神的崇拜；"谓其为勃登凝黎，夏言地神也"，"地神"之名本身就表达了崇拜大地之意。

突厥卢尼文碑铭中多次出现敬畏或崇拜 täŋri（天神）、ïduq yir sub（圣土、圣水）、ïduq baš（圣峰）、ötükän（于都斤）等记载，这些都是信仰萨满的体现。对于萨满信仰中的自然物体如水土、山河、树木等的崇拜，很容易理解。对于 täŋri（天神）的崇拜，这是包括突厥在内的古代北方民族共有的传统。täŋri 一词从匈奴时期至今，无论是读音还是词义没有多大变化，是指"天神"或"神"。在萨满信仰观念里，天上有个神主宰着整个世界，此即 täŋri。因此，信奉萨满者无论做什么事情都要先祭拜 täŋri。

突厥人祭祀"天神"，有固定的时间和地点。前引史料所说"每岁率诸贵人，祭其先窟。又以五月中旬，集他人水，拜祭天神"。对于祭拜天

---

① 《新唐书》卷217下《薛延陀传》，第6139页。
② 《周书》卷50《突厥传》，第910页。

神的时间，《隋书·西突厥传》记载的更为具体，即"每五月八日，相聚祭神，岁遣重臣向其先世所居之窟致祭焉"①。在此所说"相聚祭神"的"神"为"天神"。可见，突厥人祭祀天神的时间为每年五月八日或五月中旬，其地点为"他人水"。"他人水"的"人"本当"民"，唐朝为了避讳李世民的"民"而改为"人"。也就是说，"他人水"即"他民水"，是指今蒙古国鄂尔浑河支流塔米尔（тамир）河②。由此可知，突厥人于五月八日或五月中旬在塔米尔河聚集，共同祭祀天神。其实，匈奴就有每年五月聚集某处祭祀祖先、天地的习俗，即"五月，大会茏城，祭其先、天地、鬼神"③。由此看来，突厥人祭祀天神的习俗，传承于古代北方游牧民族，也是信仰萨满者共有的习俗。

萨满信仰中有天神，那自然也有祭拜地神的习俗。如前文，"地神"突厥语作 ötükän，汉文史料音译为"于都斤""郁督军山"等。突厥人祭拜的"地神"，应该是今天的蒙古国杭爱山鄂托浑腾格里峰（见第四章第一节突厥祭祀圣地"于都斤"）。在古代，此地有祭祀活动的痕迹。蒙古西征时期，长春真人丘处机奉成吉思汗之命赴西域。他经过杭爱山时说："七月九日，同宣使西南行。五、六日屡见山上有雪，山下往往有坟墓。及升高陵，又有祀神之迹。又三、二日，历一山。高峰如削，松杉郁茂。西有海子，南有大峡，则一水西流，杂木丛映于水之阳。韭茂如芳草，夹道连数十里。北有故城，曰'曷剌肖'。"④"山上有雪"，今杭爱山最高峰鄂托浑腾格里峰常年积雪；"西有海子"，应是鄂托浑腾格里峰之西的湖泊；"曷剌肖"，即今乌里雅苏台城一带⑤。据此可知，丘处机是从鄂托浑腾格里峰附近穿过杭爱山，抵达了乌里雅苏台城之地。他路过此地时看见了"祀神"的痕迹，这应该是古代游牧民族祭祀鄂托浑腾格里峰的痕迹，其中应该包括突厥人。

---

① 《隋书》卷84《西突厥传》，第1876、1877页。
② 王小甫：《拜火教与突厥兴衰——以古代突厥斗战神研究为中心》，《历史研究》2007年第1期，第37页注14。
③ 《史记》卷110《匈奴列传》，第2892页。
④ （元）李志常著，党宝海译注：《长春真人西游记》，河北人民出版社，2001年，第38页。
⑤ （元）李志常著，党宝海译注：《长春真人西游记》，第41页。

突厥萨满信仰，除了以上大型的祭祀活动之外，牧民们平时也会在家中敬仰。牧民们平时祭祀"鬼神"，时常请萨满巫师跳神。突厥人"敬鬼神，信巫觋"①。"鬼神"是萨满的敬仰之物，"巫觋"之"巫"为女巫、"觋"为男巫。黠戛斯人也"祠神惟主水草，祭无时，呼巫为'甘'"②。"甘"字，古音为 *kam，是指萨满巫师。"祭无时"，说明日常生活中牧民们祭祀萨满信仰没有具体的时间，遇到某事就请"巫觋"跳神。

突厥军事活动之前先要祭"祠"，如"先是，朔方军北与突厥以河为界，河北岸有拂云祠，突厥将入寇，必先诣祠祭酹求福，因牧马料兵，候冰合渡河"③。"祠"，《说文解字》解释其为"春祭曰祠"，应是祭祀神或祖先的场所。《通典·突厥中》此段内容，《元和郡县图志》记载相同，唯独把"拂云祠"作"拂云堆神祠"④。在这应注意"堆"，也许与今天的蒙古族祭祀"敖包"活动类似。蒙古族的"敖包"就是萨满巫觋领悟天地之神旨意的物体。如果此推断无误，把突厥人祭祀的"堆"可以理解为自然崇拜之场所，应该是信奉萨满的现象。

突厥人也信奉佛教。突厥人大规模信奉佛教应从他钵（佗钵）可汗开始，这与北齐有着直接关系。史料记载："齐有沙门惠琳，被掠入突厥中，因谓佗钵曰：'齐国富强者，为有佛法耳。'遂说以因缘果报之事。佗钵闻而信之，建一伽蓝，遣使聘于齐氏，求净名、涅槃、华严等经，并十诵律。佗钵亦躬自斋戒，绕塔行道，恨不生内地。"⑤可见，他钵可汗从北齐带来沙门惠琳后，在国内大力宣传佛法，且自己也信奉了佛教。其实，突厥汗国建立之初期，与北齐不和，反而与其死敌北周建立了战略联盟。木杆可汗时期更是采取了"联周反齐"的国策。那为何他钵可汗与北齐和好呢？他钵可汗在位时正值北周武帝宇文邕时期，周武帝是中国历史上有名的"三武一宗"灭佛人之一。他钵可汗信奉佛教之时，北周正值灭佛，这必然要与周武帝对峙，突厥原来的"联周反齐"国策自然受影响。其实，他钵可汗信奉佛教，与他即位可汗之前的履历与即

---

① 《隋书》卷84《突厥传》，第1864页。
② 《新唐书》卷217下《黠戛斯传》，第6148页。
③ 《通典》卷198《突厥中》，第5438页。
④ 《元和郡县图志》卷4《西受降城》，第116页。
⑤ 《隋书》卷84《突厥传》，第1865页。

位可汗之后实施的治国策略直接相关。木杆可汗时期他钵任汗国东部小可汗，其辖地与北齐为邻，因此他与北齐交往过程中自然接触到佛教。他钵可汗即位之后，改变了以前扶持北周打压北齐的策略，而实行维持北周、北齐并存，渔翁得利的方针。他钵可汗常常得意地对部下说："我在南两儿常孝顺，何患贫之！"[①]他钵可汗的个人经历以及对治国富强的向往是他接受佛教的原因，但更为现实的目的是让北齐、北周相安并存而从中获取更多利益。

他钵可汗时期，把汉文佛经翻译为突厥语。北齐刘世清"能通四夷语，为当时第一。后主命世清作突厥语翻涅槃经，以遗突厥可汗，敕中书侍郎李德林为其序"[②]。"突厥可汗"应是他钵可汗。可见，《涅槃经》等汉文佛经被翻译为突厥语，在突厥汗国内传播。这里所说的"突厥语"，应为粟特文或婆罗米文，或借用粟特文、波罗米文字母书写突厥语。因为当时突厥应该没有创造自己的文字。考古遗物可以证明他钵可汗时期借用了粟特文或婆罗米文。《布古特碑》是他钵可汗后人为他钵可汗所立，记载着他钵可汗继承木杆可汗及其相关史事。这通碑用粟特文和婆罗米文写成，证实了当时突厥汗国借用粟特文和婆罗米文。用婆罗米文刻写碑铭，本身就说明突厥汗国内确有佛教。由此看来，《涅槃经》被译成"突厥语"，应该是翻译成突厥人能读的粟特文或婆罗米文，以便佛教的传播。

在突厥汗国中，传播佛教的主要人物为犍陀罗国法师阇那崛多。周武帝灭北齐，吞并其土，统一中原。因周武帝灭佛，中原地区的僧人无法存活。佛教徒阇那崛多为了避难欲借道突厥返回，却途中被他钵可汗劝留，遂在突厥传教。他钵可汗大力提倡佛教，对于佛僧而言是难得的生存空间，于是他们聚集于突厥汗国。北齐传教士宝暹、道窜、僧昙等十余人去西域取经，但他们返回时北齐已灭亡，无奈留在突厥传教[③]。这种历史环境也是突厥汗国内佛教迅速传播的原因之一。

他钵可汗死后，突厥汗国陷入内乱之中，政局的动荡对佛教发展十

---

① 《隋书》卷84《突厥传》，第1865页。
② 《北齐书》卷20《斛律羌举传》，第267页。
③ 杨富学：《突厥佛教杂考》，《回鹘文佛教文献研究》，上海古籍出版社，2018年，第356、357页。

分不利。得不到突厥统治者的鼎力支持，突厥汗国内的佛教开始衰退。不过，佛教在蒙古高原上已有了一定的信仰基础，所以不可能在短时间内消失殆尽。从史料所载的只言片语中仍可看到漠北游牧民受佛教影响的痕迹。如前文，大约记录了7世纪前后突厥汗国内部局势的用婆罗米文刻写的《辉素陀罗盖碑》中有位首领叫 Bodhi-sattva（见第一章第一节"突厥的资料"）。Bodhi-sattva 即"菩萨"。此碑用婆罗米文刻写以及碑文中出现"菩萨"之称的首领，充分说明佛教影响在突厥汗国内仍然存在。据汉文史料记载，突厥第一汗国末期，其属部回纥首领名为"菩萨"。"菩萨"之名应该与佛教影响有关。内蒙古自治区文物考古研究所在蒙古国发掘的回鹘四方形墓葬中，发现了菩提联珠图案壁画残留①，这也是突厥属部回纥（回鹘）信奉佛教的例子。

突厥第二汗国的第三位可汗毗伽可汗曾有"修筑城壁，造立寺观"的想法，但被其岳父即汗国大臣暾欲谷劝谏"寺观之法，教人仁弱，本非用武争强之道，不可置也"②。最终，毗伽可汗打消了这一想法。毗伽可汗提出这种要求，说明在突厥汗国内仍有佛教信仰，或是有人在从唐朝向突厥传教。不然，毗伽可汗在没有任何现实基础之下，突然冒出此想法是不现实的。

西突厥汗国内的佛教更为盛行。西突厥室点密、达头可汗时期是逐渐认识佛教阶段，并逐步接受③。西突厥汗国形成之后，在统叶护可汗、肆叶护可汗统治时期，情况有所变化。玄奘法师西行，途经缚喝国，有传言云"突厥叶护可汗子肆叶护可汗倾其部落，率其戎旅，奄袭伽蓝，欲图珍宝。去此不远，屯军野火。其夜梦见毗沙门天曰：'汝有何力，敢坏伽蓝？'因以长戟贯彻胸背。可汗惊悟，便苦心痛，遂告群属所梦咎征，驰请众僧，方伸忏谢。未及返命，已从殒殁"④。肆叶护可汗"奄袭伽

---

① 中国内蒙古自治区文物考古研究所、蒙古国游牧文化研究国际学院、蒙古国国家博物馆编：《蒙古国浩腾特苏木乌布尔哈布其勒三号四方形遗址发掘报告（2006年）》，文物出版社，2008年。
② 《通典》卷198《突厥中》，第5440页。
③ 杨富学：《突厥佛教杂考》，《回鹘文佛教文献研究》，第359、360页。
④ （唐）玄奘、辩机撰，季羡林等校注：《大唐西域记校注》，中华书局，1985年，第117页。

蓝"举动，可说明当时佛教在西突厥势力范围内已扎根，且伽蓝不在少数，不然肆叶护可汗何有"奄袭伽蓝，欲图珍宝"之举。肆叶护可汗的此次行动，也说明了西突厥汗国中存在佛教与萨满的斗争，佛教传播并不一帆风顺。西突厥汗国的南部地区与笃信佛教之国接壤，所以此地佛教传播更为盛行。

突厥人信奉的另一个宗教是祆教。祆教又称拜火教，是雅利安人先民创造的"一神论"宗教，起源于古伊朗和中亚地区，因琐罗亚斯德创建，故又称琐罗亚斯德教。祆教崇拜光明，祭拜日月，基本教义为光明战胜黑暗。祆教盛行于波斯及中亚粟特地区，波斯人、粟特人笃信。波斯"俗事天地日月水火诸神，西域诸胡事火祆者，皆诣波斯受法焉"①。祆教的代表性图案为日月图。

从突厥人的兴起地以及与波斯、粟特关系等考虑，他们信仰祆教是在情理之中。突厥人确实信奉祆教，"突厥事祆神，无祠庙，刻毡为形，盛于皮袋。行动之处，以脂酥涂之，或系之竿上，四时祀之"②。《大慈恩寺三藏法师传》记载："突厥事火不施床，以木含火，故敬而不居，但地敷重茵而已。"③这描述了西突厥汗国信仰祆教的情况。在新疆维吾尔自治区昭苏县发现的泥利可汗石人像头戴日月冠，这是受祆教影响所致（见下节"突厥的发式服饰"）。日本 Miho 博物馆藏粟特棺床屏风 J 图案是一幅祆教丧礼图④，其中四人跪地劈面，显然是突厥人。从这幅图中也能看出突厥人信仰祆教的痕迹。

第二节　突厥的发式服饰⑤

突厥的发式服饰为"被发左衽"⑥。"被发左衽"是中原人根据游牧民

---

① 《旧唐书》卷198《波斯传》，第5311页。
② （唐）段成式撰，许逸民、许桁点校：《酉阳杂俎》，第109页。
③ （唐）慧立、彦悰撰，孙毓棠、谢方点校：《大慈恩寺三藏法师传》卷2，第28页。
④ Miho Museum：《Miho Museum 南館図録》，第252页。
⑤ 关于突厥发式服饰的最新研究，伊特歌乐：《突厥服饰初探——以6~8世纪突厥石人像为主》，内蒙古大学硕士学位论文，2019年。
⑥ 《周书》卷50《突厥传》，第909页。

族的发式服饰特点而总结的称呼，后来此称呼成为古代"北狄"民族的身份"标签"。按字面理解"被发左衽"，就是头发不束而披肩，衣襟左掩。但突厥人的"被发左衽"不能就这么简单理解为披头散发、衣襟左掩，实际上，他们把头发梳很多细辫后捆束后垂，衣襟不仅有左衽，也有右衽。

突厥发式为"辫发"。沙钵略可汗"至于削衽解辫，革音从律，习俗已久，未能改变"①。由"削衽解辫"可知，突厥发式为辫发。唐常山王李承乾"又好突厥言及所服，选貌类胡者，被以羊裘，辫发，五人建一落"②。李世民之子李承乾模仿突厥"辫发"，可见突厥发式为辫发。629年，玄奘西行取经时遇见了西突厥统叶护可汗及达官贵族。玄奘描述其为"可汗身著绿绫袍，露发，以一丈许帛练裹额后垂。达官二百余人皆棉袍编发，围绕左右"③。"露发"应为披发垂后，没有用丝帛等包裹。"编发"即辫发。这些足以说明突厥发式为辫发。

辫发有很多种，如梳的辫数不等、梳辫样式不同等。那突厥人的辫发到底是何等模样？隋炀帝在雁门关接受突厥启民可汗朝拜时，曾赋诗"索辫擎膻肉，韦韝献酒杯"④。"索辫"透露了一个重要的信息，就是突厥人的发式为绳索般梳辫。对此，已有考古材料可印证。从新疆维吾尔自治区昭苏县发现的小洪纳海泥利可汗突厥石人像脑后雕刻了八条长发辫，垂至腰部（图九）；发现于吉尔吉斯斯坦伊塞克湖突厥石人像脑后也雕刻了六条长发辫，垂至腰部⑤；日本Miho博物馆收藏的粟特石棺屏风雕刻图中编号为C、D、H的图案中有突厥人⑥，其发式为梳数个长辫条后简单捆扎，垂至腰部。考古资料中体现的这些发式，应该就是史料所载"索辫""辫发"，即梳数个长辫条，后垂至腰部。

---

① 《隋书》卷84《突厥传》，第1870页。
② 《新唐书》卷80《常山王承乾传》，第3564页。
③ （唐）慧立、彦悰撰，孙毓棠、谢方点校：《大慈恩寺三藏法师传》卷2，第27页。
④ 《隋书》卷84《突厥传》，第1875页。
⑤ 王博、祁小山：《丝绸之路草原石人研究》，第98页。
⑥ Miho Museum：《Miho Museum 南館図録》，第250、251、255頁。

图九　泥利可汗石人像背面（作者拍摄于 2018 年）

突厥人有用丝帛等裹发习俗。前引玄奘描述统叶护可汗发式时说"以一丈许帛练裹额后垂"。从山西省太原市发现的粟特人虞弘墓石棺屏风中有一幅突厥人狩猎图，图中人骑骆驼向后射猎狮子，其发式呈现出用某物包裹后垂之状①；从陕西省西安市发现的粟特人安伽墓石棺屏风中有突厥人与粟特萨宝见面、座谈、射猎等内容的图案，图中突厥人的发式也是呈现出用某物包裹后垂形状②。同是游牧人的匈奴人也有这种习俗。在蒙古国发掘的诺音乌拉匈奴巨冢中，发现了超过百余条的发辫，一般用绸布包裹或套在丝制的发套中③。突厥人的裹发习俗与匈奴人很相似，也许存在习俗传承关系。

突厥的可汗及达官贵族等头戴冠。据目前考古发掘所见，突厥贵族戴冠的代表性文物遗迹为泥利可汗王冠、毗伽可汗金冠和阙特勤头像。新疆维吾尔自治区昭苏县小洪纳海泥利可汗石人像的头部雕刻了戴冠形

---

① 荣新江、张志清主编：《从撒马尔干到长安——粟特人在中国的文化遗迹》，第 84、85 页。

② 荣新江、张志清主编：《从撒马尔干到长安——粟特人在中国的文化遗迹》，第 70、74 页。

③ 马利清：《匈奴"发殉"新探》，《文史哲》2012 年第 2 期。

象，冠状为正中日、月图案的圆形牌饰，可称为"日月冠"，两边装饰着对称的花纹。这种冠一般流行于波斯、嚈哒等国的祆教徒中。泥利可汗也许受祆教影响，头戴此冠。

2001年，土耳其和蒙古国联合发掘了毗伽可汗和阙特勤陵园，发现了震惊世界的两千余件金银器，考古界称为"毗伽可汗的宝藏"[①]。其中有一顶金冠，学者认为是属于毗伽可汗。这是一顶纯金镶嵌冠，雕刻了非常漂亮的花纹，由冠饰和冠带构成。金冠正中最大的冠片上有一只两翼伸展的神鸟（图一〇）。在阙特勤陵园中发现的阙特勤头像石雕上也雕刻着王冠，其形状与毗伽可汗金冠相同，正中也是一只展翅飞翔的神鸟。

图一〇　毗伽可汗金冠（作者拍摄于2014年8月）[②]

突厥腰带为蹀躞带。在汉文史料中"蹀躞"亦作"䩞鞢""䩞鞢""鞢燮"等，是指带鞓上垂挂的物件，也称"小带"。突厥䩞鞢带主要由带鞓、带扣、带銙、铊尾、带头等部分组成。带鞓是腰带的主干，

---

① 林梅村：《毗伽可汗宝藏与中世纪草原艺术》，《上海文博论丛》2005年第1期，第68—76页。
② 亦可参考 Battulga Tsend, Mönhtulga Rinçinhorol, Fatma Albayrak. Moğolistan'da Türk Ayak İzleri(Turkic Footprints in Mongolia). p43, 44.

就是缠腰的带子，一般用皮革制作；带扣是带鞓的前端的系扣之物，用途为把带鞓扣合在一起，由环形圈和舌针组成，一般用金属制作；带銙是镶嵌在带鞓上为悬挂蹀躞（小带）而作的部分，中间有空，饰牌形状，一般用金属制作；铊尾是带鞓尾部的保护性装饰物；带头是小带的装饰物①。据突厥石人像及相关考古发掘来看，突厥蹀躞带以带銙或饰牌形状之物相连而成的样式较多。在毗伽可汗陵园发现的毗伽可汗蹀躞带最具特色。虽然此腰带的皮革带鞓已腐烂，但从遗留至今的金带扣、带銙、铊尾等部分中可看出突厥蹀躞带的整体样式。

突厥蹀躞带的蹀躞物，史料没有确载，这里只能根据唐朝蹀躞带的相关记载和突厥石人像略知其大概。学界公认，唐朝蹀躞带深受北方民族影响。唐朝蹀躞带要悬挂"蹀躞七事"。《旧唐书·舆服制》记载："景云中又制，令依上元故事，一品已下带手巾、算袋，其刀子、砺石等许不佩。武官五品已上佩鞊鞢七事，七谓佩刀、刀子、砺石、契苾真、哕厥针筒、火石袋等也。至开元初复罢之。"②"佩刀""刀子"在突厥武士石人像上雕刻得很明显，说明突厥蹀躞带上普遍悬挂此类物件。据《周书·突厥传》记载，"兵器有弓矢鸣镝甲矟刀剑，其佩饰则兼有伏突"③。"伏突"应指随身携带的短刀。突厥武士石人像，一般是右手握杯、左手把刀柄。"刀"对于游牧民族而言，无论是在日常生活还是狩猎、战争中都是随身携带的工具，可能有时还代表武士身份。"砺石"在部分突厥石人像上有雕刻。黠戛斯人"喜佩刀砺"④。可见，突厥蹀躞带肯定佩带砺石。"火石袋"在突厥石人像上和突厥墓葬陪葬品中都有发现。"火石"是游牧民族野外生存的必备物，所以突厥蹀躞带应该悬挂"火石袋"。"针筒"在突厥蹀躞带中有无则难以考证，未找到有价值的记载和考古材料。"蹀躞七事"中最难解释的是"契苾真"和"哕厥"，其为何物、具

---

① 伊特歌乐：《突厥服饰初探——以6~8世纪突厥石人像为主》，内蒙古大学硕士学位论文，2019年。
② 《旧唐书》卷45《舆服制》，第1953页。在中华书局点校本中，"哕厥针筒"中间没有顿号，认为是一种物品。如是，那所谓的"七事"数量不够，只是"六事"而已。所以，笔者认为，此为两种物品，即"哕厥"和"针筒"，中间应点顿号。
③ 《周书》卷50《突厥传》，第909页。
④ 《新唐书》卷217《黠戛斯传》，第6147页。

体用途等目前学界仍处于争论阶段，未见服众解答。

从突厥蹀躞带的形状及带銙的数量来看，他们垂挂的蹀躞不只"七事"，而是按实际需求有多有少。突厥是游牧民族，常在野外生存，所以他们的蹀躞带主要考虑实用性。突厥人应该是把生活所需器具系在腰带上，随用随取，为逐水草游牧的生活提供便利。

突厥衣服以皮革、绒毛为主，上层贵族享用珍贵的动物皮毛或丝绸、锦缎等（图一一）。突厥"身衣裘褐"[①]，唐常山王李承乾模仿突厥而"被衣羊裘"[②]，可见突厥人的服装材料还是以游牧业产品皮毛为主。"身衣裘褐""被衣羊裘"者当然是军民，达官贵族则为显示高贵身份而穿着高档毛皮或丝绸等制裁的服装。前引玄奘描述西突厥统叶护可汗及随从的着装为"可汗身著绿绫"，"达官二百余人皆锦袍编发，围绕左右。自余军众皆裘毾氍毛，槊纛端弓，驼马之骑，极目不知其表"。可汗和达官所穿"绿绫""锦袍"是丝织品，军众所穿"裘毾氍毛"是皮毛制品。

图一一　阙阿斯哈图雕刻（蒙古国国立大学巴图图拉嘎教授提供图片）[③]

---

① 《隋书》卷84《突厥传》，第1864页。
② 《新唐书》卷80《常山王承乾传》，第3564页。
③ Battulga Tsend, Mönhtulga Rinçinhorol, Fatma Albayrak. Moğolistan'da Türk Ayak İzleri(Turkic Footprints in Mongolia). p48.

按照汉文史料记载，突厥衣襟为"左衽"。但从突厥石人像以及相关考古发现的绘图来看，突厥衣襟不一定是"左衽"，也存在"右衽"。对此，较为合理的解释是，中原"被发左衽"概念很早就已形成，之后一直成为中原人称呼北方游牧民族的专称或"标签"，其称呼本身内含则并不重要了。也就是说，汉文史料中把突厥人称为"被发左衽"，其意为他们是北方游牧民族，而他们的衣襟"左衽"还是"右衽"也就并不重要了。

第三节 突厥的婚丧习俗

突厥实行氏族外婚，婚俗有仆役婚、收继婚等。突厥起源传说反映了突厥原始社会实行氏族外婚的情况。"海神传说"中说突厥先祖射摩与海神女婚，反映的就是氏族之间的婚姻。《周书·突厥传》所记"狼传说"中说"十男长大，外托妻孕，其后各有一姓，阿史那即一也"，"索国说"中说"讷都六有十妻，所生子皆以母族为姓"，这两个传说也反映了突厥实行氏族外婚（见第二章第二节"突厥的起源传说与来源"）。

突厥有仆役婚俗。仆役婚就是男女方订婚后，先是男方到女方部落待一段时间，之后女方携厚重礼把男方送回本部落，并成亲。这种婚俗在古代北方游牧社会中普遍存在，较有代表性者为蒙古、乌桓。蒙古族中最为典型的例子就是铁木真九岁时到弘吉剌部定亲之事。《三国志·乌丸传》裴松志注曰："其嫁娶皆先私通，略将女去，或半岁百日，然后遣媒人送马牛羊以为聘娶之礼。婿随妻归，见妻家无尊卑，旦起皆拜，而不自拜其父母。为妻家仆役二年，妻家乃厚遣送女，居处财物，一出妻家。"[①] 在此较为清楚地描述了乌桓人婚姻的具体过程，先是男女相约交往，之后派媒人送礼订婚，再后男方到女方家生活一段时间即"仆役"，最后女方家携厚重礼送男方回家且成亲。突厥也存在这种婚俗。史料记载突厥婚俗，"是日也，男女咸盛服饰，会于葬所。男有悦爱于女者，归

---

① （晋）陈寿撰，（南朝宋）裴松之注：《三国志》卷30《乌丸鲜卑东夷传》，中华书局点校本，1959年，第832页。

即遣人聘问,其父母多不违也"①。由于游牧经济的分散性和游动性,平时很难聚会,于是葬礼也是难得的聚会机会。会葬时,青年男女装扮一新,留意物色意中人。若看上某一女子,回家后派人求婚,女方父母多不拒绝。突厥男女约会及"遣人聘问"的过程与乌桓婚俗基本相同。突厥起源"狼传说"中的狼所生"十男长大,外托妻孕",指的就是男方到女方氏族部落的"仆役"婚。如此看来,突厥人的婚俗也跟古代其他北方民族一样,即有"仆役"婚。

突厥亦有收继婚俗。突厥"父［兄］伯叔死者,子弟及侄等妻其后母、世叔母及嫂,唯尊者不得下淫"②。据此可知,突厥的收继婚为父、兄、伯、叔死后,子、弟、侄可以继娶后母、嫂子、伯母、叔母。突厥启民可汗死后,其子咄吉世向隋炀帝"表请尚公主,诏从其俗"③,即启民之子继娶了隋朝下嫁启民可汗的"公主"。

收继婚习俗不仅流传于突厥,几乎古代北方游牧民族中都存在,说明这是草原游牧民族世代传承的婚俗,也是最为适合游牧社会的婚俗。游牧民族的收继婚不仅限于有血缘关系的家族成员内收继,有时在无血缘关系如古代蒙古时期的"安答""那可儿"等之间也能实行,所以从某种意义上讲,该婚俗内涵包括"收养""受托"等意,体现的是一种忠诚与信任④。收继婚的形成,与游牧社会的结构以及氏族外婚、财产分配、权力保证等多个因素息息相关。

以上分析的是突厥民间婚俗,并不包括贵族政治联姻。突厥可汗或部落酋长等出于某种目的实行政治联姻,如部落与部落之间、国与国之间。突厥阿史那氏与阿史德氏是世婚关系,突厥可汗或其子弟亲属与中原王朝曾有联姻,这些是出于政治目的的婚姻。

突厥丧俗很有特点,与其他北方民族丧俗有所不同。《周书·突厥传》对突厥丧俗的记载很详细,其曰:

---

① 《周书》卷50《突厥传》,第910页。
② 《周书》卷50《突厥传》,第910页。
③ 《隋书》卷84《突厥传》,第1876页。
④ 牧仁:《从历史语言学看"收继婚"古代蒙古语称谓》,《内蒙古大学学报》(蒙古文)2015年第2期。

> "死者，停尸于帐，子孙及诸亲属男女，各杀羊马，陈于帐前，祭之。绕帐走马七匝，一诣帐门，以刀劙面，且哭，血泪俱流，如此者七度，乃止。择日，取亡者所乘马及经服用之物，并尸俱焚之，收其余灰，待时而葬。春夏死者，候草木黄落，秋冬死者，候华叶荣茂，然始坎而瘗之。葬之日，亲属设祭，及走马劙面，如初死之仪。葬讫，于墓所立石建标。其石多少，依平生所杀人数。又以祭之羊马头，尽悬挂于标上。"①

据此记载，可以梳理出突厥丧礼的具体过程：其一，人死后，停尸于毡帐中，子孙及男女亲属各杀羊马，陈列帐前祭奠，亲属要骑马绕帐七周，至帐门前用刀劙面痛哭，血泪交流，反复七次（入土安葬之时，再次进行同样的仪式）；其二，将死者尸体和平时坐骑及佩带物品等焚烧，收取骨灰，待时而葬；其三，选择安葬之日，如春夏季死，则等到草木黄落，如秋冬季死，则等到草木茂盛；其四，安葬完毕，依一生杀敌多少，立石于墓前，之后还要悬挂羊马头而祭奠死者。以下按这几个步骤再具体介绍突厥葬礼情况。

突厥丧俗首先是把死者停放于毡帐中，让死者子孙及亲属杀羊马祭奠，且绕帐七回、劙面。唐常山王"承乾身作可汗死，使众号哭劙面，奔马环临之"②。这可印证突厥丧俗中"绕帐"且劙面哀痛之习俗的确存在。"七"是突厥人的吉祥之数。据《阙特勤碑》东面第11—13行中记载，突厥第二汗国建立者骨咄禄先是率领"十七人"起事，随后成为"七十人"，最终聚集为"七百人"，很明显"七"是他们的幸运数字。突厥可汗致东罗马皇帝的国书中写道："七姓大首领，世界七国之主，可汗致罗马皇帝书。"③可见，突厥人称呼自己部族和描述世界时都以吉利数字"七"来比喻。据《阙特勤碑》记载，阙特勤的葬礼举行于"九月二十七日"、陵园和墓碑立于"七月二十七日"；据《毗伽可汗碑》记载，毗伽可汗的葬礼举行于"五月二十七日"。选择某月带"七"之日举行葬礼，应该与他们的信仰和幸运数字有关。所以，突厥丧俗中"绕帐七回"是

---

① 《周书》卷50《突厥传》，第910页。
② 《新唐书》卷80《常山王承乾传》，第3565页。
③ 〔法〕沙畹著，冯承钧译：《西突厥史料》，第220页。

以本民族的崇敬之数祭奠死者。

突厥"髡面"习俗内容包括髡面、割耳、割鼻、剪发，甚至也包括刺心剖腹，以此表达对死者的极度哀痛。在中亚粟特故地片治肯特（Panjikent）2号遗址南墙的哀悼图、新疆维吾尔自治区克孜尔224窟（即摩耶洞）后甬道前壁的荼毗图、敦煌158窟北壁涅槃变王子举哀图等壁画中都绘有丧葬时割耳髡面的场景①，日本Miho博物馆收藏的粟特石棺屏风J图案中雕刻有丧葬时割耳、剪发、髡面的场景②。根据这些考古材料，可以清楚地了解突厥髡面习俗的具体内容。《毗伽可汗碑》南面第13行记载："bunča bodun sačïn qulqaqïn \\\\\\\\ bïčdï（这些百姓把头发、耳朵……割了）。"可见，毗伽可汗的葬礼上也有割耳髡面的习俗。突厥髡面不仅存于丧葬习俗中，也用于讼冤、悲愤、送别等悲伤或明志的场合。髡面习俗，早在匈奴时期就存在，如"匈奴闻秉卒，举国号哭，或至梨面流血"③。

突厥葬礼第二步骤为将死者尸体和平时坐骑及佩带物品等焚烧，收取骨灰。突厥入寇隋朝，"突厥本欲大掠秦、陇，既逢长儒，兵皆力战，虏意大沮，明日，于战处焚尸恸哭而去"④。从"战处焚尸恸哭而去"可知，突厥军人死后，在死处随即焚尸。颉利可汗时期突厥焚尸习俗有所改变，"其俗死则焚之，今起坟墓，背其父祖之命，此所谓不敬鬼神也"⑤。由此看来，突厥以前并没有"起坟墓"的习俗。《周书·突厥传》所说"收其余灰，待时而葬"，也就是焚尸之后，收取骨灰入土埋葬时机。2011年夏天，蒙古国和哈萨克斯坦联合考古队在蒙古国布拉干省（Булган Аймаг）巴音淖尔苏木（Баяннуур Сум）乌兰何日木（Улаан Хэрэм）之地，当地牧民称为"土丘（Шороон Бумбагар）"之地发掘了

---

① 雷闻：《割耳髡面与刺心剖腹——粟特对唐代社会风俗的影响》，《从撒马尔干到长安——粟特人在中国的文化遗迹》，第41—48页。
② Miho Museum：《Miho Museum 南館図錄》，第252页。
③ （南朝宋）范晔撰，（唐）李贤等注：《后汉书》卷19《耿秉传》，中华书局点校本，1965年，第718页。
④ 《隋书》卷53《达奚长儒传》，第1350页。
⑤ 《册府元龟》卷125《帝王部·料敌》，第1501页。

一座大约 7 世纪的属于突厥语族部落的大墓①。该座墓葬中出土了包裹死者骨灰的精致的丝绸袋，这是突厥"收其余灰"入葬的实证。

突厥葬礼中的第三步骤为"待时而葬"，即"春夏死者，候草木黄落，秋冬死者，候华叶荣茂，然始坎而瘗之"。《毗伽可汗碑》南面第 13 行记载："ït yïl onunč ay altï otuzqa uča bardï layzïn yïl bisinč ay yiti otuzqa yoɣ ärtürtim（狗年十月二十六去世了，我于猪年五月二十七举行葬礼了）。"毗伽可汗去世于秋天（十月），葬礼举行于春天（五月）。《阙特勤碑》东北面棱角上记载："kül tigin qoñ yïlqa yiti yägirmikä učdï toquzïnč ay yiti otuzqa yoɣ ärtürtimiz（阙特勤羊年十七日去世了，我们于九月二十七日举行葬礼了）。"《阙特勤碑》没有记载阙特勤去世的月份，似有脱文，而根据《毗伽可汗碑》所记死于春天，应补"三月""四月"或"五月"。如果此推论无误，那阙特勤去世于春天，其葬礼举行于秋天（九月）。毗伽可汗和阙特勤的去世和举行葬礼的时间，与《周书·突厥传》所记"待时而葬"即"春夏死者，候草木黄落（指秋天），秋冬死者，候华叶荣茂（指春天）"的安葬习俗完全相同。

突厥葬礼第四步骤为建陵园、竖碑、立杀人石等。关于立杀人石，汉文史料记载较为清楚，即"葬讫，于墓所立石建标。其石多少，依平生所杀人数"。杀人石是立于陵墓之前，朝向东方，直线排列。目前考古发现的《暾欲谷碑》《阙特勤碑》《毗伽可汗碑》《阙利啜碑》等突厥代表性的纪功碑竖于陵墓之前，碑前就立着杀人石。另外，从蒙古国大量发现了不确定墓主人身份的杀人石遗迹。关于杀人石的数目，据史料记载则"依平生所杀人数"而定，多者甚至有千余数，如"尝杀一人，则立一石，有至千百者"②（图一二）。

突厥排列杀人石是否有规律，对此从汉文史料中找不到相关记载，但在突厥卢尼文碑铭史料中有线索。突厥卢尼文碑铭中有 balbal 一词，学者认为此即杀人石。《毗伽可汗碑》东面第 13 行、《阙特勤碑》东面

---

① А Очир, Л Эрдэнэболд, С Харжаубай, Х Жантегин. Эртний Нүүдэлчдийн Бунхант Булшны Малтлага Судалгаа（古代游牧民族墓葬的发掘与研究——作者译）. Улаанбаатар, 2013.

② 《隋书》卷 84《突厥传》，第 1864 页。

图一二 杀人石（蒙古国国立大学巴图图拉嘎教授提供图片）①

第 16 行记载，毗伽可汗、阙特勤的父亲即骨咄禄死后，"qaŋïm qaγanqa bašlayu baz qaγanïγ balbal tikmis（为我父可汗以 baz 可汗为首，立了 balbal）"。baz 可汗是漠北乌古斯（oγuz）即铁勒可汗。可见，骨咄禄的杀人石（balbal）是以漠北铁勒可汗为首。漠北铁勒诸部是被骨咄禄可汗所征服。《毗伽可汗碑》东面第 20 行、《阙特勤碑》东面第 25 行记载，默啜可汗死后，"bašlayu qïrqïz qaγanïγ balbal tikdim（我以黠戛斯可汗为首，立了 balbal）"。可见，默啜可汗的杀人石是以黠戛斯可汗为首。黠戛斯是在默啜可汗时期被征服的。《毗伽可汗碑》南面第 9 行记载："uluγ oγlïm aγrïp yoq bolča quy säŋünig balbal tikä birtim（我大儿子病重去世后，我给立 quy 将军为 balbal）。" quy 将军，学界认为，与突厥作战的唐朝"郭将军"。可见，毗伽可汗为自己儿子立的杀人石为郭将军。《毗伽可汗碑》南面第 7 行记载："///////alp ärin öltürip balbal qïlu birtim（杀了勇士，我给立了 balbal）。"因碑文损坏，不清楚这条史料所指之人为谁，因为他杀了"勇士"，所以给他立了杀人石。从这些例子可看出，突厥立杀人石时，一般以陵墓之主人在生前战胜的最为强劲对手的首领或劲敌中某位"勇士"为首，也就是所杀敌人中身份最贵者为首，并以此

① Battulga Tsend, Mönhtulga Rinçinhorol, Fatma Albayrak. Moğolistan'da Türk Ayak İzleri(Turkic Footprints in Mongolia). p39.

石为始直线向东排列。

突厥丧俗中给可汗或身份尊贵者要建陵园和竖碑。《阙特勤碑》东北面棱角上记载:"barqïn bädizin bitig tašïn bičin yïlqa yitinč ay yiti otuzqa qop alqadïmïz(我们把陵、雕刻、碑文完工于猴年七月二十七日)。"阙特勤死于羊年,可见其陵园和墓碑立于第二年(猴年)。《毗伽可汗碑》北面第14行记载(《阙特勤碑》北面第11、12行):"tabɣač qaɣanta bädizči qop kälürtim mäniŋ sabïmïn sïmadï ičräki bädizčig ïtï aŋar adïnčïɣ barq yaratdïm ičin tašïn adïnčïɣ bädiz urtïm taš toqïtïm köŋültäki sabïmïn urturtum(我从唐朝请了工匠。他们没有拒绝我的话,派遣了宫廷的工匠。我创建了这些精致的陵,我把内外精致的打造了。我竖碑了,我把心里的话都刻写了)。"陵园使用巨石打造,其上雕刻精美花纹或表达某种意义的图案。有关修筑陵园的材物,在位于蒙古国的毗伽可汗、阙特勤、暾欲谷等陵园遗址中曾大量发现。陵墓之内描绘的图画应该是与主人生前活动内容有关。汉文史料记载:"表木为茔,立屋其中,图画死者形仪及其生时所经战阵之状。"[1]突厥可汗或贵族的陵园内还有石人像和石雕动物等。石人像是一般雕刻陵墓主人或其随从,石雕动物是一般家养的牲畜或想象中的动物。在陵墓前竖碑,碑文内容大多是描述陵墓主人一生的辉煌业绩,但有些只是陵墓主人的基本信息,有些则是沉痛哀悼词语之类。碑文一般用突厥汗国内使用的文字刻写,如粟特文、突厥卢尼文、汉文等(见下文)。

第四节　突厥的语言文字

突厥语属于阿尔泰语系。"突厥语"概念所包含的内容非常广泛,从古至今操突厥语的所有部族语言都可以包括。在此,仅介绍以阿史那氏为核心的突厥汗国语言,暂且称之为"古代突厥语"或"蓝突厥语(kök türk)"。

古代突厥语族各部族所操语言不尽相同,之间有所差别。也就是说,古代突厥语与丁零、敕勒(高车)、铁勒、回纥、黠戛斯等语言是有差别

---

[1] 《隋书》卷84《突厥传》,第1864页。

的。据汉文史料记载，拔野古"风俗大抵铁勒也，言语少异"[①]，驳马"貌类结骨，而言语不相通"[②]，黠戛斯"其文字言语，与回鹘正同"[③]等。"少异""不相通""正同"等词汇正能说明突厥语族各部落所操语言还是存在差异。

关于古代突厥语，可以从蒙古国发现的《暾欲谷碑》《毗伽可汗碑》《阙特勤碑》《阙利啜碑》《翁金碑》等突厥汗国时期的突厥卢尼文碑文内容中清楚的了解。无论是词汇还是语法，古代突厥语的确属于阿尔泰语系。古代突厥语是突厥汗国统治贵族所操语言，但并不是突厥整个汗国内都是操这种语言的部落。突厥汗国属部很多，有突厥语族部落，也有非突厥语族部落。其中非突厥语族部落肯定不操突厥语言，即使属于突厥语族部落也不一定操古代突厥语。

在突厥汗国时期，蒙古高原的西部以突厥语为主，而蒙古高原东部不一定就以突厥语为主了。对此，从蒙古高原的历史以及当时的各部族分布情况中可以推知。匈奴政权之后，蒙古高原上的主要语族为鲜卑和丁零。鲜卑是蒙古语族，由东向西涌入；丁零为突厥语族，由北向南推进。这样，蒙古语族部落和突厥语族部落在蒙古高原上杂糅。之后，柔然人兴起，建立了汗国，统治了蒙古高原。学界共识，柔然属于蒙古语族。柔然汗国的主要属部为敕勒（高车）。敕勒即原来的丁零，后来的铁勒，是突厥语族。那么，在柔然汗国时期蒙古高原上以柔然语和敕勒（高车）语为主，蒙古语族和突厥语族继续杂糅。这样看来，突厥汗国建立之前，蒙古高原上的统治部落为蒙古语族鲜卑、柔然，而被统治部落为突厥语族丁零、敕勒（高车，即铁勒），呈现出双方掺杂糅合的局面。突厥人崛起于准噶尔盆地一带，把柔然汗国推翻后占据了蒙古高原，是由西向东迁移。突厥汗国的建立，意味着古代突厥语成为蒙古高原上的官方通用语言。可以认为，突厥汗国时期蒙古高原开始了古代突厥语化的过程。当然古代突厥语也深受柔然语和铁勒语的影响。这样，蒙古高原逐渐步入新的语境当中，甚至可能出现了新的方言。

---

① 《新唐书》卷217下《回鹘传》，第6140页。
② 《通典》卷200《驳马》，第5493页。
③ 《新唐书》卷217下《回鹘传》，第6148页。

据前文分析，古代突厥语是突厥汗国时期的主流语言，与蒙古高原上原有的柔然语和铁勒语还是有区别的，不能混淆。学者根据汉文史料所保留的一些柔然语词汇研究，证实了柔然语属于蒙古语族。柔然语与古代突厥语有差别自不待言。关于铁勒语研究，可以说目前处于学术空白。从蒙古国发现的婆罗米文《辉素陀罗盖碑》最近得到破译（见第一章第一节"突厥的资料"），经初步研究认为，其语言属于原蒙古语①，但也有学者认为是铁勒语②。从碑文的本身内容来看，蒙古语和突厥语成分都有，准确定位到底属于哪一种语言，还有待进一步研究。不过，此碑反映了 7 世纪前后蒙古高原上的语言状况，更像是蒙古高原上原有的部落语言，或许就是"铁勒语"③，即前文所说的蒙古语族部落和突厥语族部落长期杂糅而形成的语言。不管怎么说，《辉素陀罗盖碑》反映了古代突厥语之外的另一种语言，至少证明了当时在蒙古高原上除了古代突厥语以外还存在其他语言。如此看来，可以把古代突厥语理解为由西向东流入蒙古高原的一种语言。当然，古代突厥语成为蒙古高原上的主流语言后，经过将近两个世纪（突厥汗国时期）的发展，再由回鹘汗国将近一个世纪的延续，蒙古高原上的其他语言深受其影响，古代突厥语也深受其他语言的影响。换言之，刚进入蒙古高原时期的古代突厥语和三百年后的古代突厥语肯定不一样。

突厥没有创造文字之前，"其征发兵马，科税杂畜，辄刻木为数，并一金镞箭，蜡封印之，以为信契"④。突厥发兵或科税时以刻木为信，这并不等于突厥不使用文字。在汉文史料中又说，突厥"其书字类

---

① Dieter Maue. The Khüis Tolgoi: signs and sounds, Journal Asiatique 2018, 306(2):129-139; Alexander Vovin. An Interpretation of the Khüis Tolgoi Inscription. Journal Asiatique 2018, 306(2):141-151; Alexander Vovin. Groping in the Dark: the First Attempt to Interpret the Bugut Brahmi Inscription. Journal Asiatique 2019, 307(1): 121-134.

② Étienne de la Vaissière. The Historical context to the Khüis Tolgoi inscription. Journal Asiatique2018, 306(2):153-157.

③ 7 世纪的漠北铁勒语，不能单纯地理解为突厥语，其中应该包括蒙古语在内的其他部族、民族语言成分。"铁勒"概念是泛称，其中包括很多部落，这些部落不可能是清一色的突厥语族部落。漠北铁勒诸部中包括蒙古语族部落，如拔野古、骨利干、图瓦等部落纯属突厥语族部落是不可能的，而操蒙古语的可能性更大。

④《周书》卷 50《突厥传》，第 910 页。

胡"①，可见，突厥确实使用某种文字。《隋书·突厥传》所记"无文字，刻木为契"②的"无文字"，应理解为当时突厥还没有创造自己的文字，而并不是突厥人不使用文字。"其书字类胡"的"胡"应指粟特人，也就是说，突厥借用了粟特文。对此，考古发掘已证实。粟特文写成的《布古特碑》是突厥第一汗国他钵可汗后人为他钵可汗所立，可见，突厥第一汗国时期使用粟特文。除此之外，567年突厥可汗致东罗马书信也是用粟特文写成③，这充分证实了突厥第一汗国时期的确使用粟特文。

《布古特碑》背面刻有婆罗米文，《辉素陀罗盖碑》也是由婆罗米文写成，其书写时间属于突厥第一汗国时期，据此可知，突厥第一汗国时期也有使用婆罗米文现象。

突厥族不仅借用粟特文、婆罗米文，还自己创造了文字。突厥人创造文字，对北方游牧民族而言是个创举。据迄今为止的考古发掘来看，在古代北方游牧民族中，突厥是最早创造自己文字的民族。突厥创造的文字外形与 Runic 文极其相似，故学界称之为"突厥卢尼文"④（图一三、图一四）。该文字创造的时间，学界有争论⑤。但有一点较为清楚，就是突厥第一汗国时期一般不用，或至少在官方上不使用。属于突厥第一汗国时期的《布古特碑》是用粟特文书写，假如那时官方用突厥卢尼文，那为何不用突厥卢尼文书写，这就难解了。所以，突厥卢尼文应是在突厥第二汗国的前期创造的可能性大。

关于突厥卢尼文依据什么创造这一问题，学界也有不同的看法⑥。虽

---

① 《周书》卷50《突厥传》，第910页。
② 《隋书》卷84《突厥传》，第1864页。
③ 〔法〕沙畹著，冯承钧译：《西突厥史料》，第210页。
④ 又作"突厥如尼文""突厥鲁尼文"等。关于突厥创造的文字，学界根据所发现的地区命名为"鄂尔浑文""叶尼塞文""西伯利亚文""鄂尔浑—叶尼塞文"等，或依据所使用的民族命名为"蓝突厥文""黠戛斯文"等。
⑤ 苏联考古学家克里亚什托尔内（С. Г. Кляшторный）推测突厥卢尼文创造于634—691年。他认为《雀林碑》立于颉跌利施可汗统治时期，具体时间范围为688—691年。
⑥ 据牛汝极研究，有卢散（Lycian）—卡连（Carian）字母说、闪米特（Semitic）—阿拉美（Aramain）文字说、苏末尔（Sumerian）文字说、草书体粟特文字说、突厥印记说，以及独立创造说等。牛汝极：《突厥文起源新探》，《新疆大学学报》1992年第4期。

图一三　暾欲谷碑（蒙古国国立大学巴图图拉嘎教授提供图片）[1]

图一四　暾欲谷碑卢尼文

---

[1] Battulga Tsend, Mönhtulga Rinçinhorol, Fatma Albayrak. Moğolistan'da Türk Ayak İzleri(Turkic Footprints in Mongolia). p41.

然对此找不出有价值的史料依据,但按逻辑推理,突厥人创造此文字之前,对突厥卢尼文中所使用的字符并不陌生,应该是熟练使用。也许突厥创造此文字之前在游牧部落中已形成其文字的雏形。目前,从蒙古国或欧亚草原地区不断发现类似于突厥卢尼文字符或文字,但尚不能解读。这说明,在当时突厥卢尼文中所使用的字符在欧亚草原上广泛使用,也有可能在某个部族中以形成文字。依此推断,突厥人创造突厥卢尼文之前是有一定的基础,应该是把较为熟悉的字符重新排列或借用某个部族文字稍加修改,拼写自己的语言,之后统一规范使用,从而创造出了自己的文字。

突厥卢尼文是拼音文字,由38—40个字符构成,每个字符代表一个音值,其中4个字符代表元音,其余字符代表辅音。突厥卢尼文的辅音系统有个特点,就是有些辅音分为阳性和阴性,且用不同的字符书写。由此看来,突厥卢尼文不仅元音有和谐律,辅音也有和谐律。突厥卢尼文中有些双辅音由单个字符代表,如 lt、nt、nč 等;极少数音节也由单个字符代表,如 baš。突厥卢尼文一般词首 a/ä 元音略写,词中的有些元音也经常略写,词首一般不以 d、p、l、m、r、w、z 等辅音开头。突厥卢尼文从右往左横着写,词与词之间多用":"符号间隔[①]。

突厥卢尼文解读工作已持续了一个多世纪,获斐然成绩,但也有些字符还处于猜想阶段,有些语法现象仍在讨论中。也就是说,突厥卢尼文的有些"奥妙"还没有完全揭开,还需继续钻研推敲。

突厥卢尼文不仅突厥人使用,在历史上回鹘、黠戛斯以及亚欧草原上的其他部族也曾使用。用这种文字刻录且遗留至今的文物遍布亚欧草原,其种类也不少,如相对大型的、内容较为完整的有墓碑、题记、文卷等,小型的、内容残缺不全的有岩壁、木棒、弓箭、乐器、瓦当等器物上的刻字(见第一章第一节"突厥的资料")。

---

① 参考 Talat Tekin. A Grammar of Orkhon Turkic. Indiana University, 1968. Talat Tekin. Orhon Türkçesi Grameri. Türk Dil Kurumu Yayınları. Ankara, 2016;〔德〕A·冯·加班著,耿世民译,呼格吉勒图审校:《古代突厥语语法》,内蒙古教育出版社,2004年;〔土耳其〕马塞尔·厄达尔著,刘钊译:《古突厥语语法》,民族出版社,2017年。

第七章　突厥与周边及属部之间的关系

突厥与周边及属部或部族之间的关系错综复杂。突厥与中原政权之间基于各自利益，时战时和。突厥对直接统治的铁勒诸部，征用其物，东征西讨，导致铁勒不满，从而叛服不定。突厥羁縻统治西域诸胡，与其合作经商，充实国库。突厥掌控东部诸族，征收贵重的狩猎品，并借用诸部力量牵制其他政权。

第一节　突厥与中原

关于突厥与中原之间的关系，前人研究成果较多且很深入[①]。但是，如若转换研究切入角度，即从突厥可汗对中原政权采取的策略方面切入，梳理不同时代的突厥可汗所采取策略的异同，从而重点关注双方的互动交流情况以及对彼此的历史发展所产生的影响。

一、突厥与西魏（北周）建立联盟及瓦解

突厥之名在汉文史料中始见于542年。是年，突厥入寇西魏绥州（今陕西省绥德县）、连谷（今陕西省神木县一带）。然而，突厥很快改变了敌对策略，欲与西魏联盟。544年，突厥首领土门至西魏边境贸易，表达希望与西魏建立友好关系的意愿。545年，西魏派遣酒泉人安诺槃陁出使突厥，从此双方正式确立了友好关系。当时，西魏受到来自东魏和柔然汗国的压力，使其产生与突厥建立军事联盟的需要。546年，柔

[①]　关于突厥与中原政权之间关系研究，吴玉贵和朱振宏的研究成果最具代表性。吴玉贵：《突厥汗国与隋唐关系史研究》；朱振宏：《西突厥与隋朝关系史研究（581—617）》。

然汗国的属部铁勒诸部反叛，突厥土门率军击破铁勒，收服了五万余落。凭借此战之功，土门向柔然可汗阿那瓌提出和亲要求，但遭到阿那瓌的蔑视和无理辱骂。于是，土门与阿那瓌彻底决裂，其转向求婚于西魏。551年，西魏以长乐公主嫁土门，双方正式建立了军事同盟。552年，土门大胜柔然，其可汗阿那瓌兵败自杀，柔然部众溃散。至此，土门自称可汗，建立汗国，占据蒙古高原。突厥汗国建立之后，与西魏即后来的北周一直保持着军事联盟关系。

土门可汗的继任者其子科罗不久卒，其后科罗弟俟斤继位，即木杆可汗。木杆可汗在位二十年间（553—572），一直保持与西魏—北周联盟，共同对付北齐。木杆可汗出于自身的利益，对中原政权采取的策略有很强的灵活性。虽说他敌视北齐，但也没有与其断绝联系，当北齐派使臣送来厚礼时，也不拒之门外。甚至有时，木杆可汗会主动示好北齐。当时北周与北齐对峙，皆有吞并对方的意图，因此双方都主动与突厥求和，欲得其相助。

北周武帝宇文邕在位期间（560—578），坚决执行与突厥联盟、武力打击北齐的策略。561年，木杆可汗准许己女与周武帝订婚，并答应出兵讨伐北齐的请求。563年，木杆与周武帝联合出兵攻打了北齐。木杆可汗与北周杨忠、宇文护等夹击北齐，双方约定在晋阳会师。突厥和北周联军于563年冬抵达晋阳城下，当时逢寒冬大雪，直至第二年一月也未能攻克晋阳城，无奈撤军回师。565年，周武帝遣使者到木杆可汗牙帐，迎娶其女。当北齐听到此消息后，也派使臣至木杆可汗之处，讨好争取突厥。木杆可汗虽因此有所犹豫，但最终还是选择了周武帝。568年，木杆可汗之女出嫁周武帝，这就是北周高祖的阿史那皇后，因此，双方军事联盟变得更为牢固。

木杆可汗继任者他钵可汗在位的十年间（572—581），改变原先的"联周反齐"方针，而是谋求成为二者之间的仲裁者，进而从中获利的策略。他钵可汗曾得意地说："但使我在南两个儿孝顺，何忧无物邪。"① 虽说他钵可汗希望北周和北齐共存，但他更偏向北齐一方。如前文，这与他钵可汗信奉佛教以及北周武帝灭佛有关。577年，北周灭北齐，统一

---

① 《周书》卷50《突厥传》，第911页。

中原，突厥与北周的关系开始恶化。周武帝统一中原后，欲攻突厥。对此，他钵可汗立范阳王高绍义为齐帝，以扶持齐国的姿态与北周对抗。但就在此时即578年，周武帝去世，北攻突厥的计划也随之搁浅。581年，隋朝替代了北周，突厥与中原政权之间的关系也发生了新的变化。

二、突厥与隋朝的对峙及称臣

581年，对于突厥汗国和中原政权而言是个重要的时间节点，是双方关系的转折点。是年，突厥他钵可汗去世，经历了一番汗位争夺之后沙钵略可汗即位。同年，北周杨坚夺皇帝位，改朝为隋。突厥汗国内部矛盾重重，逐步走向分裂；隋朝新兴勃发，日趋统一。面对彼此实力对比的变化，双方统治者均需要制定合理的对策，于是突厥与中原政权的关系进入了新时期。

沙钵略可汗对隋朝的策略，与其妻千金公主有着直接关系。沙钵略即位可汗的前一年即580年，遣使北周请婚。北周皇帝下诏，以赵王宇文招女许婚，号为千金公主赐嫁。千金公主嫁沙钵略的第二年，中原改朝换代，宇文氏皇位被杨氏夺取。与此同时，沙钵略也得到了突厥大可汗之位，成为突厥汗国的最高首领。千金公主在双方政局剧变后，其充当的角色发生了翻天覆地的变化。嫁入突厥的千金公主，从突厥与中原关系的和平促使者转变为双方关系的矛盾制造者。千金公主欲借助突厥势力复兴宇文氏之周朝，她极力劝说沙钵略攻隋。于是，沙钵略率大军南下，双方开战。当时，隋朝尚未完成统一，面对突厥时，也要顾忌南边的陈朝。所以，突厥大军来攻时，隋朝并没有针锋相对，而是采取了长孙晟提出的策略。

当千金公主出嫁沙钵略时，陪送者为长孙晟。长孙晟曾在突厥留居一年，对突厥内部情况较为熟悉。长孙晟返回隋朝，对隋文帝详细分析了突厥内部局势，之后提出了"远交而近攻，离强而合弱"的对策。隋文帝采纳了长孙晟建议，改变了原来的北周、北齐时期拉拢突厥的策略，可谓"及高祖受禅，待之甚薄，北夷大怨"[①]。

沙钵略可汗即位时，突厥内部主要有四大势力，即沙钵略、大逻便

① 《隋书》卷84《突厥传》，第1865页。

（阿波可汗）、达头和处罗侯，四位表面和睦，但内有矛盾。长孙晟在突厥时看出了他们之间的内在矛盾，所以上奏隋文帝使用"离间"之策。隋朝遣使者至达头和处罗侯处，故意让沙钵略怀疑达头、大逻便和处罗侯与隋朝有联系，最终沙钵略中计。于是，沙钵略停止进攻隋朝，反而攻打阿波可汗。由此突厥内讧爆发，其时间为583年。

584年，沙钵略内外受困，遣使至隋请和。隋文帝遣使赐千金公主为杨姓，改号为大义公主。585年，沙钵略遣子库合真特勤来朝入侍。此后，直至沙钵略去世为止（587年），沙钵略与隋朝一直保持和睦关系。

沙钵略之后，其弟处罗侯即位，但不久亦去世。处罗侯之后，沙钵略之子都蓝可汗继位，其在位十二年间（588—599），主要是与隋朝对峙。都蓝可汗时期突厥主要势力有都蓝、达头、染干和泥利可汗，四股势力各自为主，并不和睦。染干是大可汗处罗侯之子，他对大可汗之位虎视眈眈。但他凭自己实力很难获取大可汗之位，需要借助外势力，遂遣使隋朝。这正合隋朝分化之策，隋朝遂扶持染干。597年，染干遣使至隋请婚，隋文帝以宗女安义公主赐婚。后来，隋朝又赐义成公主嫁染干。599年，染干降隋，隋安置其于阴山之南，赐号为启民可汗。都蓝可汗和达头可汗原先不和，但因面对染干威胁，握手言和，建立同盟。这样，都蓝与达头联盟对抗染干与隋朝。

都蓝可汗被部下杀死之后，达头成为突厥大可汗，即步伽可汗。达头可汗在位期间（599—603）先后多次率众入侵隋朝。但达头可汗即位不久"其国大乱"，他于603年逃奔至吐谷浑。隋朝趁机送启民可汗北归，立为突厥大可汗。启民可汗在位十二年间（603—614）一直称臣于隋。

启民可汗继任者其子始毕可汗，他所采取的策略是与隋朝对峙。始毕可汗改变了其父启民可汗称臣于隋的策略，这与他的势力日益强盛不无关系。隋炀帝采取裴矩建议，继续使用"离间"策略。隋炀帝以始毕可汗之弟叱吉设为南面可汗，并嫁宗女为妻。与此同时，裴矩又诱杀了始毕可汗的权臣史蜀胡悉。始毕可汗得悉此事后，不来朝贡，且借机入寇隋朝北境。615年，始毕可汗攻下雁门郡41城中的39城，甚至围困隋炀帝于雁门城。是年九月，隋炀帝采用了说服义成公主（始毕之妻）、招募援军、停罢远征高丽等方法，解围逃出。正值此时，隋朝爆发起义，割据势力四起。始毕可汗趁机扶持各割据势力，授其可汗之号，操纵中原局势。史载："此后隋乱，中国人归之者甚众，又更强盛，势陵中夏。迎萧皇后，置于定襄。薛举、窦建德、王充、刘武周、梁师都、李轨、高开道之徒，虽僭尊号，北面称臣，受其可汗之号。"①"北面称臣"是指隋末崛起的各割据势力投靠了始毕可汗。在这种局势下，镇守太原的唐公李渊趁机南下，最终取代杨氏隋朝，建立了李氏唐朝。

西突厥汗国与隋朝之间的关系也是对峙与称臣交错。如前文，西突厥汗国应在泥利可汗时期其雏形基本形成。泥利可汗妻子为中原人向氏，可见，泥利与隋朝可能有联姻关系。泥利可汗之后，其子泥撅处罗可汗继位，其母亲正是向氏。当泥利可汗死后，向氏改嫁泥利之弟婆实。600年，向氏与婆实来隋朝，因遭遇达头可汗之乱，未能返回西突厥。隋朝通过向氏劝降泥撅处罗可汗，但泥撅处罗自恃强盛，并不理睬隋朝的劝降。泥撅处罗曾答应与隋朝夹击吐谷浑，但真正出师时他未出兵。610年，隋炀帝西征吐谷浑，征泥撅处罗兵支援，但泥撅处罗以他故拒绝。此时，达头可汗之孙射匮，因不满泥撅处罗可汗而遣使至隋求助。射匮此举对隋朝来说正中下怀，隋朝遂扶持射匮。射匮得到隋朝支援，率军打败了泥撅处罗，成为西突厥大可汗。泥撅处罗战败东走，隋朝又遣其母向氏劝降，遂降隋。射匮在隋朝扶持下成为大可汗，所以他在位期间（610—618）一直称臣于隋。

三、突厥与唐朝的互动及降服

唐朝建立之初，势力远不及突厥，且身陷各割据势力混战中。始毕可汗凭借强大实力，傲视群雄，扶持中原北部各割据势力，并充当相互关系的仲裁者。当时的形势下，唐高祖李渊首先需要处理好与突厥的关系，"及高祖受隋禅，以后赏赐不可胜记"②。"赏赐"二字，应为中原史家之文饰，实情应是唐高祖通过给予大量财物而换得突厥的"中立"，也有可能达成了某种合约。对此，据日后唐太宗指责颉利可汗的"又义军入

---

① 《通典》卷197《突厥上》，第5407页。
② 《通典》卷197《突厥上》，第5407页。

京之初，尔父子并亲从我，赐尔玉帛，前后极多，何故全忘大恩，自夸强盛，我当先戮尔矣"①话语中，能看出一些当时的情况。

始毕可汗的继任者其弟处罗可汗继续采取插手中原内部势力斗争的策略，扶持唐朝北部各割据势力。处罗可汗与各割据势力一起多次攻入唐朝北疆，他还扶立杨氏后裔为隋主。史载："先是，隋炀帝萧后及齐王暕之子政道陷于窦建德，三年春，处罗迎之，至于牙所，立政道为隋主，其中国人在虏庭者悉隶之，行隋正朔，置百官，居于定襄城，有徒万余。"②处罗可汗的这些举措，明显是与唐朝对立。

620年，处罗可汗死，其弟颉利可汗继位。颉利可汗继续执行处罗可汗时期的策略，即多次攻入唐朝北疆。唐高祖为了先完成统一中原，此时不敢与突厥彻底决裂，所以送给大量财物以换取暂时的"友谊"。对此，史料交代得较为透彻，即"颉利承父兄之资，兵马强盛，有凭陵中夏之志。高祖以中原初定，未遑外略，每优容之，赐与不可胜记。颉利言辞悖傲，求请无厌"③。"赐与不可胜记"和"求请无厌"，把当时的唐与突厥关系说得很具体。624年，颉利、突利二位可汗率大军至原州（今宁夏回族自治区固原市），使得唐朝内部惶恐万分，甚至有人提出迁都的建议。对此，秦王李世民坚决反对迁都，最终说服其父唐高祖，决定抵御突厥④。颉利可汗军至豳州（今陕西省咸阳市彬县），逼近长安，秦王出城迎战。秦王与颉利对峙后，秦王使用反间计，对颉利可汗说，我与突利有约在先，故意让颉利产生猜疑。颉利信以为真，怀疑突利，遂不敢进兵，与秦王结盟而退。日后，秦王提及此事"我与突厥面自和亲，汝则背之，我实无愧"⑤中可以看出，当时秦王李世民可能洞察到此次突厥出兵目的还是为财物而来，故先是离间颉利与突利关系，后许与和亲，从而化解了此次危机。

626年，唐朝发生玄武门之变，秦王李世民夺取皇位，即唐太宗。颉利可汗得知此消息，加之梁师都的劝诱，与突利可汗一同率领大军，

---

① 《通典》卷197《突厥上》，第5410页。
② 《通典》卷197《突厥上》，第5407页。
③ 《通典》卷197《突厥上》，第5408页。
④ 《旧唐书》卷2《太宗本纪上》，第29页。
⑤ 《通典》卷197《突厥上》，第5410页。

号称四十万,长驱直入唐朝腹地,抵达渭水便桥之北(今陕西省泾阳县境内)。颉利可汗先遣执失思力,探听唐朝虚实。唐太宗先是扣留了执失思力,之后亲自率军对阵颉利于便桥。这次双方没有交战,而是达成了史书所谓的"便桥之盟"。关于便桥之盟的内容,据唐太宗所说"我今卷甲韬戈,啗以玉帛,顽虏骄恣,必自此始"[①]中可以看出,仍是以赐财物而换取和平。唐朝得恢复实力、等待时机,而突厥也达到了获取利益的目的。

唐太宗的即位以及便桥之盟,对于唐与突厥关系而言又是一个大的转折点。唐太宗即位,中原局势日趋统一。便桥之盟使得来自突厥的威胁暂时缓解,唐朝得到了宝贵的平定各势力的时间。唐太宗未采取隋朝时期的筑长城被动防御策略,而是精选贤良、加紧练兵,等待主动出击时机。突厥虽无外部压力,但内乱自起。便桥之盟后,颉利可汗的内政紊乱,蒙古高原又遭遇雪灾,国内发生叛乱。627年,颉利之子欲谷设和处罗可汗之子阿史那社尔(拓设)统治的薛延陀、回纥等诸部反叛突厥。629年,薛延陀首领夷男击退突厥,占据漠北,宣告独立,建立汗国。夷男与唐太宗互遣使者,建立起联盟,南北夹击突厥。薛延陀、回纥等铁勒诸部原先是突利可汗所统治。因此,颉利可汗问责于突利,突利怨恨,欲投靠唐。阿史那社尔也离颉利而去,西奔自保。此时的颉利众叛亲离,叛乱四起,无奈之下遣使至唐请求称臣。是年十一月,唐太宗趁机遣大军北攻突厥;十二月,突利可汗降唐;630年正月,唐将李靖大破突厥军,擒颉利可汗及隋炀帝皇后萧氏、其孙杨正道,杀义成公主。至此,土门系汗国降服于唐朝。

突厥贵族阿史那骨咄禄于682年叛唐复国,重新占据了蒙古高原。骨咄禄死后,其弟默啜继位。默啜可汗经常提出附加条件要与唐朝讲和,以此来与唐朝周旋。武则天朝因内政不稳,尽力满足默啜要求,避免与其发生武力冲突。694年,武则天封默啜可汗为左卫大将军、归国公;第二年,又封为迁善可汗。696年,契丹叛唐,默啜提出"请还河西降户,即率部落兵马为国讨击契丹"[②]的要求,唐朝允许。默啜可汗率军击

---

① 《通典》卷197《突厥上》,第5410页。
② 《通典》卷198《突厥中》,第5435页。

破契丹，武则天加封为颉跌利施大单于、立功报国可汗。698年，默啜请和亲，且索求单于大都护府之地、突厥降民以及农具、种子等。武则天先是拒绝，后因担忧引起冲突，最终还是归还了六州降民数千帐以及给了种子四万余石、农具三千，且答应与其和亲。武则天下诏，武承嗣之子武延秀娶默啜之女为妃。但这遭到默啜的拒绝，其理由为默啜之女要嫁李氏，而不是武氏。默啜以此为由率军攻唐朝，双方又开始对峙。

唐中宗朝默啜可汗全力西攻突骑施。唐朝趁此机会加固北疆防御。708年，张仁愿在河套之北沿着阴山筑三受降城，重兵把守。张仁愿筑三受降城后说："北拓三百余里，于牛头、牟那山北置烽堠一千八百所，自是突厥不得度山放牧，朔方无复寇掠，减镇兵数万人。"①"牟那山"即今内蒙古自治区包头市和乌拉特前旗西山咀镇之间的乌拉山。可见，此时唐朝把防线北移至阴山山脉，挡住了突厥南下之要道。716年，默啜可汗被杀，其兄骨咄禄可汗之子小杀即位，即毗伽可汗。

毗伽可汗即位后，默啜可汗时期降唐的一些部众返回了突厥，其实力有所恢复。毗伽可汗曾萌生南下唐朝的想法，但被其岳父暾欲谷劝阻。毗伽可汗也想筑城建寺，同样遭到暾欲谷的反对。720年，唐朝将军王晙与拔悉密、契丹、奚等联络，约定共同攻打突厥。但拔悉密贪功独自先至，被暾欲谷击破，并被追击至北庭，其部民亦被擒获。暾欲谷返回时，又寇掠凉州，夺走默啜时期降唐的部众。由是毗伽可汗势力更加强盛。

毗伽可汗提倡以互市贸易为主的外交政策，他尽量避免与唐朝发生冲突，所以他在位时期与唐朝之间的关系是相对和平的。对于毗伽可汗提倡贸易外交政策，《阙特勤碑》南面第8行记载："ötükän yir olurïp arqïš tirkiš ïsar näŋ buŋuɣ yoq（如果居住在于都斤山而派遣商队，没有任何忧愁）。"突厥与唐朝之间也设置互市之所，进行贸易交流，如"仍许于朔方军西受降城为互市之所，每年齎缣帛数十万匹就边以遗之"②。可见，唐朝与突厥在西受降城互市贸易。从毗伽可汗被杀到汗国灭亡为止，突厥汗国一直处于内乱当中，突厥部众为躲避战乱而纷纷降唐。

---

① 《元和郡县图志》卷4《关内道四》，第116、117页。
② 《旧唐书》卷194上《突厥传》，第5177页。

西突厥汗国欲以唐朝联姻，但受各种原因未能如愿。射匮可汗之后，其弟统叶护可汗继位。统叶护可汗欲与唐朝联合，共同抵御颉利可汗。620年，统叶护可汗遣使至唐，"时北突厥（指颉利可汗）作患，高祖厚加扶结，与之并力以图北蕃，统叶护许以五年冬"①。随后，统叶护可汗再遣使者，欲与唐和亲，唐高祖允许。但因颉利可汗的阻挠，统叶护与唐朝的和亲未能成功。

统叶护可汗被伯父杀害后，其国爆发内乱，国内各势力遣使至唐，欲得到支援。唐太宗并不明确表态，而使其各自自守，呼吁停止内战。一番汗位争斗之后，最终泥孰即位。泥孰曾与秦王李世民（继皇位之前）结为兄弟。当他继位西突厥大可汗之后，与唐太宗之间的关系更加密切。泥孰"既被推为可汗，遣使诣阙请降，太宗赐以名号及鼓纛"②。633年，唐册封泥孰为咄陆可汗。第二年，咄陆可汗卒，其弟同娥设继位，即咥利失可汗。

咥利失可汗于635年遣使请婚。唐太宗只是厚加抚慰，而未许婚。咥利失可汗时期西突厥汗国开始分裂，其西部立欲谷设为乙毗咄陆可汗。咥利失被乙毗咄陆打败，部众又立咥利失的侄子为乙毗叶护可汗。叶护可汗多次遣使唐朝，请求支援。641年，唐朝遣左领军将军张大师册封叶护可汗，赐以鼓纛。不久，叶护可汗被乙毗咄陆可汗擒杀。

乙毗咄陆可汗与唐朝对峙。唐朝于640年平定高昌国，设立安西都护府。641年，乙毗咄陆可汗袭击安西都护府、伊州、天山县等地，安西都督郭恪击退之。乙毗咄陆可汗的部下胡禄屋、屈利啜等欲废除乙毗咄陆，遂遣使至唐，请另立新可汗。于是，唐太宗立莫贺咄之子为乙毗射匮可汗。乙毗射匮可汗击退乙毗咄陆可汗。648年，乙毗咄陆可汗逃奔至吐火罗。乙毗射匮可汗把擒获的乙毗咄陆可汗属民送至唐，且求婚。唐太宗许之，但要求割龟兹、于阗、疏勒、朱俱波、葱岭等五国为聘礼。

乙毗咄陆可汗战败时，其部下阿史那贺鲁降唐。650年，贺鲁及其子咥运又叛唐，返回故地，自号沙钵罗可汗。贺鲁击退了乙毗射匮可汗，吞并其部众。贺鲁又袭击了西域诸国及唐安西都护府。651年，唐遣左

---

① 《通典》卷199《突厥下》，第5455页。
② 《通典》卷199《突厥下》，第5456页。

武侯大将军梁建方、右骁卫大将军契苾何力率燕然都护府回纥五万兵讨伐贺鲁。657年，唐再次派遣左屯卫将军苏定方、燕然都护任雅相、副都护萧嗣业、左骁卫大将军瀚海都督回纥婆闰等率军讨贺鲁，又遣右武威大将军阿史那弥射、左屯卫大将军阿史那步真为安抚大使。在唐军的猛攻之下，贺鲁节节败退，西退至鼠耨设居地。鼠耨设擒贺鲁，送至唐军，并押回长安。西突厥汗国降服于唐朝①。

第二节 突厥与铁勒诸部

铁勒诸部居于阿尔泰山东西及漠北地区。突厥自从兴起之初就与铁勒发生了错综复杂的关系，彼此杂居交融。可以认为，如果突厥不依赖铁勒势力，也难以建立征服亚欧草原的政权。在突厥汗国时期的大多时间内，铁勒基本上臣服于突厥，但他们也曾叛离，甚至建立起自己的独立政权。突厥人始终把铁勒看成自己的同族，从不认为是他族。铁勒也认同突厥是同族，但对其统治则叛服不定。在突厥历史文化中，铁勒因素占重要比例，故突厥史研究离不开铁勒史。

一、铁勒诸部及突厥的征服

铁勒即汉文史料中的丁零、敕勒、高车（康里），非汉文史料中的 oγuz 或 oγur 等。铁勒历史可以追溯至匈奴时代，匈奴冒顿单于北征，曾征服丁零。匈奴单于封卫律为"丁灵王"②，统治其族。91年，北匈奴西逃，漠北地区处于无主状态，于是丁零诸部从阿尔泰山北部及贝加尔湖一带迁入漠北地区。大约2世纪中叶或以后，即鲜卑檀石槐军事部落大联盟时期，丁零就出现在漠北地区③。3世纪末期，丁零人已活动于中原边塞长城一带。西晋太康年间（280—289年）入居塞内的十九种中有"赤勒"，即丁零。至此，丁零已遍布蒙古高原，成为该地区的主要居民。

---

① 贺鲁被擒后，西突厥先是被唐朝羁縻统治，之后突骑施霸占，其间又被突厥第二汗国所侵占。详见第三章第三节"西突厥汗国历史"。
② 《汉书》卷54《李陵传》，第2457页。
③ 《三国志》注引王沈《魏书》："（檀石槐）南钞汉边，北拒丁令，东却夫余，西击乌孙，尽据匈奴故地。"（《三国志》卷30《乌桓鲜卑东夷传》，第837页）

4世纪以后,中原边塞长城一线拓跋鲜卑人开始兴起,建立了"代—北魏"政权,与蒙古高原上的高车(即丁零)征战不休。5世纪以后,柔然人成为蒙古高原的新主人,丁零诸部被其统治。

487年,柔然可汗豆仑要攻北魏,属部高车副伏罗部首领阿伏至罗劝阻,但豆仑不听。于是,阿伏至罗率众十万西迁,自号"侯娄匐勒",建立了高车国①。高车国以准噶尔盆地为中心,对周边地区诸部族的影响很大②。高车国与柔然汗国对峙,双方征战不休,"高车、蠕蠕迭相吞噬。始则蠕蠕衰微,高车强盛,蠕蠕则自救靡暇,高车则僻远西北。及蠕蠕复振,反破高车,主丧民离,不绝如线。而高车今能终雪其耻,复摧蠕蠕者,正由种类繁多,不可顿灭故也"③。据此可见,当时高车国实力很强大,种类也繁多,能与柔然汗国抗衡多年。不过,高车政权于541年还是被复兴的柔然汗国所击灭。但高车余众不甘亡国,始终怀有复仇于柔然汗国的想法。此时,居于准噶尔盆地的另一个部族突厥悄然崛起,与高车(即后来的铁勒)争雄,最终突厥获胜,高车人的"复兴梦"也随即破灭。从此,突厥与铁勒的恩怨不断,拉开了近两个世纪的共生历史剧幕。

据汉文史料记载,突厥与铁勒大规模冲突发生于546年左右。史载:"时铁勒将伐茹茹,土门率所部邀击,破之,尽降其众五万余落。"④这条史料对事件过程的记载过于简单,但放在当时的历史背景中考察,就会发现一些双方相争以及为战胜对方而拉拢其他势力介入的历史活动痕迹。史料中的"时"是指西魏大统十二年,即546年。也就是说,突厥击败铁勒的事件发生于"高车国"灭亡后的第五年。"铁勒将伐茹茹",很明显铁勒欲复仇于柔然,并复国。但铁勒诸部遭遇了突厥首领土门的"邀击",土门"尽降其众五万余落"。不考虑其他因素,仅看这条史料记载,似乎突厥独自击败了铁勒,降服了五万余落,由此突厥势力更加强大。但在毫无征兆的情况下,突厥突然战胜实力雄厚的铁勒五万余落,这在逻辑上让人难以信服。

---

① 《魏书》卷103《高车传》,第2310页。
② 冯承钧:《高车之西徙与车师鄯善国人之分散》,《突厥与回纥历史论文选集》(上),第103—115页。
③ 《魏书》卷69《袁翻传》,第1541页。
④ 《周书》卷50《突厥传》,第908页。

从突厥进攻铁勒之前后所采取的措施来看，突厥先是与周边政权进行协商，之后才有攻铁勒之举。进攻铁勒之前，突厥遣使至西魏，西魏也遣使至突厥，双方建立了联盟。战胜铁勒之后，突厥立即遣使至柔然可汗阿那瓌处求婚。突厥当时臣属于柔然汗国，柔然人视其为"锻奴"。突厥此时对柔然提出求婚要求，说明其实力在增强，地位也已提高。显然，柔然为对付铁勒诸部，对突厥采取了任其自由发展的策略，也许暗中支持突厥，以此达到牵制铁勒诸部的目的。假如，当时柔然汗国高压强制地统治突厥，他们实力也不会迅速发展，更谈不上战胜铁勒。无论如何，突厥先是与西魏和柔然确立了良好关系，之后才对铁勒采取进攻行动，从而征服其众、吞并其土。

突厥战胜铁勒之后，成为准噶尔盆地新兴势力。突厥以此为基地，向外开疆拓土，最终建立了掌控亚欧草原的政权，其重要凭仗就是来源于铁勒。史料所记"自突厥有国，东西征讨，皆资其（即铁勒）用，以制北荒"①说明了一切。

二、铁勒诸部反叛及建立政权

突厥汗国常年的内讧与战争，导致了铁勒诸部的反叛。突厥汗国从583年开始的内讧一直持续发酵，到599年或600年达头即位大可汗时，局势变得更加混乱，已经到了难以控制的地步。突厥汗国这种混乱的局面，使其属部纷纷叛离，其中主要就是铁勒诸部。600年，铁勒诸部反叛突厥汗国，即"开皇末，晋王广北征，纳启民，大破步伽可汗，铁勒于是分散"②。晋王广在白道川大胜步伽可汗（即达头可汗）。于是，居于蒙古高原上的铁勒分散，脱离突厥汗国的统治，逃亡别处，其中部分南迁降隋。603年，铁勒思结、伏利具、浑、斛萨、阿跌、仆骨等十余部叛突厥而降隋③。

这次铁勒叛乱波及整个突厥汗国，西突厥也发生了铁勒叛乱，且事态发展更为严重，叛乱的铁勒建立起了独立的政权。601年，突厥"泥

---

① 《隋书》卷84《铁勒传》，第1880页。
② 《隋书》卷84《铁勒传》，第1880页。
③ 《隋书》卷51《长孙晟传》，第1335页。

利可汗及叶护俱被铁勒所败"①。泥利可汗即阿波可汗的继承者,占据准噶尔盆地;"叶护"即达头可汗之子,镇守阿尔泰山以西地区。可见,西突厥属部铁勒诸部也已叛变。605年,契弊、薛延陀为首的铁勒诸部脱离突厥汗国统治,宣告独立。"大业元年(605),突厥处罗可汗击铁勒诸部,厚税敛其物,又猜忌薛延陀等,恐为变,遂集其魁帅数百人,尽诛之。由是一时反叛,拒处罗,遂立俟利发俟斤契弊歌楞为易勿真莫何可汗,居贪汗山。复立薛延陀内俟斤,字也咥,为小可汗。处罗可汗既败,莫何可汗始大。莫贺勇毅绝伦,甚得众心,为邻国所惮,伊吾、高昌、焉耆诸国悉附之"②。可见,新建立的铁勒政权以契弊歌楞为大可汗,薛延陀内俟斤为小可汗,占据着东部天山南北地区,可称之为契弊(契苾)—薛延陀政权。

西突厥射匮可汗(611—618)对契弊—薛延陀政权在名义上重新纳入掌控,即"西突厥射匮可汗强盛,延陀、契苾二部并去可汗之号以臣之"③。西突厥汗国真正击垮契弊—薛延陀政权是在统叶护可汗时期(618—627)。史载:"统叶护可汗,勇而有谋,善攻战。遂北并铁勒,西拒波斯,南接罽宾,奚归之,控弦数十万,霸有西域,据旧乌孙之地。"④ "北并铁勒"应该是指吞并了契弊—薛延陀政权,铁勒诸部重新被突厥统治。不过,随着西突厥统叶护可汗的死,铁勒诸部复叛。

以薛延陀为首的铁勒诸部反叛,直接导致了突厥第一汗国的灭亡。西突厥汗国统属的薛延陀部首领为夷男。628年,夷男趁西突厥统叶护可汗之死,率领七万余家东迁至漠北地区,投靠了东突厥颉利可汗。当时,漠北铁勒诸部也在反抗颉利可汗的统治。颉利可汗让自己的儿子欲谷设以及侄子阿史那社尔分统漠北铁勒诸部。夷男东迁投靠颉利可汗之时,漠北地区的薛延陀、回纥等部已经赶走了欲谷设。据此记载,颉利可汗的暴政是导致铁勒诸部反叛的主要原因,"颉利纵欲肆情,穷凶极暴,诛害良善,昵近小人,此主昏于上,其可取一也。又其别部同罗、

---

① 《隋书》卷84《铁勒传》,第1874页。
② 《隋书》卷84《铁勒传》,第1880页。
③ 《旧唐书》卷199下《铁勒传》,第5344页。
④ 《旧唐书》卷194下《突厥传下》,第5181页。

仆骨、回纥、延陁之类，并自立君长，将图反噬，此则众叛于下，其可取二也"①。夷男投靠颉利后不久即628年，"遇颉利之政衰，夷男率其徒属反攻颉利，大破之。于是颉利部诸姓多叛颉利，归于夷男，共推为主，夷男不敢当。时太宗方图颉利，遣游击将军乔师望从间道赍册书拜夷男为真珠毗伽可汗，赐以鼓纛。夷男大喜，遣使贡方物，复建牙于大漠之北郁督军山下，在京师西北六千里"②。可见，夷男反攻颉利取得胜利后，被铁勒诸部推举为可汗，从此宣告独立，建立了薛延陀汗国。唐太宗遣使册封夷男为真珠毗伽可汗，与薛延陀汗国联合夹击突厥。最终，夷男击退颉利，占领突厥汗国的统治中心于都斤之地，成为蒙古高原新的统治者。

夷男战胜颉利后，突厥阿史那社尔率众西迁，趁西突厥汗国内乱，"半有其国，得众十万，自称都布可汗"。628年，阿史那社尔"遂率其余众保于西偏，依可汗浮图"③。可汗浮图城即唐朝北庭，今新疆维吾尔自治区吉木萨尔县境内。阿史那社尔怀有击灭薛延陀汗国而复国之志，他说："首为背叛破我国者，延陁之罪也。今我据有西方，大得兵马，不平延陁而取安乐，是忘先可汗，为不孝也。若天令不捷，死亦无恨。"④不难看出，阿史那社尔认为薛延陀是灭突厥汗国之罪魁祸首，他想要讨平薛延陀汗国。阿史那社尔曾亲率五万军讨伐薛延陀，结果战败。

夷男击溃突厥汗国后，突厥余众逃至阿尔泰山北部地区，共推举于此地的车鼻为可汗。大概车鼻可汗惧于夷男之威慑，遂投靠了薛延陀汗国。这样，薛延陀汗国统治了"东至室韦，西至金山，南至突厥，北临瀚海，即古匈奴之故地"⑤。

夷男死后，他的两个儿子即庶长子曳莽和嫡子拔灼争夺汗位，这直接导致了汗国的灭亡。"初，延陀请以其庶长子曳莽为突利失可汗，居东方，所统者杂种；嫡子拔灼为四叶护可汗，居西方，所统者皆延陀。"⑥

---

① 《旧唐书》卷68《张公谨传》，第2507页。
② 《旧唐书》卷199下《铁勒传》，第5344页。
③ 《旧唐书》卷109《阿史那社尔传》，第3289页。
④ 《旧唐书》卷109《阿史那社尔传》，第3289页。
⑤ 《旧唐书·铁勒传》又记载："东至靺鞨，西至叶护，南接沙碛，北至俱伦水。"《旧唐书》卷199下《铁勒传》，第5344页。
⑥ 《唐会要》卷96《薛延陀》，第1728页。

据此得知，夷男是"请"唐朝册封两个儿子。按照游牧政权的左右翼制惯例，夷男先是分封其两个儿子统治汗国的东西部，之后才"请"唐朝册封为"小可汗"。但唐太宗未按照夷男意愿分封。薛延陀汗国统治地域"即古匈奴之故地，胜兵二十万，立其二子为南北部。太宗亦以其强盛，恐为后患。十二年，遣使备礼册命，拜其二子皆为小可汗，外示优崇，实欲分其势也"①。唐太宗"以其强盛，恐为后患""实欲分其势"的目的，应允夷男的请求，册封了他的两个儿子为"小可汗"。但唐太宗没有平等册封夷男两个儿子，甚至曳莽是否被封为小可汗也令人怀疑。唐朝平等册封夷男两个儿子，也达不到"分其势"使其内生矛盾的目的。对此，有史料记载可证，如"（贞观）十二年九月，诏曰：'……其子沙钵弥叶护拔酌，达度莫贺咄设颉利苾……拔酌可四叶护可汗，仍赐狼头纛四，鼓四。颉利苾可汗达（度）莫贺咄叶护，赐狼头纛二，鼓二。'"②"达度莫贺咄设"即曳莽③。据此记载，曳莽被封为"叶护"，而不是"小可汗"④。另外，唐朝赐拔灼为"狼头纛四，鼓四"，而赐曳莽为"狼头纛二，鼓二"，明显是不平等的册封。这样，曳莽和拔灼的矛盾开始激化，愈演愈烈。

实际上，曳莽和拔灼之间先前就有矛盾，根源无外乎汗位继承问题。曳莽是长子，但庶子，而拔灼是嫡子。游牧政权遴选汗位继承者时，十分重视嫡庶身份。因此，曳莽"自知非正嫡，部落又少，意常不协，性又疎扰，而轻用兵"⑤。夷男死后，其两个儿子争位。唐朝契苾何力也认为"延陁志性狠戾，若死，必两子相争，坐而制之，必然之理"⑥。果然，"夷

---

① 《旧唐书》卷199下《铁勒传》，第5344页。
② 《册府元龟》卷964《外臣部·封册二》，第11338页。
③ 岑仲勉：《突厥集史》（上），第216页。
④ 岑仲勉指出，唐太宗此次封拔灼为"四叶护可汗"，而封颉利苾为"叶护"。《旧唐书》所记"拜其二子皆为小可汗"乃误，后出史书参考《旧唐书》时，以讹传讹。岑仲勉：《突厥集史》（上），第216页。对此，《唐大诏令集》可以作证，其曰："颉利苾可封达度莫贺咄叶护。"（宋）宋敏求：《唐大诏令集》卷128，商务印书馆，1959年，第691页。可见，《册府元龟》所记"颉利苾可汗"的"汗"乃衍文。颉利苾不是可汗，唐朝也未封他为可汗。
⑤ 《唐会要》卷96《薛延陀》，第1728页。
⑥ 《旧唐书》卷109《契苾何力传》，第3292页。

男之卒,皆来会葬,焚尸卒哭,曳莽惧拔灼图己,先还,拔灼引兵自后袭杀之"①。拔灼杀曳莽,自称多弥可汗,夺得可汗之位。

拔灼继位后,铲除父亲所用贵臣,而信用亲昵者,且随意杀戮,使得国内人心不安,部众离散。646年,铁勒仆骨、同罗等部落共击拔灼,汗国爆发叛乱,拔灼也被回纥部击杀。趁此机会,唐朝派军一举击溃薛延陀汗国。薛延陀余众五六万人西逃,共推夷男兄子咄摩支为伊特勿失可汗。后来,咄摩支可汗降唐,薛延陀汗国灭亡。

三、突厥再征服与铁勒再作乱

阿史那骨咄禄复国即突厥第二汗国建立之后,突厥再次征服了漠北铁勒诸部。唐武则天时期,"突厥强盛,铁勒诸部在漠北者渐为所并"②。根据汉文史料和突厥卢尼文碑铭记载可知,突厥战胜漠北铁勒是在武则天在位(684—704)和骨咄禄在位(682—691)时期。薛延陀汗国灭亡后,蒙古高原上的铁勒诸部被唐朝所羁縻统治。从685年开始,漠北铁勒作乱,唐朝对其失控。骨咄禄趁漠北混乱率众北征,重新占据圣地"于都斤",征服了铁勒诸部,其时间为685—687年。

突厥默啜可汗统治末期铁勒叛乱又起,起因是无法忍受默啜可汗的常年征战。突厥默啜可汗时期"其地东西万余里,控弦四十万,自颉利之后最为强盛",但他"自恃兵威,虐用其众"③,又"既年老,愈昏暴,部落怨畔"④。这是铁勒诸部叛乱的主要原因。从唐朝开元初年(713年)以来,"突厥九姓新来内附,散居太原以北,嘉贞奏请置军以镇之,于是始于并州置天兵军,以嘉贞为使"⑤。"突厥九姓"是指漠北铁勒诸部。可见,漠北铁勒诸部不断叛离突厥而投唐。唐玄宗在灵州界设皋兰、燕然、燕山、鸡田、奚(鸡)鹿、烛龙等六州⑥。这六州地名中除了燕山州以外,其余五州都是唐太宗击灭薛延陀汗国之后,在漠北铁勒诸部居地

---

① 《唐会要》卷96《薛延陀》,第1728页。
② 《旧唐书》卷199下《铁勒传》,第5349页。
③ 《旧唐书》卷194上《突厥传上》,第5172页。
④ 《新唐书》卷215上《突厥传上》,第6048页。
⑤ 《旧唐书》卷99《张嘉贞传》,第3090页。
⑥ 《唐会要》卷73《灵州都督府》,第1317页。

所设，具体为浑部置皋兰、多滥葛部置燕然、阿跌部置鸡田、奚结部置奚（鸡）鹿、回纥俱罗勃部置烛龙。此时，唐玄宗再设六州安置铁勒诸部，显然与铁勒诸部叛离突厥统治而投唐一事相关。据《旧唐书》记载，安置六州的铁勒降民共 2357 户、9714 人①。《阙特勤碑》北面第 3 行记载 "ačim qayan ili qamašaɣ boltuqïnta bodun ilig ikägi boltuqïnta（当叔父可汗的国叛乱时，百姓把国分裂时）"。"叔父可汗"即默啜可汗。此事发生于阙特勤三十一岁即 715 年，这也证实了汉文史料所记的铁勒叛乱。

对于突厥镇压此次铁勒叛乱的具体过程，《阙特勤碑》北面第 3—8 行和《毗伽可汗碑》东面第 29—31 行有详细记载。据记载，715 年毗伽可汗和阙特勤与乌古斯（铁勒）叛军先后交战四五次，且战胜之。对此，汉文史料记载也可佐证，715 年，"其秋，默啜与九姓首领阿布思等战于碛北，九姓大溃，人畜多死，阿布思率众来降"②。715 年"十月，己未，授北蕃投降九姓思结都督磨散为左威卫将军，大首领斛薛移利殊功为右领军卫将军，契都督邪没施为右威卫将军，匐利羽都督莫贺突默为右骁卫将军，首领延陁薛（薛延陀）浑达都督为右威卫将军，奴赖大首领前自（白）登州刺史奴赖孝为左领军将军，跌跌首领刺史裴艾为右领军，并员外置，依旧兼刺史，赐紫袍、金带、鱼袋七事，彩帛各三百段，放还蕃"③。这些铁勒部落降唐的时间为 715 年秋或十月，这与突厥卢尼文碑铭所载铁勒反叛后被突厥打败的年份完全吻合。

据突厥卢尼文碑铭记载，716 年春，突厥军从过冬之地 amɣï quryan（或 mayï quryan）分两路出兵，阙特勤返回镇守牙帐，默啜可汗与达头设（即后来的毗伽可汗）继续追击铁勒叛军。就在这追击过程中，默啜可汗身亡。716 年（开元四年），"默啜又北讨九姓拔曳固，战于独乐河，拔曳固大败。默啜负胜轻归，而不设备，遇拔曳固迸卒颉质略于柳林中，突出击默啜，斩之，便与入蕃使郝灵荃传默啜首至京师"④。阙特勤得知默啜可汗身亡消息后，控制了可汗大牙帐，斩除默啜可汗势力，扶持兄达

---

① 《旧唐书》卷 38《地理志》，第 1416、1417 页。
② 《旧唐书》卷 194 上《突厥传上》，第 5173 页。
③ 《册府元龟》卷 974《外臣部·褒异一》，第 11444 页。
④ 《旧唐书》卷 194 上《突厥传上》，第 5173 页。

头设为毗伽可汗。可以认为，铁勒诸部作乱直接导致了默啜可汗的死以及阙特勤和毗伽可汗的夺位。

毗伽可汗即位后，首要任务就是继续平定铁勒叛众。当时，铁勒诸部已与九姓鞑靼联盟，对抗突厥。关于毗伽可汗征讨铁勒与鞑靼联军的过程，在《毗伽可汗碑》东面第33—38行有记载，但碑文损坏严重，无法梳理其具体过程。从残存的记载来看，毗伽可汗最终战胜了铁勒叛军，铁勒部众的一部分被征服，一部分则南迁降唐。

突厥第二汗国的灭亡，也是铁勒回纥部反叛所致。毗伽可汗死后，突厥汗国陷入内乱中。铁勒回纥部与葛逻禄、拔悉密联合，组成抗击突厥汗国的联盟。三部联盟击退突厥后，回纥、葛逻禄二部拥立拔悉密大酋阿史那施为贺腊毗伽可汗。关于三部袭击突厥汗国的过程，《磨延啜碑》北面第4—9行和《铁尔痕碑》东面第5—9行有记载，但碑文残损严重，无法看清其事件始末。据残存的记载来看，磨延啜在其二十六岁即739年时攻击突厥，在其二十八岁即741年时把突厥主力逼入了漠南地区。之后，突厥残余势力扶持乌苏米施为可汗，继续与三部联军对抗。744年，三部联军俘获了乌苏米施可汗。史载：天宝三年秋八月丙午，"九姓拔悉密叶护攻杀突厥乌苏米施可汗，传首京师"①。乌苏米施可汗被斩之后，突厥余众又立其弟白眉可汗。744年，三部联盟瓦解，回纥首领骨力裴罗反击拔悉密，自称可汗，建立了回鹘汗国。745年，骨力裴罗击杀白眉可汗，传首至唐。这样，突厥第二汗国最终被铁勒回鹘部所击灭。

第三节　突厥与西域诸胡

突厥汗国掌控的"西域"，主要是天山南路的吐鲁番盆地、塔里木盆地以及河中地区（即阿姆河和锡尔河之间）、费尔干纳盆地等。天山南路居住着以沙漠绿洲为主的"诸胡"，河中地区和费尔干纳盆地居住着以粟特人为主的"昭武九姓"。统治西域诸胡者主要是西突厥，即室点密系和阿波可汗系后裔。

---

① 《旧唐书》卷9《玄宗本纪下》，第218页。

一、突厥掌控天山南路"诸胡"

高昌国位于吐鲁番盆地,是以高昌为中心的沙漠绿洲国。高昌即今新疆维吾尔自治区吐鲁番市。突厥对高昌国采取以武力干涉,并嫁女联姻手段,对其进行控制。590年(开皇十年),"突厥破其四城,有两千人来归中国。坚死,子伯雅立。其大母本突厥可汗女,其父死,突厥令依其俗,伯雅不从者久之。突厥逼之,不得已而从"①。由此可见,突厥通过联姻手段掌控高昌,以此控制丝绸之路的要塞,征税于东西过往的商人。高昌王伯雅子文泰,"后与西突厥连结,诸国朝贡者,皆路出高昌,文泰稍拥绝之"②;"初,文泰与西突厥欲谷设通和,遗其金帛,约有急相为表里"③。"连结""通和""相为表里"等词汇揭示了突厥与高昌之间的关系,突厥驾驭高昌,高昌依靠突厥,双方互为表里,从而牢牢掌控着天山南北麓的丝路贸易。

突厥也以高昌为据点开展军事行动,震慑周边地区的诸绿洲城。630年(贞观四年),"时西戎诸国来朝贡者,皆途经高昌,文泰后稍壅绝之。伊吾先臣西突厥,至是内属,文泰又与叶护连结,将击伊吾"④。"叶护"是指西突厥,"伊吾"即今新疆维吾尔自治区哈密市。隋朝"大业之乱,中国人多投于突厥。及颉利败,或有奔高昌者,文泰皆拘留不遣。太宗诏令括送,文泰尚隐蔽之。又寻与西突厥乙毗设击破焉耆三城,虏其男女而去"⑤。可见,西突厥与高昌联合,向东征讨伊吾,向西击破焉耆,称霸东部天山地区。众所周知,高昌是丝绸之路的咽喉,自然成为各政权争夺的目标,对此中原政权也不例外,时刻保有夺取之念。于是,突厥与中原政权之间围绕高昌的争夺战争不可避免。639年(贞观十三年),"太宗乃命吏部尚书侯君集为交河道大总管,率左屯卫大将军薛万均及突厥、契苾之众,步骑数万众以击之"⑥。《通典》也记载:"初,西突厥遣其

---

① 《隋书》卷83《高昌传》,第1847页。
② 《通典》卷191《车师(附高昌)》,第5205页。
③ 《旧唐书》卷198《高昌传》,5296页。
④ 《旧唐书》卷198《高昌传》,第5294页。
⑤ 《旧唐书》卷198《高昌传》,第5294页。
⑥ 《旧唐书》卷198《高昌传》,第5295页。

叶护屯兵于可汗浮图城，与高昌为影响，至是惧而来降，以其地为庭州，并置蒲类县，每岁调内地更发千人镇遏焉。"① 可见，此时唐朝已经控制了吐鲁番盆地及以北地区，击退了此地西突厥势力。

位于塔里木盆地的规模比较大的绿洲城有焉耆、疏勒、龟兹、于阗等，突厥对此地区采取派遣官员和联姻策略。突厥对焉耆采取联姻和派遣"吐屯"官等措施进行控制。640年，"西突厥重臣屈利啜为其弟娶焉耆王女，由是相为唇齿，朝贡遂阙"②。"屈利啜以兵救焉耆，而孝恪还三日矣。屈利啜囚粟婆准，更使吐屯摄王，遣使以告。"③ 突厥对疏勒的统治手段也是联姻，"贞观中，突厥以女妻王"④。疏勒"土多稻、粟、麻、麦、铜、铁、锦、雌黄，每岁常供送于突厥"⑤。龟兹、于阗等也臣属于突厥。630年，龟兹"又遣使献马，太宗赐以玺书，抚慰甚厚，由此岁贡不绝，然臣于西突厥"⑥。于阗也有其先"臣于西突厥"⑦之说。

二、突厥羁縻统治"昭武九姓"

"昭武九姓"包括康、安、曹、石、米、何、史、穆、乌那曷、拔汗那、火寻等国，居于泽拉夫尚河（Zeravshan）、阿姆河、锡尔河、卡什卡达里亚河（Kashkadarya）流域以及费尔干纳盆地一带。泽拉夫尚河和卡什卡达里亚河流域地区又称为"索格底亚那地区"或"粟特诸国"⑧。昭武九姓以粟特人为主，善于商贾。居于此地的粟特人不仅是中西文化交流的衔接者，也是各地商品物流的疏通者。由于地理位置的重要性，昭武九姓之地自古以来就是兵家必争之地，尤其对亚欧草原游牧政权而言，这是经济发展中不可或缺的宝地。

---

① 《通典》卷191《车师（附高昌）》，第5205、5206页。
② 《旧唐书》卷198《焉耆传》，第5302页。
③ 《新唐书》卷221上《焉耆传》，第6229页。
④ 《旧唐书》卷198《疏勒传》，第5305页。
⑤ 《隋书》卷83《疏勒传》，第1852页。
⑥ 《旧唐书》卷198《龟兹传》，第5303页。
⑦ 《旧唐书》卷198《于阗传》，第5305页。
⑧ 程伟强：《"粟特"源流考辩——以汉文史料记载为主》，内蒙古大学硕士学位论文，2019年。

突厥崛起之前，昭武九姓之地处于嚈哒国统治。大约在567年之前，突厥与波斯国联手击灭嚈哒国，瓜分其地，阿姆河以南属波斯，阿姆河以北归突厥。这样，昭武九姓之地完全被突厥汗国所掌控。突厥对此地的统治，以派官员监督统治为主，在尽量不打破原有统治体系的情况下，册封其土著官员，又派突厥官员进行监督。西突厥统叶护可汗勇谋双全、善于攻战，称霸西域后，对"西域诸国王悉授颉利发，并遣吐屯一人监统之，督其征赋"①。"西域诸国"包括昭武九姓，其"国王"被突厥授予"颉利发"之号，又受到突厥派遣"吐屯"官的监督。"吐屯"官由突厥人担任，其任务主要是监督征税。突厥的这种统治模式总体上可视为羁縻统治。

突厥对昭武九姓的统治，因地区不同而采取的具体措施也有所差异。对于索格底亚那地区和阿姆河下游地区，采取通婚策略，以拉拢为主。当时，索格底亚那地区的粟特诸国以康国为中心，由康国支配其他诸国，康国王派遣自己的儿子或亲属担任其他诸国之王。突厥征服此地区后，与康国王通婚。康国"王字代失毕，为人宽厚，甚得众心。其妻突厥达度可汗女也"②。"达度可汗"即达头可汗，室点密之子。达头可汗嫁女于康国王代失毕为妻，以此建立联姻关系，再由康国王支配其他粟特诸国。突厥还掌控着康国的王位继承权，即康国储君必须得到突厥可汗认可才能即位。中亚撒马尔干地区发现的壁画上绘制着康国王拂呼缦即位仪式，其中绘画了拂呼缦与突厥可汗并坐③，这说明拂呼缦是在突厥可汗的监视之下坐上王位。由此可见，突厥对索格底亚那地区一般不采取直接或强压性的统治措施，而是以拉拢、监视为主的策略，尽量保护粟特诸国及粟特商人，以此获取更多的财物和其他利益才是突厥人的真正目的。

突厥对于费尔干纳盆地多是军事打击加直接统治。据史载：贞观中，宁远国"王契苾为西突厥瞰莫贺咄所杀，阿瑟那鼠匿夺其城"④。宁远国即拔汗那，今乌兹别克斯坦费尔干纳。阿瑟那即阿史那氏。可见，突厥直接进军费尔干纳盆地，杀其王，夺其地。史籍记载石国："其俗善战，曾

---

① 《旧唐书》卷194下《突厥传下》，第5181页。
② 《隋书》卷83《康国传》，第1848页。
③ 荣新江：《中古中国与粟特文明》，第369、370页。
④ 《新唐书》卷221下《宁远国传》，第6250页。

贰于突厥，射匮可汗兴兵灭之，令特勤甸职摄其国事。"①石国都城即今乌兹别克斯坦首都塔什干一带，位于索格底亚那地区北部、费尔干纳盆地之西北。石国以游牧经济为主，"其俗善战"，与突厥相似。西突厥射匮可汗兴兵击破石国后，直接派遣特勤"摄其国事"。拔汗那、石国受突厥影响很深，从其首领的官号就能看出，如拔汗那国的"阿悉烂达干"之"达干"即tarqan、石国的"特勤甸职"之特勤即tigin等是属于突厥官号。

突骑施夺取西突厥汗国统治权后，他们代替突厥控制了昭武九姓地区。突厥第二汗国的默啜可汗出征了突骑施，也曾进军至昭武九姓之地。对于默啜可汗出征黠戛斯、突骑施的过程，前人利用突厥卢尼文碑铭记载进行研究②。据突厥卢尼文碑铭记载，默啜西征突骑施的时间大致在毗伽可汗的二十七岁（710）和三十岁（713）之间。对于默啜出征突骑施的具体经过，以往研究认为，暾欲谷率领一军，阙特勤和毗伽可汗率领一军，兵分两路出征突骑施。据此进一步认为，当突厥军击破突骑施之后，暾欲谷继续西征至锡尔河、阿姆河流域，而阙特勤、毗伽可汗继续与黑姓突骑施交战周旋③。前人研究对于突厥与突骑施战争的过程以及突厥远征粟特地区的军队首领身份问题没有解释清楚，在此稍作说明。突厥出征突骑施的军事首领有inäl可汗（默啜可汗子移涅）、暾欲谷、达头设（后来的毗伽可汗）、阙特勤、阿波达干等。突厥与突骑施在yarïs平原大战，突厥胜，之后突骑施在bolču之地反扑④。《阙特勤碑》《毗伽可

---

① 《隋书》卷83《石国传》，第1850页。
② 芮传明：《古突厥碑铭研究》，第48—113页。
③ 芮传明：《古突厥碑铭研究》，第69—78页。
④ 《暾欲谷碑》对此次出征过程记录得很详细：当突厥征完黠戛斯返回时，得到了突骑施准备进攻突厥的消息，当时默啜可汗以安葬可敦为由返回了漠北牙帐；默啜返回时，对军队做了部署，让inäl可汗和达头设前进，而让暾欲谷蹲守金山（即阿尔泰山）；之后，当暾欲谷得到突骑施军聚集于yarïs平原（今地不详）的消息后，向可汗派遣了使者询问，可汗回话说继续蹲守金山不得前进，但可汗又给阿波达干传话，说不要听从于暾欲谷；于是，暾欲谷做主率军前进，抵达bolču之地；随后，暾欲谷又得到突骑施军队在yarïs平原有十万的消息，听到此消息后很多官员打了退堂鼓，但暾欲谷坚持作战，最终与其交战获胜，俘虏其可汗。《阙特勤碑》《毗伽可汗碑》的记载没有这么具体，相对简略：突厥越过金山、额尔齐斯河后，在夜里袭击了突骑施；之后，在bolču之地突骑施反扑，突厥又战胜之，杀其可汗。

汗碑》详细具体记载了突厥出征突骑施的史事，而《暾欲谷碑》记载的不是很具体，只是提及了交战地点，暾欲谷大概据守金山，未参加夜袭突骑施的战役。根据碑文记载可以梳理这次战争的具体经过：先是，阙特勤和毗伽可汗夜袭了突骑施；之后，突骑施在 bolču 之地反扑；正当此时，暾欲谷从据守金山之地出发，赶到 bolču 之地，与阙特勤、毗伽可汗夹击突骑施，最终获胜。这样才能解释得通《暾欲谷碑》第二石西面第 6 行中所说的"tardus sadra udï yañdïmïz（我们向达头设（即毗伽可汗）追击了）"一句，即暾欲谷把敌人向毗伽可汗处追赶，从而夹击了突骑施。突厥初战告捷，突骑施也表示臣服，但黑姓突骑施又叛变，西逃至粟特地区。突厥随后追击。

《暾欲谷碑》第二石西面第 9 行、南面第 1—2 行："biz yämä sülädimiz anï irtimiz yinču ögüzüg käčä tinsi oγlï aytïγma bäŋülüg äk taγïγ ärtü tämir qapïγqa tägi irtimiz anta yanturtïmïz inäl qayanqa \\\\\\\\\\\\\\ täzik toqrïsïn \\\\ anta bäruki suq baslïγ soγdaq bodun qop kälti yükünti（我们再次出征了，我们追逐了他们。我们渡过珍珠河，越过名为天子、bäŋülüg äk 的山，一直追到铁门关。我们从那里返回了。为 inäl 可汗⋯⋯大食、吐火罗⋯⋯从那里以 suq 为首的粟特百姓全部来了，臣服了）。"《阙特勤碑》东面第 39 行："soγdaq bodun itäyin tiyin yinču ügüzüg käčä tämir qapïγqa tägi sülädimiz（为了要征服粟特百姓，我们越过了珍珠河，直到铁门关为止出征了）。"铁门关位于阿姆河下游。以往研究认为，突厥征服突骑施之后，西征至铁门关的突厥军队首领为暾欲谷，而阙特勤、毗伽可汗未参加。实际上，阙特勤也是远征铁门关军队首领之一。这一点从前引《阙特勤碑》所记内容中可知。至于毗伽可汗有没有远征至铁门关，则很难确认。从《阙特勤碑》东面第 40 行所记"antaγ ödkä ökünip kül tiginig az ärin irtürü ïtïmïz（那时我们悔恨，把阙特勤带领着少数人派遣了）"以及《毗伽可汗碑》中未载其追击突骑施一事来看，远征铁门关的军事行动中毗伽可汗未参加的可能性更大。暾欲谷、阙特勤把黑姓突骑施一直追击到铁门关，最终制服他们，同时也征服了粟特地区。但默啜可汗死后，突骑施又恢复了其原来的统治，粟特地区也重新役属于突骑施。

第四节 突厥与东部诸部

突厥的东部地区主要是指大兴安岭及其以东地区，其地貌为山林、平原地区，居民主要包括契丹、库莫奚、高句丽、靺鞨、室韦等部族。

一、突厥反复出征契丹、库莫奚

突厥汗国建立之后，向东南"松漠之间"即西拉木伦河、辽河流域拓展势力，为征服驻牧于此地的契丹和库莫奚而反复进军。据文献记载：契丹"后为突厥所逼，又以万家寄于高丽"①。此事发生于开皇四年（584）之前，在此之前突厥已进攻契丹。突厥征服契丹后，也曾派遣"吐屯"官监督统治，如《隋书·契丹传》记载："突厥沙钵略可汗遣吐屯潘垤统之。"②但契丹并不是甘于始终臣服于突厥。584年，契丹叛突厥，臣于隋朝。586年，契丹"诸部相攻击，久不止，又与突厥相侵"③。大概此时突厥又趁机征服了契丹。600年，契丹再叛离突厥，"其别部四千余家背突厥来降。上方与突厥和好，重失远人之心，悉令给粮还本，敕突厥抚纳之"④。因隋朝的顾虑，此部契丹又被突厥所征服。628年，契丹首领率众叛突厥而降唐。648年，又有契丹降唐，唐设松漠都督府，羁縻统治其地。

突厥第二汗国建立之后，突厥为征服契丹和库莫奚而再次进军松漠之间。突厥默啜可汗利用契丹叛唐时机，出师征讨了契丹。这次默啜可汗与唐朝联军出征了契丹。对此，无论是突厥卢尼文碑铭还是汉文史料都有较为详细的记载。《阙特勤碑》东面第28行记载，我们"ilgärü qïtañ tatabï bodun［向前方（即东方）契丹、奚人］"出征了。突厥卢尼文碑铭又载，默啜可汗东征了 santuŋ 城、santuŋ 平原、taluy 河、yašïl 河等

---

① 《隋书》卷84《契丹传》，第1881页。
② 《隋书》卷84《契丹传》，第1882页。
③ 《隋书》卷84《契丹传》，第1881页。
④ 《隋书》卷84《契丹传》，第1881、1882页。

地①。santuŋ，学界一般认为，就是汉文史料所记"山东"地名，即太行山以东地区，大概包括今河北省、北京市、天津市、山东省等地区。在这里需要补充说明的是，碑文所记 santuŋ 地名概念，除了汉文史料所记地名"山东"含义以外，也应该包括大兴安岭以东的辽东平原地区，即包括今天的辽宁省及吉林省的部分地区。从敦煌发现的古藏文 P. T. 1283 文书第 15、16 行记载："由此向东看，有突厥人称呼 mug-lig、中国人称呼 ke'u-li 者。Shan-ton 之地大臣 čhan-čhun-čhi 所统领的 ke'u-li 地区。"② Shan-ton 即 santuŋ。mug-lig 即突厥卢尼文碑铭所记 bökli（见下文），ke'u-li 即"高句丽"。由此可见，Shan-ton 地理概念包括古代高句丽国，即辽河流域、松花江流域也包括在内。对于碑文所记 taluy 河和 yašïl 河地望，学界意见不一致，大概有"海河""海川""大灅河（即桑干河，今永定河）""滦河""渤海湾""黄河""西拉沐伦河"等观点③。这里认为，taluy 河应指今黄河，yašïl 河或许是指辽河（西拉沐伦河）或松花江。那么，突厥人所谓的 santuŋ 地区包括契丹、库莫奚居住地，突厥人进军 santuŋ 之地，等于就是进攻了契丹和库莫奚。对此，汉文史料记载亦可证实。

据突厥卢尼文碑文记载，突厥东征发生于达头设十四岁时，即 697 年④。突厥东征，是利用契丹反唐的时机，以助唐为名出师征讨契丹。此

---

① 《暾欲谷碑》第一石东面 1、2 行记载："türk bodun \\\\\\ türk qaɣan oluryalï santuŋ balïqa taluy ögüzkä tägmis yoq ärmis qaɣanïma ötünüp sülätdim santuŋ balïqa taluy ögüzkä tägürtüm üč otuz balïq sïdï（突厥百姓……突厥可汗即位以来，未曾到达过山东城和 taluy 河。我向可汗禀报，我出征了。我到达了山东城、taluy 河，击破了二十三个城）。"《阙特勤碑》南面第 3 行记载："ilgärü šanduŋ yazïqa tägi sülädim taluyqa kičig tägmädim（我向前方出征到山东平原为止，几乎到达了海）。"《毗伽可汗碑》东面第 15 行记载（《阙特勤碑》东面第 17 行）："tört yigirmi yašïmqa arduš bodun üzä šad olurtïm ačim qaɣan birlä ilgärü yašïl ügüz šanduŋ yazïqa tägi sülädimiz（十四岁时，我是达头百姓之上的设。我和叔父可汗一起前方出征到 yašïl 河、山东平原为止）。"
② 〔日〕森安孝夫：《チベット语史料中に现われる北方民族—DRU-GU と HOR》，《アジア・アフリカ言语文化研究》（第 14 辑），1977 年。
③ 以上观点，参见芮传明：《古突厥碑铭研究》，第 27—46 页。
④ 毗伽可汗生于 684 年，也有学者认为是 683 年，待考。

前即696年，契丹松漠都督李尽忠、归诚州刺史孙万荣率部反唐，不久李尽忠自称可汗、孙万荣为大将。契丹军很快攻陷唐营州（今辽宁省朝阳市）。突厥对唐朝提出要求，"默啜遣使上言：'请还河西降户，即率部落兵马为国家讨击契丹。'制许之。默啜遂攻讨契丹，部众大溃，尽获其家口，默啜自此兵众渐盛"①。可见，默啜可汗向唐朝提出要求后不久，出击契丹，其时间与突厥卢尼文碑铭所记达头设十四岁时完全符合，实指一事。

唐朝征讨契丹不利，遂再次遣田归道、阎知微等至突厥求助。默啜可汗趁机提出了更多要求，即"初，咸亨中，突厥诸部落来降附者，多处之丰、胜、灵、夏、朔、代等六州，谓之降户。默啜至是又索此降户及单于都护府之地，兼请农器、种子，则天初不许。默啜大怨怒，言辞甚慢，拘我使人司宾卿田归道，将害之。时朝廷惧其兵势，纳言姚璹、鸾台侍郎杨再思建议请许其和亲，遂尽驱六州降户数千帐，并种子四万余硕、农器三千事以与之，默啜浸强由此也"②。随后，突厥乘虚攻入契丹，奚人亦反攻契丹。孙万荣无路可逃，终被家奴所杀，其残众降服了突厥。

默啜可汗统治末期，突厥内乱迭起，契丹李失活于715年趁机率众叛突厥而降唐。唐复设松漠都督府，统治其地。730年，"契丹衙官可突干杀其主李召固，率部落降于突厥，奚部亦随西叛"③。自732年毗伽可汗死后，直至突厥第二汗国灭亡为止，汗国一直处于内乱当中，不可能继续有效控制松漠之间，契丹、库莫奚也应恢复了相对独立的活动。

二、突厥掌控室韦、靺鞨等诸部

突厥汗国时期大兴安岭及以东地区主要居住着室韦（即鞑靼）、靺鞨（即勿吉）等诸部。室韦亦作失韦，在汉文史料中出现于6世纪以后，泛指居于契丹以北的族属相同或相似的诸部落。据学者研究，室韦是个泛

---

① 《旧唐书》卷194上《突厥传上》，第5168页。
② 《旧唐书》卷194上《突厥传上》，第5168、5169页。
③ 《旧唐书》卷8《玄宗本纪上》，第195页。

称,其名下包括诸多部落,而主要部分是属于东胡后裔①。从生存空间、语言风俗以及族名等各个方面考虑,室韦属于东胡系后裔。失韦、室韦名称与鲜卑之称是同名异译,可能音译于 *serbi、*sirbi 或 *sirvi 等。北魏统治者拓跋鲜卑人出于某种目的,将与自己同源且居于北方的鲜卑人改称为失韦或室韦②。由此可见,室韦称呼是指位于蒙古高原东北部,即包括大兴安岭中、北段及以东嫩江流域的诸部落。突厥人把室韦称为 tatar,而汉文史料音写为达怛、鞑靼、塔塔尔等,其中鞑靼之写法最为普遍。在突厥卢尼文碑铭中以 otuz tatar(三十姓鞑靼)和 toquz tatar(九姓鞑靼)形式出现,活动区域与汉文史料所载室韦诸部居地基本相当。

突厥汗国建立之前,大兴安岭中、北段及嫩江流域活动的部落有地豆于、乌洛侯、室韦,但后来这些部落皆被室韦—鞑靼名称所覆盖。突厥汗国建立之后,室韦发展成五大部落,突厥常派遣吐屯官进行管理。据文献记载,室韦"分为五部,不相总一,所谓南室韦、北室韦、钵室韦、深末怛室韦、大室韦。并无君长,人民贫弱,突厥常以三吐屯总领之"③。突厥对室韦诸部的统治与契丹类似,"突厥沙钵略可汗尝以吐屯潘垤统领之,盖契丹之类也"④。

后来,室韦诸部又发展成"九部","大唐所闻有九部焉,屡有朝贡"⑤。在这室韦九部中,"今室韦最西与回纥接界者,乌素固部落,当俱轮泊之西南"⑥。"俱轮泊"即今呼伦湖。可见,室韦诸部中最西者已居于呼伦湖西南一带。汉文史料所记室韦九部,应该是突厥卢尼文碑铭所记 toquz tatar(九姓鞑靼)。当时,九姓鞑靼与铁勒诸部联合,反抗突厥第二汗国的统治。《毗伽可汗碑》东面第 34 行记载:"oγuz bodun toquz tatar birlä tirilip kälti(乌古斯百姓与九姓鞑靼一起来了)。"乌古斯即铁勒和鞑靼联军最终被毗伽可汗击溃,其部分人被征服,部分人逃亡至唐朝。

---

① 张久和:《原蒙古人的历史——室韦—达怛研究》,高等教育出版社,1998 年,第 24—35 页。
② 张久和:《原蒙古人的历史——室韦—达怛研究》,第 28、29 页。
③ 《隋书》卷 84《室韦传》,第 1882 页。
④ 《通典》卷 200《室韦》,第 5487 页。
⑤ 《通典》卷 200《室韦》,第 5488 页。
⑥ 《旧唐书》卷 199 下《室韦传》,第 5357 页。

据此可知，在突厥第二汗国中后期，九姓鞑靼已发展为很有实力的部落联盟，时刻准备脱离突厥汗国的统治。随着突厥第二汗国的灭亡，九姓鞑靼也脱离了突厥人的统治。

室韦—鞑靼以东地区即所谓的"太阳升起之地"，突厥人称为 bükli čölig il①。学界一般认为 bükli 是汉文史料所载"貊""貊句丽""高句丽"，čölig il 是"遥远""沙漠""荒漠"等。总体而言，前人对 bükli čölig il 的解释还是有分歧，意见并不一致。

《阙特勤碑》东面第8行（《毗伽可汗碑》东面第8行）记载："ilgärü kün toɣusïqda bükli qaɣanqa tägi süläyü birmis（向前方即东方太阳升起之地 bükli 可汗为止给出征了）。"从"bükli 可汗"说法可知，bükli 是指某个政权或部落联盟，不然不可能有"可汗"之号。前引 P. T. 1283 文书第15—17行记载："从此向东看，居住着突厥人称为 Mug-lig，中国人称为 Ke'u-li 的人。"②学界已指出 Mug-lig 即 bükli，Ke'u-li 即高句丽。可见，"中国人"所谓的高句丽，突厥人称之为 Mug-lig，即 bükli。

学界基本认可 bükli 之 bük 即古族名称"貊（貉）"。据汉文史料记载，最初"貊"是个专称，但后来一般很少用于特指某个部落，而多用于泛指东北地区的部族，如"秽貊""胡貊""夷貊""蛮貊"等③。可见，貊称逐渐变为代表东北地区部族的泛称。如果 bükli 即指貊族，那完全有可能突厥也作为泛称使用，就是泛指东北地区的部族。

在以前貊族居住或附近地域，史料中又出现了夫余族。史载："国有

---

① 《阙特勤碑》东面第3、4行记载（《毗伽可汗碑》东面第4、5行记载相同）记载："anï üčün ilig anča tutmïs ärinč ilig tutup törüg itmis özi anča kärgäk bolmïs yoɣči sïɣitčï öŋrä kün toɣusïqda bükli čölig il tabɣač tüpüt apar purm qïrqïz üč qurïqan otuz tatar qïtañ tatabï bunča bodun kälipän sïɣtamïs yoɣlamïs（由此，确实那样建立了国家。建立了国家，制定了体例。他自己那样去世了。吊唁者从前方即东方太阳升起之地 bükli čölig il、中国、吐蕃、阿瓦尔、拂菻、黠戛斯、三姓骨利干、三十姓鞑靼、契丹、奚等百姓前来吊唁了）。"这段内容记载了突厥某位可汗去世后，位于突厥汗国周边的政权或部族派遣使者前来吊唁可汗葬礼的情况。在所有吊唁者中，第一个提及的是东方太阳升起之地的 bükli čölig il。

② 〔日〕森安孝夫：《チベット语史料中に现われる北方民族—DRU-GU と HOR》，《アジア・アフリカ言语文化研究》（第14辑），1977年。

③ 苗威：《关于秽、貊或秽貊的考辩》，《社会科学战线》2010年第8期。

故城，名濊城，盖本濊貊之地。"①《史记·货殖列传》记载："北邻乌桓、夫余，东绾秽貉、朝鲜、真番之利。"②此后，夫余之称不绝于汉籍正史中。古代高句丽国是夫余王族朱蒙所建。史载："高句丽，后汉朝贡，云本出于夫余先祖朱蒙。朱蒙母河伯女，为夫余王妻，为日所照，遂有孕而生。及长，名曰朱蒙，俗言善射也。"③因朱蒙是夫余王族，所以外界以原有的称呼夫余命名新兴的高句丽国也是完全有可能的。

根据夫余族的活动区域推断，夫余与肃慎族应该有联系。肃慎即后来的挹娄、勿吉、靺鞨、女真等。唐朝杜佑解释说："后魏以后曰勿吉国，今则曰靺鞨焉。"④他又说："详考传记，挹娄、勿吉、靺鞨俱肃慎之后裔。"⑤据此，肃慎、挹娄、勿吉、靺鞨等名称是同名异译。可见，原先的夫余居住之地，后来出现了肃慎系勿吉即靺鞨族，这些名称之间毫无关系是不太可能的。

对于肃慎、挹娄、女真等名称来源，学者研究认为女真—满语"箭"之意⑥。那么，勿吉、靺鞨也有此意？在汉文史料中，夫余、高句丽、勿吉、挹娄等善于射箭的记载非常普遍，如高句丽"又有小水貊。句丽作国，依大水而居。出好弓，所谓貊弓是也"⑦。高句丽祖先"名曰朱蒙，俗言善射也"。勿吉"善射猎，弓长三尺，箭长尺二寸，以石为镞"⑧。勿吉"自拂涅以东，矢皆石镞，长二寸，所居多依山水。……男子衣猪犬皮裘，头插虎豹尾，善射"⑨。挹娄"有石砮皮骨之甲。国东北有山出石，其利入铁，将取之，必先祈神。其人众虽少而多勇力，处山险，又善射。弓长四尺，力如弩。矢用楛，长尺八寸，青石为镞，镞皆施毒，中人即

---

① 《通典》卷185《夫余》，第4997页。
② 《史记》卷129《货殖列传》，第3265页。
③ 《通典》卷186《高句丽》，第5010页。
④ 《通典》卷185《东夷上》，第4985页。
⑤ 《通典》卷186《勿吉（又曰靺鞨）》，第5023页。
⑥ 哈斯巴特尔：《试析肃慎、挹娄、女真的族称关系》，《黑龙江民族丛刊》2000年第3期。
⑦ 《通典》卷186《高句丽》，第5011、5012页。
⑧ 《魏书》卷100《勿吉传》，第2220页。
⑨ 《通典》卷186《勿吉（又曰靺鞨）》，第5023页。

死。邻国畏其弓矢,卒不能服也"①。由此可见,这些部族以产好弓、善射而闻名。那么,貊、夫余即 bük 或 büg 之称来源于弓箭制作或射猎技能方面的可能性最大。古回鹘语有由词根 büg 或 bük 派生的表示弯曲、弯折之类意思的词汇。蒙古语、满语中也有由词根 bük 或 büg 派生的词汇,亦表示射箭之意。若此无误,那 bükli 即 bük+li,其义为拥有弓箭之人或善射之人。

突厥卢尼文碑文所记 čölig il 并不是"荒漠""沙漠"之意,而是"山川""山谷"等义。秽貊、挹娄、勿吉、高句丽等族居地为大山森林地带,多为山川或山谷地区。对此,汉文史料记载很多。比如,濊族"其俗重山川,山川各有部分,不得辄相干涉"②。勿吉"所居多依山水"③。高句丽"地方二千里,多大山深谷,无原泽,随山谷而为居"④。古蒙古语中的 čöl 一词,除了表示"荒漠""沙漠"的意思之外,也表示"深入""山川"之意。《元朝秘史》第247卷中有"啜勒客 阿虬剌 čölke aγula(川山)",可见 čölke 即"川"之义。在突厥方言中 čölgö 表示洼地、盆地、凹地等⑤。由此认为,突厥语 čölig il 应该表示"山川之地""山谷之地"的意思,是根据貊、夫余、勿吉、高句丽等族的居住环境特征而称呼之。

总而言之,bükli(bük+li)之义可能为拥有弓箭之人或善射之人、森林猎人等,čölig il 之义为山川之地或山谷之地。bükli čölig il 称呼是按照山林地区居民的生活特征和地理环境而命名之。突厥人所谓的 bükli čölig il 不仅指高句丽国,也指与高句丽居住环境和生活特征相同或相似的周边部族,如肃慎系靺鞨(即勿吉)诸部。又,按建立政权历史来看,bükli čölig il 之称包括高句丽国和渤海国。

在史料记载中未见突厥与高句丽国密切接触或大规模冲突的记载,大多为互派使者的记录。突厥与渤海国及靺鞨族的关系,史料则记载:

---

① 《通典》卷186《挹娄》,第5022页。
② 《通典》卷185《濊》,第4987页。
③ 《通典》卷186《勿吉(又曰靺鞨)》,第5023页。
④ 《通典》卷186《高句丽》,第5011页。
⑤ 额尔登泰、阿尔达扎布:《蒙古秘史还原注释》,内蒙古教育出版社,1986年,第810页。

"其国凡为数十部,各有酋帅,或附于高丽,或臣于突厥。"① 可见,靺鞨在高句丽国时期曾有些部众臣属于突厥。高句丽国灭亡后,其"别种"首领大祚荣率众降唐。唐武则天时期契丹、奚、突厥等叛唐作乱,大祚荣也于698年东逃靺鞨故地称王,建立了渤海国,其疆域南到朝鲜半岛,东至海,西与突厥为邻,统治着黑龙江、乌苏里江、松花江流域地区。渤海国建立之后,"遣使通于突厥"②。

突厥对黑水靺鞨派遣"吐屯"官监督统治。726年(唐开元十四年),"黑水靺鞨遣使来朝,诏以其地为黑水州,仍置长史,遣使镇押。武艺谓其属曰:'黑水途经我境,始与唐家相通。旧请突厥吐屯,皆先告我同去。今不计会,即请汉官,必是与唐家通谋,腹背攻我也'"③。从"旧请突厥吐屯,皆先告我同去"可知,黑水靺鞨于726年即降唐之前,突厥曾向其派遣吐屯官进行管理。

突厥史是国际性研究课题。目前,学界对突厥史的研究已经全面涉及政治、经济、文化、宗教、习俗等各个方面,选题角度不断细化,辨析史料更为深入,接近突厥史原貌的成果颇丰。而且,有关突厥的考古发掘以及考古学研究也对突厥史研究领域提供了丰富的新材料。当然,由于突厥人的历史悠久,活动范围较大,在一些问题上仍然进展缓慢,需要建立良好的国际合作机制。突厥人的足迹遍布欧亚草原,所到之处留下了很多文物遗迹,这些遗物现分布于不同国家和地区,如中国、蒙古、俄罗斯、哈萨克斯坦、吉尔吉斯斯坦、塔吉克斯坦、乌兹别克斯坦、土库曼斯坦等国家。各国利用自己所掌握的资料,对突厥史进行了不同程度的研究。虽然各国之间已经注重互相借鉴成果,但进行的合作交流研究则远不够。尤其在国内的突厥史研究领域,一般对日本、俄罗斯、欧美等语种编写的研究成果参考和吸收得很好,但对于蒙古国、中亚五国等属于并不流行语种的研究成果则关注度还不够。只有国际学术界扬长避短,不断进行交流合作与互相借鉴成果,才能使突厥史研究迎来更

---

① 《旧唐书》卷199下《靺鞨传》,第5358页。
② 《旧唐书》卷199下《靺鞨传》,第5360页。
③ 《旧唐书》卷199下《靺鞨传》,第5361页。

为光明的未来。

在目前突厥史研究领域中,对于突厥历史以及突厥与其他部族或政权之间关系的研究相当深入,史料挖掘得也很深,但对于突厥的社会制度、文化习俗等方面的研究还略显薄弱。关于突厥社会文化的研究,目前只处于介绍或初步研究阶段,较为深入详细研究的成果还不多。利用考古学、语言学、民族学、人类学等多学科进行研究,才是弥补和改善此薄弱环节的最好途径。研究突厥社会文化,前提条件是先了解游牧社会与文化的真正特点。突厥文化是草原游牧文化链条中的一环,有着承上启下的作用。突厥文化继承了以往各族的游牧文化,又传递于后起的民族,甚至在今天某些国家和地区的游牧文化中也能看到突厥文化的遗存。所以,了解今天的游牧文化,亦可帮助更深入理解古代突厥社会文化。在充分了解游牧文化的基础上,再去解读突厥社会文化方面的问题,也会与历史的真实面貌更为接近。

突厥史属于中国史,也属于世界史。突厥对于中国以及世界均有着深远的影响。突厥汗国替代柔然汗国兴起,但与柔然汗国相比,版图更为广阔、影响更为深远。突厥崛起后,很快席卷了整个亚欧草原。突厥汗国把亚欧草原连成一体,打破了原来的分裂割据局面,使这片区域内的各个古国和政权的经济与文化的交流变得畅通。突厥以自己掌控的亚欧草原作为纽带,把东西方贯通,这不仅促进了东西文化交流,还推动了世界史进程。突厥的不断南下,加速了中原分裂时代的结束而走向统一。突厥与隋唐之间的冲突与交融,在客观上促成了唐朝的大一统,提升了唐朝的世界影响力。

今天亚欧草原各族的分布,与突厥汗国的形成、瓦解以及突厥各部落的迁徙有着密切的联系。随着突厥各部落的迁徙与扩散,突厥文化不断外延,也影响着周边其他部族。现在亚欧草原的许多地区也存有深深的突厥文化烙印。突厥人把自己特有的文化注入亚欧草原后,与原有文化杂糅形成了新的文化。突厥掌控亚欧草原近两个世纪,其间,阿史那氏为核心的突厥语言即"古代突厥语"成为这片区域的主流语言,各部族原有语言深受其影响,甚至有些部族语言经历了突厥化过程。今天的突厥语族语言,就是在古代突厥语基础上或突厥语影响下发展形成的。要说突厥人对历史引人注目的贡献,就是他们创造了自己的文字。突厥创造的文字，在当时的环境中普及率与使用率很高，这从已经发现的很多突厥文遗物，以及到目前为止还在不断发现的带有突厥文的考古实物中均可得到证实。突厥人以自己的语言和文字记录自己的历史，这对于后来兴起的部族而言，是无比宝贵的财富。在今天的亚欧草原上，随处可见突厥人留下的文化遗迹，计有石碑、石人像、杀人石、石刻印记、刻文题记、古城遗址、墓葬遗址、祭祀遗址等，可谓是一幅草原现实版的实物历史图册。突厥人的传说故事及相对成熟的社会制度体系也被后起部族或政权所借鉴和沿用，可以认为，后起政权是在突厥人的社会制度体系基础上继续完善后前行的。

突厥对蒙古族也深有影响。蒙古族起源传说，即"苍狼白鹿传说"和"额尔古纳昆传说"就是传承于突厥起源传说。有学者指出，蒙古语曾经历了突厥化过程[①]。的确，突厥语和蒙古语有很多共用词汇，尤其是关于动词词干及用于游牧经济、行政制度方面的共同词汇，这充分说明了蒙古在社会制度方面直接受到突厥人的影响。从某种意义上讲，古代蒙古政治制度方面的经验教训，根基来源之一就是突厥政权。西迁至中亚的蒙古人，突厥化程度更深，甚至有些已经遗忘了蒙古语。

不言而喻，突厥史研究有着重要的意义，要想更为深入地研究北方民族历史、中国史乃至世界史，不能忽略突厥史这个重要的内容。在当今世界，操突厥语的民族很多，在亚欧大陆上广为分布，他们与古代突厥及其相关部族有着千丝万缕的关系。所以，研究突厥史能帮助人们更为清楚地认识今天的操突厥语的民族，这也是研究突厥史的现实意义。因此，研究突厥史对于中国古代史还是世界古代史的研究，以及对于现代世界的认识方面均具有重要的意义。

---

① 亦邻真：《中国北方民族与蒙古族族源》，《亦邻真蒙古学论文集》，内蒙古人民出版社，2001年。

参考书目

一、古籍

（汉）司马迁：《史记》，中华书局点校本，1959年。

（汉）班固撰，（唐）颜师古注：《汉书》，中华书局点校本，1962年。

（晋）陈寿撰，（南朝宋）裴松之注：《三国志》，中华书局点校本，1959年。

（南朝宋）范晔撰，（唐）李贤等注：《后汉书》，中华书局点校本，1965年。

（南朝梁）沈约：《宋书》，中华书局点校本，1974年。

（南朝梁）萧子显：《南齐书》，中华书局点校本，1972年。

（北齐）魏收：《魏书》，中华书局点校本，1974年。

（唐）杜佑撰，王文锦、王永兴、刘俊文等校：《通典》，中华书局点校本，1988年。

（唐）段成式撰，许逸民、许桁点校：《酉阳杂俎》，中华书局，2018年。

（唐）房玄龄等：《晋书》，中华书局点校本，1974年。

（唐）慧立、彦悰撰，孙毓棠、谢方点校：《大慈恩寺三藏法师传》，中华书局，1983年。

（唐）李百药：《北齐书》，中华书局点校本，1972年。

（唐）李吉甫撰，贺次君点校：《元和郡县图志》，中华书局点校本，1983年。

（唐）李林甫等撰，陈仲夫点校：《唐六典》，中华书局，1992年。

（唐）李延寿：《南史》，中华书局点校本，1975年。

（唐）李延寿：《北史》，中华书局点校本，1974年。

（唐）令狐德棻等：《周书》，中华书局点校本，1971年。

（唐）魏徵、令狐德棻：《隋书》，中华书局点校本，1973年。

（唐）温大雅：《大唐创业起居注》，上海古籍出版社，1983年。

（唐）玄奘、辩机撰，季羡林等校注：《大唐西域记校注》，中华书局，1985年。

（唐）姚思廉：《梁书》，中华书局点校本，1973年。

（后晋）刘昫等：《旧唐书》，中华书局点校本，1975年。

（宋）邓名世撰，王力平点校：《古今姓氏书辩证》，江西人民出版社，2006年。

（宋）李昉等：《太平广记》，中华书局，1961年。

（宋）李昉等：《文苑英华》，中华书局，1966年。

（宋）欧阳修、宋祁：《新唐书》，中华书局点校本，1975年。

（宋）司马光撰，（元）胡三省音注：《资治通鉴》，中华书局点校本，1956年。

（宋）宋敏求：《唐大诏令集》，商务印书馆，1959年。

（宋）王溥：《唐会要》，中华书局，1955年。

（宋）王钦若等：《册府元龟》，中华书局影印本，1960年。

（宋）乐史撰，王文楚等点校：《太平寰宇记》，中华书局，2007年。

（元）李志常撰，党宝海译注：《长春真人西游记》，河北人民出版社，2001年。

（元）脱脱等：《辽史》，中华书局点校本，1974年。

（元）虞集：《道园学古录》卷24《高昌王世勋碑》，四部丛刊本。

（明）火源洁、第伯符：《华夷译语》，珪庭出版社有限公司，1979年。

（明）宋濂：《元史》，中华书局点校本，1976年。

（明）《元朝秘史》，四部丛刊三编本。

（清）董诰等：《全唐文》，中华书局，1983年。

（清）张穆著，张正明、宋举成点校：《蒙古游牧记》，山西人民出版社，1991年。

（清）《五体清文鉴》，民族出版社，1957年。

袁珂校注：《山海经校注》，上海古籍出版社，1980年。

〔伊朗〕志费尼著，何高济译：《世界征服者史》，内蒙古人民出版社，1980年。

〔波斯〕拉施特著，余大钧、周建奇译：《史集》，商务印书馆，1983年。

Inscriptions de L'orkhon(Recueillies par L'expédition Finnoise 1890). Société Finno-ougrienne. Helsingfors, 1892.

Mahmūd al-kāšγarī. Compendium of the Turkic dialects(Dīwān Luγāt at-Turk). Edited and Translated with Introduction and Indices by Robert Dankoff in collaboration with James Kelly. Harvard University Printing Office, 1982-1985.

二、专著

白玉冬：《九姓达靼游牧王国史研究（8~11世纪）》，中国社会科学出版社，2017年。

蔡鸿生：《唐代九姓胡与突厥文化》，中华书局，1998年。

岑仲勉：《突厥集史》（全二册），中华书局，2004年。

岑仲勉：《西突厥史料补阙及考证》，中华书局，2004年。

岑仲勉：《中外史地考证》（外一种）（全二册），中华书局，2004年。

岑仲勉：《汉书西域传地里校释》，中华书局，2004年。

岑仲勉：《唐史余渖》（外一种），中华书局，2004年。

陈寅恪：《陈寅恪文集之三：金明馆丛稿二编》，上海古籍出版社，1980年。

陈恳：《突厥铁勒史探微》，花木兰文化出版社，2017年。

陈钦育：《北亚游牧民族与中原国家之关系研究——以突厥为例》，花木兰文化出版社，2009年。

陈凌：《突厥汗国与欧亚文化交流的考古学研究》，上海古籍出版社，2013年。

陈凌：《草原狼纛——突厥汗国的历史与文化》，商务印书馆，2015年。

程伟强：《"粟特"源流考辩——以汉文史料记载为主》，内蒙古大学硕士学位论文，2019年。

邓浩、杨富学：《西域敦煌回鹘文献语言研究》，甘肃文化出版社，

1999年。

段连勤：《隋唐时期的薛延陀》，三秦出版社，1988年。

段连勤：《丁零、高车与铁勒》，广西师范大学出版社，2006年。

段连勤：《北狄族与中山国》，广西师范大学出版社，2007年。

额尔登泰、乌云达赉、阿萨拉图：《〈蒙古秘史〉词汇选释》，内蒙古人民出版社，1980年。

额尔登泰、乌云达赉校勘：《蒙古秘史》（校勘本），内蒙古人民出版社，1980年。

额尔登泰、阿尔达扎布：《蒙古秘史还原注释》，内蒙古教育出版社，1986年。

冯承钧原编，陆峻岭增订：《西域地名》（增订本），中华书局，1980年。

冯懿：《20世纪突厥史研究成就述论》，兰州大学硕士学位论文，2013年。

耿世民译：《乌古斯可汗的传说（维吾尔族古代史诗）》，新疆人民出版社，1980年。

耿世民：《维吾尔古代文献研究》，中央民族大学出版社，2003年。

耿世民：《古代突厥文碑铭研究》，中央民族大学出版社，2005年。

耿世民、魏萃一：《古代突厥语语法》，中央民族大学出版社，2010年。

郭平梁、刘戈：《回鹘史指南》，新疆人民出版社，1995年。

郭锡良编著：《汉字古音手册》（增订本），商务印书馆，2010年。

韩儒林：《穹庐集》，河北教育出版社，2000年。

华涛：《西域历史研究（八至十世纪）》，上海古籍出版社，2000年。

胡振华：《柯尔克孜语言文化研究》，中央民族大学出版社，2006年。

胡振华、黄润华：《明代文献〈高昌馆课〉》（拉丁文字母译注），新疆人民出版社，1981年。

胡振华、黄润华整理：《高昌馆杂字——明代汉文回鹘文分类词汇》，民族出版社，1984年。

贾敬颜：《民族历史文化萃要》，吉林教育出版社，1990年。

林恩显：《突厥研究》，台湾商务印书馆，1988年。

林幹编：《突厥与回纥历史论文选集（1919—1981）》（全二册），中华书局，1987年。

林幹：《突厥史》，内蒙古人民出版社，1988年。

林幹、高自厚：《回纥史》，内蒙古人民出版社，1994年。

林幹：《中华地域文化大系——塞北文化》，内蒙古教育出版社，2006年。

林幹：《突厥与回纥史》，内蒙古人民出版社，2007年。

林梅村：《松漠之间——考古新发现所见中外文化交流》，生活·读书·新知三联书店，2007年。

刘美崧：《两唐书回纥传回鹘传疏证》，中央民族学院出版社，1988年。

刘义棠：《维吾尔研究》，正中书局，1975年。

刘义棠：《突回研究》，经世书局，1990年。

刘迎胜：《西北民族史与察合台汗国史研究》，南京大学出版社，1994年。

刘锡淦：《突厥汗国史》，新疆大学出版社，1996年。

刘永连：《突厥丧葬风俗研究》，广西师范大学出版社，2012年。

罗新：《中古北族名号研究》，北京大学出版社，2009年。

马长寿：《北狄与匈奴》，广西师范大学出版社，2006年。

马长寿：《突厥人和突厥汗国》，广西师范大学出版社，2006年。

马长寿：《碑铭所见前秦至隋初的关中部族》，广西师范大学出版社，2006年。

米文平：《鲜卑石室寻访记》，山东画报出版社，1997年。

南京大学元史研究室编：《韩儒林文集》，江苏古籍出版社，1985年。

牛汝极：《维吾尔古文字与古文献导论》，新疆人民出版社，1997年。

荣新江、张志清主编：《从撒马尔干到长安——粟特人在中国的文化遗迹》，北京图书馆出版社，2004年。

荣新江：《中古中国与粟特文明》，生活·读书·新知三联书店，2014年。

芮传明：《古突厥碑铭研究》，上海古籍出版社，1998年。

斯钦朝克图编，仁亲戈瓦、苏跃拉图校订：《蒙古语词根词典》，内蒙古人民出版社，1988年。

苏北海：《西域历史地理》，新疆大学出版社，1988年。

唐长孺：《魏晋南北朝史论丛》，商务印书馆，2010年。

田卫疆：《高昌回鹘史稿》，新疆人民出版社，2006年。

田余庆：《拓跋史探（修订本）》，生活·读书·新知三联书店，2019年。

王国维：《观堂集林》（全四册），中华书局，1959年。

王洁：《黠戛斯历史研究》，内蒙古大学博士学位论文，2009年。

王博、祁小山：《丝绸之路草原石人研究》，新疆人民出版社，2009年。

吴玉贵：《突厥第二汗国汉文史料编年辑考》（全三册），中华书局，2009年。

吴玉贵：《突厥汗国与隋唐关系史研究》，商务印书馆，2017年。

吴景山：《突厥社会性质研究》，中央民族大学出版社，1994年。

薛宗正：《突厥史》，中国社会科学院出版社，1992年。

薛宗正辑注：《突厥稀见史料辑成——正史外突厥文献集萃》，新疆人民出版社，2005年。

薛宗正：《回纥史初探》，甘肃民族出版社，2012年。

杨富学、牛汝极：《沙州回鹘及其文献》，甘肃文化出版社，1995年。

杨富学：《回鹘文献与回鹘文化》，民族出版社，2003年。

杨富学：《中国北方民族历史文化论稿》，甘肃民族出版社，2012年。

杨富学：《回鹘学译文集》，甘肃民族出版社，2012年。

杨富学：《回鹘文佛教文献研究》，上海古籍出版社，2018年。

杨圣敏校注：《〈资治通鉴〉突厥回纥史料校注》，天津古籍出版社，1992年。

杨圣敏：《回纥史》，广西师范大学出版社，2008年。

姚大力：《北方民族史十论》，广西师范大学出版社，2007年。

姚薇元：《北朝胡姓考》（修订本），中华书局，2007年。

亦邻真复原：《元朝秘史（畏吾体蒙古文）》，内蒙古大学出版社，1987年。

亦邻真著，齐木德道尔吉、乌云毕力格、宝音德力根编辑：《亦邻真蒙古学文集》，内蒙古人民出版社，2001年。

伊特歌乐：《突厥服饰初探——以6~8世纪突厥石人像为主》，内蒙古大学硕士学位论文，2019年。

张久和：《原蒙古人的历史——室韦—达怛研究》，高等教育出版社，1998年。

张铁山：《突厥语族文献学》，中央民族大学出版社，2005年。

张铁山：《回鹘文献语言的结构与特点》，中央民族大学出版社，2005年。

张星烺编注，朱杰勤校订：《中西交通史料汇编》（全四册），中华书局，2003年。

中国内蒙古自治区文物考古研究所、蒙古国游牧文化研究国际学院、蒙古国国家博物馆编：《蒙古国浩腾特苏木乌布尔哈布其勒三号四方形遗址发掘报告（2006年）》，文物出版社，2008年。

周清澍：《元蒙史札》，内蒙古大学出版社，2001年。

周伟洲：《敕勒与柔然》，广西师范大学出版社，2006年。

周伟洲：《南凉与西秦》，广西师范大学出版社，2006年。

周绍良主编，赵超副主编：《唐代墓志汇编》（全二册），上海古籍出版社，1992年。

周绍良、赵超主编：《唐代墓志汇编续集》，上海古籍出版社，2001年。

朱振宏：《西突厥与隋朝关系史研究（581—617）》，稻乡出版社，2015年。

三、译著

〔苏联〕巴托尔德著，罗致平译：《中亚突厥史十二讲》，中国社会科学出版社，1984年。

〔俄〕巴托尔德著，张锡彤、张广达译：《蒙古入侵时期的突厥斯坦》（全二册），上海古籍出版社，2007年。

〔苏联〕巴托尔德著，〔苏联〕罗莫金、斯塔维斯基整理，〔苏联〕加富罗夫编，张丽译：《中亚历史：巴托尔德文集第2卷第1册第1部分》（上下册），兰州大学出版社，2013年。

〔法〕巴赞著，耿昇译：《突厥历法研究》，中华书局，1998年。

〔法〕巴赞著，耿昇译：《古突厥社会的历史纪年》，中国藏学出版社，2014年。

〔日〕白鸟库吉著，方壮猷译：《东胡民族考》，山西人民出版社，2015年。

〔日〕白鸟库吉著，傅勤家译：《康居粟特考》，山西人民出版社，2015年。

〔苏联〕伯恩什达姆著，杨讷译，郝镇华校：《6至8世纪鄂尔浑叶尼塞突厥社会经济制度（东突厥汗国和黠戛斯）》，新疆人民出版社，1997年。

〔蒙古〕达希尼玛主编，贵荣、包龙山、学明转写（畏吾体蒙古文）：《蒙古地区历史文化遗迹》，内蒙古人民出版社，2006年。

〔土耳其〕厄达尔著，刘钊译：《古突厥语语法》，民族出版社，2017年。

冯承钧译：《西域南海史地考证译丛》（全三卷），商务印书馆，1995年。

〔苏联〕符拉基米尔佐夫著，刘荣焌译：《蒙古社会制度史》，中国社会科学出版社，1980年。

〔法〕格鲁塞著，蓝琪译，项英杰校：《草原帝国》，商务印书馆，1998年。

〔法〕哈密顿著，耿昇、穆根来译：《五代回鹘史料》，新疆人民出版社，1986年。

〔法〕吉罗著，耿昇译：《东突厥汗国碑铭考释——骨咄禄、默啜和毗伽可汗执政年间（680—724年）》，新疆社会科学院历史研究所，1984年。

〔苏联〕吉谢列夫著，王博译：《南西伯利亚古代史》，新疆人民出版社，2014年。

〔德〕加班著，耿世民译，呼格吉勒图审校：《古代突厥语语法》，内蒙古教育出版社，2004年。

〔苏联〕克利亚什托尔内著，李佩娟译：《古代突厥鲁尼文碑铭——中亚细亚史原始文献》，黑龙江教育出版社，1991年。

〔俄〕李特文斯基著，马小鹤译：《中亚文明史（第三卷）文明的交会：公元250年至750年》，中国对外翻译出版公司、联合国教科文组织，2003年。

〔日〕内田吟风等著，余大钧译：《北方民族史与蒙古史译文集》，云南人民出版社，2003年。

〔美〕塞诺著，北京大学历史系民族史教研室译：《丹尼斯·塞诺内亚研究文选》，中华书局，2006年。

〔日〕森安孝夫著，张雅婷译：《丝路、游牧民与唐帝国：从中央欧亚出发，骑马游牧民眼中的拓跋国家》，八旗文化、远足文化事业股份有限公司，2018年。

〔法〕沙畹著，冯承钧译：《西突厥史料》，中华书局，2004年。

〔日〕杉山正明著，黄美蓉译：《游牧民的世界史》，中华工商联合出版社，2014年。

〔日〕松田寿男著，陈俊谋译：《古代天山历史地理学研究》，中央民族学院出版社，1987年。

〔法〕魏义天著，王睿译：《粟特商人史》，广西师范大学出版社，2012年。

〔日〕羽田亨著，耿世民译：《西域文明史概论》（外一种），中华书局，2005年。

〔英〕Parker著，向达、黄静渊译：《鞑靼千年史》，商务印书馆，1937年。

四、外文专著

〔日〕安部健夫：《西ウイグル国史の研究》，中村印刷株式会社出版部，1955年。

〔日〕護雅夫：《古代トルコ民族史研究》，山川出版社，第一卷1967年、第二卷1992年、第三卷1997年。

〔日〕栗林均：《蒙文総彙—モンゴル語ローマ字転写配列—東北アジア研究センター—叢書，第37号》，東北大学東北アジア研究センター，2010年。

〔日〕内田吟風：《北アジア史研究—鮮卑·柔然·突厥篇》，同朋舎出版部，1975年。

〔日〕内藤みどり：《西突厥史の研究》，早稲田大学出版部，1988年。

〔日〕山田信夫:《北アジア遊牧民族史研究》，東京大学出版会，1989 年。

〔日〕森安孝夫、〔蒙古〕オチル:《モンゴル国現存遺蹟·碑文調査研究報告》，中央ユーラシア学研究会，1999 年。

〔日〕羽田亨:《羽田博士史学論文集》（上下），同朋舎出版部，1957 年。

〔日〕Miho Museum:《Miho Museum 南館図録》，日本写真印刷株式会社，1997 年。

Gerard Clauson. An Etymological Dictionary of Pre-Thirteenth-Century Turkish. Oxford, 1972.

Peter B Golden. An Introduction to the History of the Turkic Peoples Ethnogenesis and State-Formation in Medieval and Early Modern Eurasia and the Middle East. OTTO HARRASSOWITZ·WIESBADEN, 1992.

Talat Tekin. A Grammar of Orkhon Turkic. Indiana University, 1968.

Малов С Е. Памятники Древнетюркской Письменности, Издательство Академии Наук СССР. Москва-Ленинград, 1951.

Малов С Е. Енисейская Письменностъ Тюрков, Издательство Академии Наук СССР. Москва-Ленинград, 1952.

Поппе Н Н. Монгольский Словарь Мукаддимат Ал-адаб, Издательство Академии Наук СССР. Москва-Ленинград, 1938.

Радловычъ В В. Атласъ древностей монголыи. Санкт-петербургъ, 1892-1899.

Кляшторный С Г. Памятники Древнетюркской Письменности и Этнокультурная История Центральной Азии. Санкт-Петербург, 2006.

Кормушин И В. Тюркские Енисейские Эпитафии. Грамматика Текстология, 2008.

А Очир, Л Эрдэнэболд, С Харжаубай, Х Жантегин. Эртний Нүүдэлчдийн Бунхант Булшны Малтлага Судалгаа. Улаанбаатар, 2013.

Гончигийн Батболд. Мартагдсан Пүгү Аймаг. Улаанбаатар, 2017.

Л Болд. ВНМАУ-ын Нутаг Дахь Хадны Бичээс. УлаанБаатар, 1990.

Л Болд. Орхон Бичгийн Дурсгал(II). УлаанБаатар, 2006.

Л Болд. Орхон Бичгийн Дурсгал(III). УлаанБаатар, 2010.

Л Болд. Орхон Бичгийн Дурсгал(IV). УлаанБаатар. 2011.

М Шинэхүү. Тариатын Орхон Бичгийн Шинэ Дурсгал. Улаан-Баатар, 1975.

Ц Баттулга. Монголын Руни Бичгийн Бага Дурсгалууд. УлаанБаатар, 2005.

Ринчинхоролын Мөнхтулга. Түрэг,Монгол Судлалын өгүүллүүд-Эрдэм Шинжилгээний Бүтээлийн Түүвэр(2003-2018он). Улаанбаатар, 2018.

Ahmet Tasagl, Gök Türkler. Ankara. Türk Tarih Kurumu, 2012.

Battulga Tsend, Mönhtulga Rinçinhorol, Fatma Albayrak. Moğolistan'da Türk Ayak İzleri(Turkic Footprints in Mongolia). Mönhün Üseg, 2016.

L N Gumilëv, Rusçadan Çeviren D Ahsen Batur. Eski Türkler. Istanbul, 2011.

Erhan Aydın. Orhon Yazıtları(köl tegin, bilge kağan, tonyukuk, ongi, küli çor). Kömen Yayınları, 2015.

İgor Kormuşin, Emine Mozioğlu, Risbek Alımov, Fikret Yıldırım. Yenisey-Altay-Kırgızistan Yazıtları ve Kağıda Yazılı Runik Belgeler. Bilgesu, Ankara, 2016.

Hüseyin Namık Orkun, Eski Türk Yazıtları. Türk Dil Kurumu Yayınları. Ankara, 2011.

Mehmet Ölmez. Orhon-Uygur Hanlığı Dönemi Moğolistan'daki Eski Türk Yazıtları. Bilgesu, Ankara, 2015.

Mehmet Ölmez. Kök Türkçe ve Eski Uygurce Dersleri. Istanbul, 2017.

Talat Tekin. Orhon Yazıtları. Ankara, 2010.

Talat Tekin. Orhon Türkçesi Grameri. İstanbul, 2003.

Talat Tekin. Orhon Türkçesi Grameri. Türk Dil Kurumu Yayınları, Ankara, 2016.

Liu Mau-tsai. Die chinesischen Nachrichten zur Geschichte der Ost-Türken(T'u-Küe). OTTO HARRASSOWITZ·WIESBADEN, 1958.［《东突厥史料》（全二册），新文丰出版公司，1993年］

Ramstedt G J. Zwei Uigurische Runeinschriften in der Nord-Mongolei. JSFOU, XXX, 1913.

Ramstedt G J, J G Granö und Pentti Aalto. Matelialien zu den alttürkischen Inschriften der Mongolei. Journal Dela Société Finno-ougrienne, 1958, pp. 60-67.

Radloff W. Die Alttürkischen Inschriften der Mongolei. St.-Petersburg, 1894-1899.

Sören stark. Die Alttürkenzeit in Mittel-und Zentralasien Archäologische und Historische Studien. DR. Ludwig Reichert Verlag, Wiesbaden, 2008.

Thomsen V. Inscriptions de L'orkhon Déchiffrées. Helsingfors, 1896.

索 引

A

阿波可汗 41, 42, 64, 65, 66, 67, 68, 69, 71, 74, 75, 76, 111, 118, 170, 179, 184

阿那瓌 19, 38, 39, 104, 105, 106, 168, 178

阿史德元珍 50

阿史那贺鲁 82, 124, 175

阿史那社尔 173, 179, 180

阿贤设 25, 28, 30, 31, 37, 102

B

拔悉密 63, 83, 114, 174, 184

拔野古 59, 60, 105, 132, 162

驳马 104, 131, 132, 162

勃登凝黎山 92

渤海国 196, 197

《布古特碑》 6, 7, 15, 25, 26, 143, 147, 164

C

单于大都护府 49, 50, 174

骢马 131, 132

D

达头可汗 42, 43, 44, 45, 64, 69, 70, 74, 75, 76, 77, 78, 79, 105, 111, 115, 116, 119, 120, 123, 148, 170, 171, 178, 179, 187

鞑靼　61, 88, 90, 184, 192, 193, 194

地神　86, 87, 89, 92, 94, 95, 144, 145

蹀躞带　152, 153, 154

独乐河　60, 183

F

拂云祠　146

匐你　99, 137

附离　143

G

高车　34, 35, 37, 38, 134, 137, 143, 161, 162, 176, 177

高句丽　190, 191, 194, 195, 196, 197

葛逻禄　10, 48, 58, 61, 63, 80, 83, 85, 98, 114, 117, 122, 184

骨咄禄　4, 5, 48, 50, 51, 53, 56, 57, 60, 61, 63, 85, 92, 103, 106, 113, 114,
　121, 122, 127, 157, 160, 173, 174, 182

骨力裴罗　63, 184

H

瀚海都护府　49

黑沙　50

秽貊　194, 196

《辉素陀罗盖碑》　8, 148, 163, 164

J

坚昆（黠戛斯）　28

金山　16, 20, 24, 31, 67, 68, 80, 138, 180, 189

K

康里　134, 176

《克尔克斯敖包碑》　3, 5

库莫奚　53, 104, 190, 191, 192

L

勝面　97, 149, 157, 158

李思摩　49

M

马酪　137

靺鞨　190, 192, 195, 196, 197

默啜可汗　5, 53, 56, 57, 58, 59, 60, 61, 84, 103, 113, 114, 121, 127, 137, 160, 173, 174, 182, 183, 184, 188, 189, 190, 192

木杆可汗　7, 39, 40, 41, 66, 67, 70, 71, 73, 74, 75, 76, 77, 103, 108, 109, 110, 111, 117, 118, 123, 126, 146, 147, 168

N

泥利可汗　7, 42, 43, 44, 64, 66, 67, 68, 69, 75, 76, 77, 78, 79, 115, 117, 123, 149, 150, 151, 152, 170, 171, 179

P

毗伽可汗　4, 46, 54, 56, 57, 58, 60, 61, 63, 103, 114, 122, 126, 127, 138, 139, 148, 151, 152, 153, 157, 158, 159, 160, 161, 174, 180, 183, 184, 188, 189, 192, 193

《毗伽可汗碑》　3, 4, 54, 55, 56, 57, 58, 59, 60, 61, 87, 114, 121, 126, 157, 158, 159, 160, 161, 162, 183, 184, 188, 189, 193, 194

Q

启民可汗　43, 44, 45, 46, 48, 74, 75, 77, 78, 79, 103, 112, 113, 120, 150, 156, 170

契苾　23, 35, 80, 131, 179, 185, 187

契弊　179

契苾歌楞　79

契弊歌楞　179

契丹　15, 20, 39, 40, 45, 53, 61, 73, 96, 98, 102, 104, 106, 173, 174, 190, 191, 192, 193, 197

千泉　80, 83

《阙利啜碑》　3, 4, 159, 162

阙特勤　4, 54, 57, 58, 59, 60, 61, 63, 98, 114, 121, 122, 132, 151, 152, 157, 159, 160, 161, 183, 184, 188, 189

《阙特勤碑》　3, 4, 35, 51, 53, 54, 55, 58, 59, 60, 65, 87, 97, 109, 126, 132, 138, 157, 159, 160, 161, 162, 174, 183, 188, 189, 190, 194

R

柔然　14, 15, 16, 19, 32, 33, 35, 36, 37, 38, 39, 71, 86, 96, 99, 100, 104, 105, 106, 107, 109, 141, 162, 163, 167, 168, 177, 178, 198

S

萨宝　135, 141, 142, 151

塞种　14, 20, 21, 29, 30, 34, 35

杀人石　4, 51, 159, 160, 199

沙钵略可汗　41, 42, 66, 69, 74, 82, 105, 110, 111, 112, 119, 125, 126, 128, 150, 169, 190, 193

十箭　56, 57, 81, 97, 103, 115, 116

室点密　10, 37, 39, 42, 44, 45, 64, 65, 66, 67, 70, 71, 72, 73, 74, 75, 78, 79, 80, 82, 83, 84, 98, 106, 107, 108, 109, 110, 111, 112, 115, 116, 120, 123, 125, 126, 148, 184, 187

室韦　98, 104, 135, 180, 190, 192, 193, 194

粟特　3, 6, 7, 15, 25, 30, 34, 38, 57, 76, 102, 115, 135, 137, 140, 141, 142, 147, 149, 150, 151, 158, 161, 164, 184, 186, 187, 188, 189

碎叶城　10, 80, 84, 85, 116

娑葛　56, 84, 85

索国　21, 27, 28, 29, 30, 31, 33, 155

T

他钵可汗　7, 25, 40, 41, 110, 111, 112, 117, 118, 119, 128, 143, 146, 147, 164, 168, 169

天灵山　92, 94, 95

铁勒　8, 14, 19, 20, 21, 23, 33, 34, 35, 36, 37, 38, 44, 47, 49, 50, 51, 52, 53, 58, 59, 60, 61, 67, 68, 71, 75, 77, 78, 79, 80, 85, 88, 90, 98, 104, 113, 115, 131, 160, 161, 162, 163, 167, 168, 173, 176, 177, 178, 179, 180, 182, 183, 184, 193

突利可汗　43, 46, 47, 49, 111, 112, 113, 120, 172, 173

突骑施　56, 57, 59, 61, 83, 84, 85, 98, 113, 114, 174, 188, 189

土门　19, 37, 38, 39, 44, 45, 64, 65, 66, 67, 68, 69, 71, 72, 73, 74, 75, 76, 79, 98, 99, 100, 107, 108, 109, 110, 111, 112, 114, 115, 117, 120, 124, 125, 126, 138, 167, 168, 173, 177

吐务　37, 69, 71, 72, 106, 108

吐谷浑　32, 39, 44, 45, 48, 75, 100, 120, 133, 141, 170, 171

《暾欲谷碑》　3, 17, 51, 96, 137, 159, 162, 189

拓西可汗　56, 113, 114, 121

W

嗢昆水　93

《翁金碑》　3, 4, 23, 162

乌孙　14, 20, 21, 27, 30, 34, 35, 68, 69, 76, 78, 80, 106, 115, 116, 132, 133, 143, 179

勿吉　192, 195, 196

X

西海　21, 23, 24, 25, 27, 31, 40, 73

仙娥河　93

《小洪纳海突厥石人》　6, 7

颉利可汗　46, 47, 48, 49, 50, 80, 103, 112, 113, 120, 130, 158, 171, 172, 173, 175, 179

薛延陀　8, 21, 47, 48, 49, 58, 60, 79, 80, 81, 86, 144, 173, 179, 180, 181, 182, 183

Y

嚈哒　36, 37, 39, 40, 72, 73, 74, 102, 109, 140, 141, 152, 187

燕然都护府　49, 176

射摩　22, 23, 24, 155

夷男　47, 48, 80, 173, 179, 180, 181, 182

《酉阳杂俎》　22, 23, 28, 29

于都斤山　10, 41, 43, 50, 51, 53, 67, 86, 87, 88, 89, 90, 91, 92, 93, 94, 95, 131, 144, 174

月氏　14, 34, 35, 106

云中都护府　49

Z

昭武九姓　23, 30, 32, 53, 105, 184, 186, 187, 188

左贤王　60, 114, 121

Abstract

Tujue (突厥), one of the northern ethnic groups in ancient China, rose to prominence in the Zhunge'er Basin in the 6th century and dominated Eurasian steppes for nearly two hundred years. It was beginning to wane by the middle of the 8th century. Tujue had built a nomadic regime after the Rouran and connected closely with the Central Plains regimes and other ethnicities. Tujue's history has become an important component of the history of northern ethnicities in ancient China.

The name and the origin of Tujue are unsettled issues. Some research has shown that Tujue's name was connected with its iron smelting technology. Its origin was closely related to some tribes such as Saizhong (Scythians), Yuezhi, Wusun, and Tiele. Tujue most likely was originally from Wusun and developing with the influence of Tiele in the historical process.

The history of the Khanate of Tujue, especially the formation of it, was quite complicated because of the systems of enfeoffment and inheritance and factions. Its political system was inherited from the Khanate of Rouran and retained its characteristics at the same time. The basic social organization was tribalism, and the governance model was a left-and-right-wing enfeoffment system that was family-owned. The succession of the Khan did not have a fixed system, which was subject to the tradition of nominating leaders of nomadic tribal alliance and dictatorship of clan Ashina since the establishment of the Khanate.

Animal husbandry was the main economy of Tujue, especially horse breeding, which was developed with many varieties. It had handicrafts with distinctive features and prosperous trade on the silk road on the steppe. The cultures and customs had common features of nomadic ethnics with its unique characteristics. Shamanism and wolf worship were their traditional beliefs, and Buddhism and Zoroastrianism were foreign religions. The customs such as the hairstyle, costume, marriage, and funeral were unique in steppe culture. Tujue's language belonged to the Altaic language family. The Tujue people created their script by borrowing other ethnicities' for reference.

The relationship between Tujue and its neighbors was complicated. It was sometimes hostile and sometimes peaceful with the Central Plains dynasties for its benefits. It had directly ruled all the tribes of Tiele and expropriated the materials so that it caused rebellions of Tiele. It had dominated the ethnicities of the west and traded with them by unfair means. It also had controlled ethnicities in the east and extorted expensive hunting products.

Tujue people's footprints were all over the Eurasian steppes and had a profound influence on the later ethnic groups on the Mongolian plateau. Tujue deeply influenced the origin legend, regime, society, custom, and language of the Mongols so that it was difficult to draw a demarcation line between the cultures of Tujue and Mongol. Tujue not only unified the Eurasian steppes but also promoted the connections and communications of each regime in Europe and Asia, and made outstanding historical contributions to the cultural exchanges between the East and the West.

后　记

从得知让我承担完成《中国古代北方民族史·突厥卷》的时候开始，曾忐忑不安了一段时间，主要是对于能否胜任而颇为担心。我读博期间（2005—2008年），主要研究铁勒史，之后对突厥史和回鹘史有所涉猎，但谈不上系统研究，只是对个别问题感兴趣而写了几篇专题论文。接受这一任务后，较为系统地查阅了前人研究成果和相关史料，更深切地意识到，这是个研究时间长、研究领域广、研究程度深的国际性学术领域。目前在国内外研究突厥史的通史性专著就有十几部，学术论文更是难以计数。面对如此成熟的学术领域，像我这样的外行，要想在很短的时间内再写一部系统性的史著，谈何容易，这正是我担心所在。

既然接受了任务，就得想办法完成。编写本书，要是囊括与突厥有关的所有内容，面面俱到且不乏深度，这是不现实的；要是仅仅汇总前人成果，梳理相关史料，谈谈个人感想，这也意义不大。统筹考虑后，采取了选择学界争论较多、尚未达成共识或还未透彻研究的某些问题，进行重点考释或论述，从而提及个人看法；而对于学界已成型、或已成为定论、或较为成熟的学术观点则直接采纳，不做过多解释的做法。如此一来，本书显得章节薄厚不均、内容深浅不等。很明显，想法多的问题写得较详，没有深入研究的话题则只谈了感想。在书中，自己觉得提了一些新的见解，但仍然显得说服力不足或缺乏有力的证据。不过，这是目前学界共同的认知，即古代北方民族史研究领域严重缺乏史料所致。本书的编写也本着"再嚼"史料、换视角思考问题、跨学科研究及尽量利用有限的新史料等思路尽力去做，但明显觉得心有余而力不足、学识浅而能力不够，很难达到预期效果，对有些问题只能遗憾地说留待以后再做研究。

虽说本书写得并不如意，但也耗费了我两年多的时间和精力，也占用了编写组、工作组等诸位老师、同仁的大量时间和精力。本书的编写，从最初的框架、体例、思路的制定，到最终的审稿、改稿、定稿等每个编写环节都是在主编、副主编及科学出版社的领导、编辑们的指导、督促以及帮助下才得以按时完成，在此特意表示感谢。要感谢的人很多，在此不一一具体提及，一并致谢撰写本书稿时支持帮助过我的所有人，没有你们的帮助我也很难完成此项任务。

我平时对突厥卢尼文、回鹘文较感兴趣，本书核心内容是长期研读突厥卢尼文碑铭时所思所想的积累，也属于本人主持的 2010 年度国家社会科学基金一般资助项目"古突厥文文献译注研究"（10BTQ032）和 2018 年度国家社会科学基金"冷门'绝学'和国别史等研究专项"资助项目"草原丝路上的突厥卢尼文、回鹘文碑铭、历史文书调查与再研究"（2018VJX045）的研究成果。

最后，由于本人能力有限，书中难免有不足之处，敬请读者指正。

包文胜
2021 年 6 月

总　后　记

在十卷本《中国古代北方民族史》即将出版之际，我们感觉有一些与全书有关的人和事应该记下来，权做一个交代和备忘。

2011年春季，由时任内蒙古自治区呼伦贝尔市委常委、统战部部长孟松林同志召集，中国社会科学院考古研究所内蒙古第一工作队队长刘国祥研究员、呼伦贝尔民族博物院院长白劲松研究员具体组织，辽宁师范大学历史文化旅游学院院长田广林教授、内蒙古大学历史与旅游文化学院院长张久和研究员等人参加，在海拉尔落实论证由时任十一届全国政协副主席、中国社会科学院院长、党组书记陈奎元同志倡议的"蒙古族源与元朝帝陵综合研究"项目方案，填报立项申报书，通过中国社会科学院科研局，报送至全国哲学社会科学规划办公室。2012年8月，"蒙古族源与元朝帝陵综合研究"被列为国家社会科学基金重大委托项目（批准号为12@ZH014），研究周期为10年。中国社会科学院科研局作为项目主管单位，中国社会科学院考古研究所、内蒙古自治区文物局、呼伦贝尔市人民政府作为项目联合实施单位，内蒙古大学历史与旅游文化学院作为项目协作单位之一。王巍、孟松林二位先生担任项目首席专家，设北京和呼伦贝尔两个项目办公室，刘国祥、白劲松分别担任主任，组织全国相关科研机构和高校研究人员，以考古学为主，结合历史学、民族学、人类学、社会学、地理学等开展综合研究，力争取得具有国际影响力的学术成果。根据工作计划，2013—2014年，刘国祥作为考古领队主持发掘了海拉尔区谢尔塔拉、陈巴尔虎旗岗嘎两处墓地，经过研究确认这两处墓地均为室韦人遗存。谢尔塔拉和岗嘎墓地的发现、识别和初步研究，为室韦史、北方民族史研究提供了丰富、直观的珍贵资料，对研究蒙古族族源问题具有重要学术价值。该重大委托项目的设立、室韦考古学文化遗存的发现与识别、共同的学术追求和多年来建立的深厚友谊，为我们开展相关合作研究奠定了坚实基础。

2017年6月末，项目组在海拉尔召开学术研讨会，经过讨论，我们认为组织编写一套北方民族史著作的时机和条件基本成熟，根据项目实施计划，需要编写出版一部系统性的、与蒙古族起源史具有密切关系的历史学研究成果。于是，决定主要依托内蒙古大学培养的北方民族史科研力量组成学术团队编写《中国古代北方民族史》，并作为国家社会科学基金重大委托项目"蒙古族源与元朝帝陵综合研究"的子课题。达成共识后，经过准备，2017年8月16日即在内蒙古大学召开了第一次"中国古代北方民族历史与考古系列学术研讨会"。在这次会议上，组建编写组，确定张久和、刘国祥为主编，何天明、白劲松为副主编，胡玉春、何天明、梁云与白劲松、袁刚、包文胜、吴飞、王洁、冯科、王丽娟、张久和与刘国祥为各卷作者，形成了老中青结合的学术团队。讨论了编写大纲、撰写内容、人员分工、全书体例和编纂要求等事项，标志着该项研究工作的正式启动。考虑到北方民族历史发展的连续性、诸北方民族的重要历史地位、与学界蒙古族起源说有关的北方民族、团队成员的科研主攻方向和前期的学术成果积累等因素，确定了以匈奴、乌桓、拓跋鲜卑、柔然、突厥、回鹘、黠戛斯、契丹、库莫奚和室韦这十个北方民族为研究对象，按族别史体例，一族一卷，形成十卷本的《中国古代北方民族史》。此后，十卷作者分别进入了研究和撰写阶段。

　　从研究工作启动，截至2021年1月，编写组以"中国古代北方民族历史与考古系列学术研讨会"的名义又召开了六次以推进研究、解决问题为主要目的务实会议。2017年11月11—12日，第二次"中国古代北方民族历史与考古系列学术研讨会"在海拉尔召开，各卷著者就第一部分试写稿内容及相关事宜做了说明，与会人员充分讨论并提出了修改完善建议，并进一步讨论细化了各卷大纲。2018年7月31日—8月1日，第三次会议在内蒙古大学召开，以各卷撰写进展汇报为主题，与会专家围绕各卷完成的基本内容、学术创新、难点等展开了深入的学术研讨。2019年2月16—17日，第四次会议在科学出版社召开，社领导高度重视，专门为每卷书稿选定一位编辑，个别卷甚至配备了两位编辑，开始与各卷作者对接。此次会议以撰写进展汇报为主要议题，作者、编辑和相关专家学者等与会人员围绕编写内容、编写进度、主旨思想、学术重点、学术规范、出版规范等内容进行了深入细致的研讨。

在第四次会议上基本确定了各卷完成和上交初稿的时间段。为了提高效率、保证质量，决定组成由张久和、何天明、冯科、曹磊、王石雨、任翔为主要成员的统稿小组，远离喧嚣闹市，摆脱杂事干扰，进行封闭集中统稿。2019年3月25—30日，统稿小组在赤峰市红山区赤峰宾馆进行了第一次统稿，统阅胡玉春《匈奴卷》、王洁《黠戛斯卷》、王丽娟《库莫奚卷》三部书稿。中国社会科学院考古研究所内蒙古第一工作队承担了后勤保障工作。2019年4月8—13日，在山西省朔州市右玉县进行了第二次统稿，得到右玉县文史学者王泽民先生的热情接待和周到安排。本次集中统阅何天明《乌桓卷》，梁云、白劲松《拓跋鲜卑卷》和张久和、刘国祥《室韦卷》三部书稿。2019年5月6—11日，在赤峰市敖汉旗进行了第三次统稿。统阅袁刚《柔然卷》、包文胜《突厥卷》、吴飞《回鹘卷》、冯科《契丹卷》四部书稿。中国社会科学院考古研究所内蒙古第一工作队负责后勤保障工作，内蒙古史前文化博物馆田彦国馆长给予了热情支持。实际上，每一次统稿所用时间并不止于一周，每次回到呼和浩特后，统稿、校对人员各自又费时十余天才完成了相关工作。统稿小组诸位成员不辞辛苦，认真投入，指出和改正了书稿中存在的一些具体问题，提出了整体修改完善建议，在充分保证学术质量的同时，有效推进了编纂工作。

2019年7月13—14日，第五次会议在中国社会科学院考古研究所召开，主要就全书的统稿情况，各卷的作者简介、内容简介、内容摘要翻译、配图、索引，出版阶段的有关问题及解决方案、下半年工作计划等进行讨论，做出了安排和要求，对此前整体工作做了总结。总体而言，五次会议就全书编写提纲、体例、结构、内容、编纂要求、进展等相关工作展开充分讨论，及时解决出现的问题，为整体工作的顺利进行起到了良好作用，推动了编纂进度，提高了内容质量。在第五次研讨会成果基础上，各卷作者用时近两个月完成相关工作内容，十卷书稿于2019年9月一次性交付出版社，正式进入编辑出版程序。至2020年9月，各卷先后审完作者样。

2020年9月7—12日，第六次"中国古代北方民族历史与考古系列学术研讨会"在海拉尔召开，各卷作者、部分项目组专家、出版社编辑等参会，讨论确定了各卷作者样、索引、英文摘要、后记等最后上交期限以及后期编辑、出版方面的问题，对整体工作做了总结，对下一步工作做了安排。

2021年1月27日，第七次"中国古代北方民族历史与考古系列学术研讨会"通过线上方式举办，本次会议以《中国古代北方民族史》十卷本书稿的外审意见反馈沟通为主要议题，各卷作者与编辑人员围绕相关建议进行研讨，并就书稿进一步的修改与编校深入交流意见。与会专家一致认为，送审意见既体现了对国家有关政策的深入理解，又有对具体写作表述细节的精准见解，是进一步开展书稿修改编校的工作指南，落实好上级部门的送审意见是书籍能够高质量面世的重要前提。各卷作者表示，一定会认真领会送审意见，与责编紧密配合，做好书稿修改工作，用优质学术成果回馈社会。张久和研究员在发言中指出，本套书全体撰写、编辑人员在实际工作中要始终贯彻好"铸牢中华民族共同体意识"的要求，一定要根据送审意见全面解决还存在的各种学术和技术问题，对于一些难点问题可以再次进行讨论，找到最佳解决方案，确保书籍质量。刘国祥研究员在会议总结时强调，习近平总书记在哲学社会科学工作座谈会上的讲话、致中国历史研究院成立的贺信以及2020年9月28日在中央政治局第二十三次集体学习时发表的《建设中国特色中国风格中国气派的考古学　更好认识源远流长博大精深的中华文明》的重要讲话，为历史学研究和考古学研究提供了科学指引，也为我们的工作注入了强劲的动力。在各卷编写的过程中均注重吸收最新的考古学研究成果，促进了历史学与考古学的融合发展，提升了该项成果的学术价值和创新价值。

自决定编写《中国古代北方民族史》开始，从论证体例、结构，斟酌目录、编纂要求，到试写内容的讨论、完成初稿，再到统稿中的增删修改、核对史料、提出总体建议、修改完善书稿，直到选图配图、编制索引、校对书稿等，整个过程大家各尽其责，团结协作，体现了应有的专业素养和团队意识。应该说我们尽了很大努力去组织全书的编纂，各卷作者也克服困难、夜以继日地工作，但从2017年8月启动，到2019年9月正式交稿，撰写时间毕竟太短，作者又各有学习、教学、科研甚至行政工作任务，投入的时间和精力难以保证；加之成果积累程度不同，其中半数有博士论文作基础，有数年或十余年的积淀，编纂起来相对容易；有的纯粹白手起家，从收集分析史料、总结归纳前人成果做起，再进行研究，工作量和难度确实很大；有的作者年轻，刚刚踏入史学门槛，想法稚嫩，功力尚浅，难免存在许多缺陷。吸收青年学人加入团队，也是抱着锻炼、培养和带动他们成长的目的。因此，虽然全书整体体例、编写要求等大体一致，但在内容论述深度、提出和解决问题等方面还各存差异，在学术上尚存在很大的提升和完善空间，一定会有许多不足和遗憾之处。考虑到"蒙古族源与元朝帝陵综合研究"重大委托项目的迫切需要，以及国内外尚无一次性推出以族别史为体例的多卷本北方民族史成果的现实，我们不揣浅陋，把十卷本《中国古代北方民族史》作为一项团队研究北方民族史的阶段性学术成果呈现出来，供学界同仁批评指正，以达到抛砖引玉，锻炼队伍，增进交流，推动研究的目的。

  从启动编写到正式出版，费时四年。我们能够顺利完成这项研究工作，离不开各位领导、学界同仁、出版社编辑和媒体记者朋友的大力支持和鞭策。"蒙古族源与元朝帝陵综合研究"重大委托项目首席专家王巍先生、孟松林先生宏观指导、鼎力支持，同意将《中国古代北方民族史》列为重大委托项目子课题资助研究。孟松林院长每次会议均到场致辞，亲切关怀，热情鼓励，增强了编写组成员的信心。内蒙古大学党委书记朱炳文同志，校长陈国庆教授，副校长张吉维教授、高光来教授、额尔很巴雅尔教授始终关心关注这项工作，多次询问研究、出版进展，学校并以"双一流"建设经费予以科研资助。中共呼伦贝尔市委书记于立新同志对该项目给予了高度重视和大力支持，多次听取项目组工作汇报，帮助解决诸多实际困难，有力保障了该项目的顺利实施。内蒙古自治区社会科学院院长李春林研究员亲临研讨会，给予指导帮助。中国社会科学院考古研究所的各位领导对该项目始终给予关心和支持，陈星灿所长多次听取项目工作汇报，积极推动本套书的编辑和出版工作。中国历史研究院副院长李国强研究员对该项目给予了学术指导和热情帮助。中国科技出版传媒股份有限公司（科学出版社）副总经理闫向东先生、文物考古分社副社长孙莉女士，高度重视项目进程，并在2017年底将项目确立为出版社的重大项目，极大鼓舞了编写者的士气。同时还为每本图书配备了优秀编辑，积极协调出版事宜，为图书出版提供了有力保障。各卷责任编辑审读校阅，纠错证谬，确保了出版质量。新华通讯社记者李